古典文獻研究輯刊

初 編

潘美月・杜潔祥 主編

第22冊

王鳴盛《十七史商榷》研究（上）

張 惠 貞 著

國家圖書館出版品預行編目資料

王鳴盛《十七史商榷》研究（上）／張惠貞著 ── 初版 ── 台北
縣永和市：花木蘭文化工作坊，2005〔民 94〕

序 1+ 目 2+239 面；19×26 公分
（古典文獻研究輯刊 初編：第 22 冊）

ISBN：986-7128-01-X（精裝）
1.（清）王鳴盛－學術思想－史學　中國－歷史－研究與考訂

610.83　　　　　　　　　　　　　　　　　　94018951

ISBN 986-7128-01-X

9 789867 128010

古典文獻研究輯刊
初　編　第二二冊　　　　　　　　ISBN：986-7128-01-X

王鳴盛《十七史商榷》研究（上）

作　　者　張惠貞
主　　編　潘美月　杜潔祥
企劃出版　北京大學文化資源研究中心
出　　版　花木蘭文化工作坊
發 行 所　花木蘭文化工作坊
發 行 人　高小娟
聯絡地址　台北縣永和市中正路五九五號七樓之三
　　　　　電話：02-2923-1455／傳眞：02-2923-1452
電子信箱　sut81518@ms59.hinet.net
初　　版　2005 年 12 月
定　　價　初編 40 冊（精裝）新台幣 62,000 元　　　版權所有・請勿翻印

王鳴盛《十七史商榷》研究（上）

張惠貞　著

作者簡介

張惠貞　學歷：國立高雄師範大學國文系博士、私立台中逢甲大學中文系碩士、國立成功大學中文系夜間部學士　經歷：民國 80 年任教於私立崑山高工商專共同科講師、民國 81 年任教於國立台南師範學院語文教育學系助教、民國 83 年任教於國立台南師範學院語文教育學系講師、民國 87 年任教於國立台南師範學院語文教育學系副教授、民國 93 年任教於國立台南大學語文教育學系副教授　專長：中國經學、中國清代乾嘉義理考據學、清代左傳學、陶淵明詩、台灣閩南語教材教法。

提　要

　　王鳴盛（西元 1722 ～ 1797），江蘇嘉定（今上海嘉定縣）人，字鳳喈，號西莊，晚年改號西沚居士。乾隆時中進士，授翰林院編修，官至內閣學士兼禮部侍郎，出為福建鄉試主考官，旋遷光祿寺卿。後丁母憂，辭官居蘇州，不復出仕。其後三十年間，閉門讀書，不與當道應酬。

　　西莊先生是一位好學不倦，勤於筆耕，精研經史的學者。早年治經，《尚書後案》為其經學代表著作，歸田之後轉向考史。西莊考史以補前代學術未校十七史之空白，為後人治史開闢一條道路，經過二十多年的勤奮努力，終於寫成一部一百卷的考史巨著《十七史商榷》。甚至在晚年還整理編訂了論證經義、史地、小學、人物、制度、名物等內容為主的學術筆記《蛾術編》九十五卷。

　　梁啟超言：「考證本為清代樸學家專門之業，初則僅用以治經，繼乃并用以治史。」西莊先生以治經之法考史，決定了他的史學風貌。《十七史商榷》著重於文字校正，反映了十九部史書校勘成果。提出版本文字錯誤和脫字、衍文一千餘條，為以後的二十四史校正工作奠下基礎。另外在典章制度、輿地沿革、音韻訓詁、職官演變、經史目錄、歷史事件，人物評論等，也是《十七史商榷》考證史實的一項成績。全書一百卷，先生雖以劄記體著作，把同類的條文集中在一起，但全書貫串了審事蹟之虛實，辨紀傳之異同的考證功夫，澄清了一些史實，頗具有參考價值。

　　《十七史商榷》一書可算是一部研究史學的入門書，先生在序文中曾言及「讀書校書之所得，標舉之以詒後人」，自己做鋪路的工作，以裨嘉惠後學，「學者每苦正史繁塞難讀，或遇典制茫昧，事蹟輵葛，地理職官眼眯心瞀，試以予書為孤竹之老馬，置于其旁而參閱之，疏通而證明之，不覺如關開節解，筋轉脈搖，殆或不無小助也與。夫以予任其勞，而使後人受其逸。予居其難，而使後人樂其易，不亦善乎。以予之識暗才懦，碌碌無可自見，猥以校訂之役，穿穴故紙堆中，實事求是，庶幾啟導後人，則予懷其亦可以自慰矣。」此段話說明先生著書之目的，亦是先生在史學考證上，可提供給後學者治史的參考書。因此《商榷》是一部內容廣博，具有學術水準的史學著作是無庸置疑的。

目

錄

下　冊

自 序

　　余家境清貧，自幼未得雙親撫育，唯賴祖母，茹苦提攜，以至及笄之年，其受學過程多經延宕，直至就讀成大中文系夜間部，始觸及中國國學浩瀚之領域，深有目不暇給之感。僕才不敏，環顧其中，平素最喜史傳舊文，尤其《左傳》、《史記》，常閱之以正其志，富裕其心，廣博見聞，故對於劉知幾《史通・自敘》及西莊《商榷序》所言，幼好史學，心嚮往焉。然於前儒，治學之謹嚴與博學閎遠，未敢輕率造次，唯以自勵耳，本文題目之訂定，其因緣實肇始於此。

　　西莊先生為清代漢學吳派之代表人物，與錢大昕《廿二史考異》、趙翼《廿二史箚記》，並為乾嘉歷史考據學之最重要著作。西莊先生研治經學，謹守漢儒治經訓詁考證，闡揚鄭玄精義，考釋《尚書》，私承吳派惠棟講經義，服膺《尚書》，故撰《尚書後案》，專宗鄭玄。鄭注亡逸者，采馬融、王肅補之，孔傳雖偽，其訓詁猶有傳授，非盡鄉壁虛造，間亦取焉，故經營二十餘年，自謂存古之功，與惠氏《周易述》相埒。《尚書後案》成，搜羅旁通，達經、史、子、集達一百三十餘部之多，蓋治經學於此賅備證佐，實事求是，俾鄭氏大義炳然昭著。

　　西莊先生於史學，所撰《十七史商榷》，其博采廣引疏通考釋，既精且詳，備乾嘉史學一格，於校勘本文，補正訛脫，審事跡之虛實，辨紀傳之異同，於輿地、職官、典章、名物，每致詳焉。嘗言不喜褒貶人物，議論史實，以為空言無益，然於《十七史商榷》中，每犯好議論得失，針砭人物，糾舉史家疏失蹈於武斷之譏，予後人可議之處，即便如此，仍有可采，如珍珠美玉，不免瑕疵。西莊先生嘗言讀書欲求會通，故自束髮至垂白，未嘗一日輟書。即使晚年目瞀，得吳興醫鍼之而癒，仍著書如常，其《蛾術編》正是先生常年困知勉行，積學力行之代表雜著。

　　本文所揭櫫者為窺究西莊先生治史之面貌，及探析清代乾嘉歷史考據學中之端倪。寫作過程，承周師虎林，諄諄誨導，幸而成篇。而黃師天成，張師高評多方促勵，又獲林帥慶彰、江師建俊、北京清史研究所黃愛平小姐，在百忙中贈予資料，尤以《西沚居士集》、《西莊始存稿》，承蒙愛平小姐不遠千里，自北京攜來，故本文可成，實賴多方善緣會聚。然不才末學，秉性駑鈍，疏漏必多，敬祈大雅君子，幸垂教焉。

張惠貞謹識於民國 86 年 12 月

第一章　王鳴盛之生平、學術背景及著作述評

第一節　生平傳略

　　王鳴盛字鳳喈，一字禮堂，號西莊，晚號西沚〔註1〕，清江蘇嘉定（今上海市嘉定縣）人。生於康熙六十一年（西元1722），卒於嘉慶二年（西元1797），享年七十六。先生自幼敏慧，四歲隨王父卓人公讀書，日識數百字，縣令馮詠以神童目之。十二歲，習四書，才氣浩瀚，已有名家風度。十六歲應童子試，縣令黃建中見先生方垂髫，大加賞愛。十七歲，先生補嘉定縣學生（秀才），學使歲科試，屢占第一。二十三歲，鄉試中副榜，才名籍甚，江蘇巡撫陳文肅公大受招入紫陽書院肄業，院長歸安吳大綬，常熟王峻皆賞其才。乾隆十二年（西元 1747），先生二十六歲，偕錢竹汀先生應江寧鄉試，先生以五經中試。乾隆十九年（西元 1754），先生三十三歲，舉進士第二名及第（榜眼），授翰林院編修，公卿爭以禮致之，刑部尚書秦蕙田延先生修《五禮通考》，掌院學士蔣溥亦重其學，邀先生為上客。乾隆二十三年（西元 1758），先生三十七歲，被提升為侍講學士，擔任日講起居注官。次年，奉命充福建鄉試正考官，隨又調任內閣學士兼禮部侍郎。未幾，因先生任福建鄉試主考官時，於途中置妾，被御史揭發，遂降二級，左遷為光祿寺卿。乾隆二十七年（西元

〔註1〕錢大昕之《潛研堂文集》卷四十八〈西沚先生墓誌銘〉（上海：古籍出版社，1989年），頁839。論先生「嘗取杜少陵詩句，以西莊自號，學者稱西莊先生，西莊之名滿海內。頃歲，忽更號西沚，予愕焉，諷使易之，不肯。私謂兒輩曰：『沚者，止也。汝舅其不久乎！』」。

1762），先生四十一歲，平定回部覃恩，誥封三代，賜貂皮、大緞等物。乾隆二十八年（西元 1763），先生四十二歲，因母喪辭官回鄉。除喪後，以盧亭先生年高〔註2〕，自身又多病，不再做官，遂不赴補。先生自三十三歲為翰林院編修，至四十二歲去職返鄉，為官十年。又自四十二歲起，定居蘇州，不再進出官場，只是治學著述〔註3〕。蓋先生里居蘇州三十餘年，日以經史詩文自娛，撰述自期。在此期間，先生完成了經、史、子、詩文集等四部大作，可謂自束髮至垂白，未嘗一日輟書〔註4〕。至先生六十八歲，兩目失明，唯右目僅辨三光，閱兩載，得吳興醫鍼之而目疾始痊，方能再著書如常〔註5〕。

先生一生大致可分為兩個時期，以先生四十二歲休官為分界點，此為前期。乾隆二十九年，先生移家蘇州，專治學問，這是後期，重要著作亦完成於此期。在先生的前期生涯裏，無非是舉業與仕宦二個階段。由先生童年入塾開始，至乾隆十九年中進士，為先生舉業期。至於舉業之不易，先生故有「人間榮利非吾事，只合垂名野錄中」之感慨（《西莊始存稿》卷四，先生之〈三十初度詩〉），及招錢舍人大昕詩云：「北燕南楚久離居，今夕西窗話雨初，趙壹徒誇文滿腹，馮諼恒苦出無車，吾求進士未能進，君豈中書不中書，屈指槐黃成左計，澤農相約返犁鋤」（《西沚居士集》卷十六〈癸酉再至京貽錢舍人大昕詩〉）其言外之意，似為不慕功名，而願為自然之田翁。

先生在三十三歲未仕宦前，常為生計，功名旅居在外，王門生活皆賴其母朱太淑人辛勤操持，而先生之父親盧亭先生因不善治產，往往盎無斗儲，故先生之家事治，唯淑人是賴（見錢大昕之《潛研堂文集》卷四十三之〈盧亭先生墓誌銘〉）。如先生十一歲應童子試，家貧無複襦，朱太淑人一夕手成之，手皆龜裂皴瘃，血濡縷縷，然且晨起提甕汲，不言憊也（見《西莊始存稿》卷三十〈朱太淑人行述〉）。先生之《西莊始存稿》卷四〈懷鄉詩〉云：

客舍千山隔，江鄉八口貧，麻鞋長道路，據實度艱辛，

去雁書難達，東風草又新，何人共饑渴，顧影獨霑巾。

〔註2〕同上註，頁773，王爾達字通侯，號盧亭。盧亭先生有子鳴盛、鳴韶二人。

〔註3〕先生去職回里後，其生活如同錢竹汀先生在〈西沚先生墓誌銘〉中頁839描述云：「性憺素，無玩好之儲，無聲色之奉，宴坐一室，左右圖書，咿唔如寒士。卜居蘇州閶門外，不與當事通謁，亦不與朝貴通音問，唯好汲引後進，一篇一句之工，獎賞不去口，或評選其佳者，刊而行之。」

〔註4〕黃文相所編撰之《清王西莊先生鳴盛年譜》（臺灣商務印書館，1986年），頁46中云：「先生徙家蘇州，寓幽蘭巷，……後又遷洞涇橋，道光蘇州府志四六云，王光祿宅，在洞涇橋，中有頤志堂，鳴盛晚年著書於此。」

〔註5〕先生之《蛾術編》卷七十九，有六十自壽詩論及目疾及《西沚居士集》卷十九己酉雙瞽辛亥醫針治其右得痊四首，皆述目瞽得治事。

又《西莊始存稿》卷四，歲暮赴鄂，十二月十六日辭家詩云：

> 歲暮遊子歸，我返離庭闈，上堂別二親，肅拜還整衣，弱妻抱稚女，相送臨門扉，無語語先咽，有淚淚暗揮，欲行心自傷，欲留腹苦饑，瘦馬怯上坂，倦鳥慵孤飛，寒天催短景，日淡無晶輝。出門屢回顧，漸覺樹影微，丈夫不得志，去任與願違，萬族各有托，我今將何依。

又《西莊始存稿》卷三十〈朱太淑人行述〉云：

> 辛酉迄癸酉，鳴盛常客吳門，中間客京師一年，客楚三年，侍親之日無幾也。

觀以上詩句，先生似為謀生，而有不得已分離之情狀，其辭家詩有欲行心自傷，欲留腹苦饑之嘆。「三十明朝是，羈懷觸緒增，雪中孤客路，篷底隔年燈，攬鬢愁無那，當杯淚不勝，辛盤兒女會，為話旅人曾。」（《西莊始存稿》卷四，乾隆十五年除夕泊滸墅）即是懷鄉也好，或思親也罷，去留之間總在最無奈處，其家境之窘狀可知。而太淑人無兒女戀，恆趣遣先生出遊四方，俾能有所成（《西莊始存稿》卷三十〈朱太淑人行述〉）。

先生一生最大創傷處，因痘疹而殤子女五人，時先生三十四歲，時任翰林院編修之職，遂有哭子女百韻詩：

> 歷歷想前事，一一可具述，艱辛鞠五兒，十年顧復切，貧家自乳哺，茶苦真備閱，奈何天不仁，一朝亡也忽，兒亡皆以痘，痘乎爾何物，或云是胎毒，或云是血熱，頗有眾良方，先事能解脫，又聞種痘者，此術盛吳越，嗟我困奔走，荊扉不能閉，無暇為兒謀，致兒竟凶折，況乃北地居，風土最燥烈，南人不能耐，驟發勢難遏，用藥又不慎，誤延醫下劣，守視又不周，誤用奴姦黠，多緣人事乖，豈自天作孽，輾轉屢尋思，錯鑄六州鐵，長男尤可念，岐嶷性聰哲，尚記北來時，去冬歲甲戌，寒天驅就塾，衣短腳無襪，試檢案上書，叢殘壓籤帙，分明口授初，孟氏首篇末（自注云九月十二日事），試看牆上字，模糊賸遺筆，親題嗣章名，擘窠勢豪闊（自注云，兒自題名，今尚在虎坊寓居壁上）敗屨與破襦，零星互聯綴，不忍重簡點，簡點痛欲絕，噫嘻我早衰，顧影空皮骨，行年三十四，鏡裏見華髮，近復遘多病，婀娜類痿痺，驥子詩能誦，哀師秀無匹，庶幾慰窮愁，舊業足貽厥，鬼伯一何狠，徑就懷中奪，孑孑空舍中，懷恨如有失，返魂香不靈，元衣告無術，眼枯淚不乾，泣盡繼以血，兒生極尫弱，囊空缺襆茋，霜嚴未著綿，暑酷或無葛，見客羞蓬頭，垢膩聚蟻蝨，有時炊煙停，淒涼飼饘饘，彼哉庸福人，滿眼蘭玉茁，腐儒寒至此，有兒乃長訣，

天道本茫茫，茲理誰能詰，多謝故人意，（自注云，琴德來殷），遠道寄來
札，仙果生美遲，佇待補其闕，我非憂無兒，有兒詎終恝，五雛翅並喪，
瞬息忍飄瞥，宦情蟬意薄，嬾縛腰下韍，及此更何歡，行當就耕垡，春蠶
絲不盡，蠟淚灰未滅，擲筆黯無言，觀空漫逃佛。（《西莊始存稿》卷九，
風疾小愈子女相繼痘殤，悲慘之餘詩以代哭一百韻）

詩文讀來，無限心酸悲愴，先生子女五人相繼痘殤，其悲之狀如詩句，「春蠶絲
不盡，蠟淚灰未滅」，自此唯恐黯無言，「眼枯淚不乾，泣盡繼以血」，即是先生日後
復得子女九人〔註 6〕，雖可稍慰心懷，但憶亡兒，仍倍覺傷情。因此先生在試院雜
述詩中所注，其文字切切，悲情表露無遺。「予癸酉冬入京，客況牢落之甚，甲戌家
口北來，歲除婦臥病，呻吟相對，乙亥冬，殤子五人，三度除夕，皆情緒甚惡，今
歲丙子正月，復得一女，至是除夕，初能啼笑，憶亡兒輩，倍覺傷懷，不禁淚涔涔
下也。」（見《西莊始存稿》卷九）卷十丁丑除夕亦有憶兒詩云「蠟燈影裏髮鬖鬖，
四十明朝只欠三，歲暮日斜時已迫，氣麤言大句猶慙，掌中一顆珠重睹（自注云，
今夏六月復得一男），衣上五年塵舊諳（自注云，癸酉至今五度除夕），多事比鄰喧
疊鼓，依然節物似江南。」另外先生尚有追念長男嗣韋之詩句，充分表現出只痛巢
傾失我雛，殘夢猶覺耳邊喚阿爺之斷腸聲，徒恨庸醫誤診，悔不該遽遷居相傳大凶
之虎昉橋屋，兒果卒於此」之怨〔註 7〕。

〔註 6〕錢大昕《潛研堂文集》卷四十八〈西沚先生墓誌銘〉頁 839 中，述先生夫人「寶山
李氏，子三人，嗣構，候選州同，嗣穫、嗣疇，皆學生。女六人，婿姚篪、嚴曜霄、
黃恩長、顧亦案、宋豫芳、吳振錡。」黃文相所編纂之先生年譜頁 35，述及先生子
女生者九，死者六，共十五人矣。《西沚居士集》卷十九有哭嗣塈詩，則嗣塈亦早殤。
〔註 7〕《西莊始存稿》卷九，頁 6～8，先生追念長男嗣韋痛不能已，復成絕句十六首，其
中之自注文字更能表現悲愴之嘆：
1、忽爾災生也太奇，膝前無處覓驕兒，細思禍福都如此，今日何嘗昨日知。
2、百年挂肚牽腸裏，萬事傷心慘目中，此恨綿綿無日了，綠章何術叫天公。
3、洗兒時節客離家，梗跡萍蹤足歎嗟，記得天吳縫短褐，一般睟面咒桃花。
4、牛衣焉磨劇悲涼，辛苦山妻鞠子忙，此日撫棺枉哭倒，并無漲乳可流床。（自注
云：兒生妻自乳，癸酉生次兒，亦自乳時，因病兒斷乳久矣，相繼夭殤，尤可痛
也。）
5、七略三蒼頗盡窺，未從方伎問軒岐，早知兒被庸醫誤，悔煞平生不學醫。（自注
云：醫陳姓妄投胺削之劑，遂不可活。）
6、敝襖遺鞵壁角頭，看來無語淚先流，重三下九嬉遊處，泉路伶仃尚憶不。
7、名韁利逐走如梭，八載匆匆一剎那，漫說佳兒似文度，算來置膝也無多。（自注
云：兒生于戊辰七月十七，卒于乙亥十月十五，計八年，中子一入楚，兩客吳門，
每與兒相聚旬日，輒復出，惟甲戌十月家口至京，至兒辛之日，團圞滿一載耳。）
8、秋風茅屋杜陵貧，霸子長憐百結身，赤腳蓬頭猶不保，瑤環瑜珥彼何人。

先生後期生涯從奔母喪起，至嘉慶二年，是爲先生之歸田期，也是先生一生中成就最大的歷程。除了卜居蘇州，嘗主講震澤書院〔註8〕，并以詩文著述自娛，因此重要著作皆完成於此期。而在人生的歷程上，較能過著恬淡閑適的生活「故山翠色眞堪愛，一臥文園十九年。」（《西沚居士集》卷九〈六十寫懷詩〉）另外，先生在七十寫懷詩中，也道盡晚年淡然之心情「餘生誓墓情逾迫，萬卷紬書計始成。視國惟求香稻足，浮家賸有釣船輕。」（見《西沚居士集》卷十九）

先生後期生活裏，在《十七史商榷》刊成後兩年（以下簡稱《商榷》），先生六十八，因患目疾，兩眼失明。在《蛾術編》卷七十九自壽詩自賀詩條云：「己酉六十八，兩目皆失明，惟右目僅辨三光，辛亥三月有醫鍼治，始復見物」文。《西沚居士集》卷十九，亦有敘述延醫診治詩四首：

> 無端銀海有浮雲，一片朦朧盡暗氛，獨眼杜欽聊爾爾，良方張湛漫云云，
> 隔垣洞矚誰開予，束炬回昏始遇君，倚賴皇天憐老物，金鎞刮膜策奇勳。
> 視之不見強召希，老氏元風或庶幾，三載觀空澂內鏡，一朝破障撤重圍，
> 何妨知白黑仍守，終願和光塵不違，笑向妻孥喜相對，宛從萬里遠遊歸。
> 考史研經素所營，頻年輟業苦無成，霧霾三里俄都掃，心目雙親兩不盲，
> 左氏何曾能再朗，西河未必獲重明，今朝搦管攤書坐，大幸居然在小生。
> 選勝探奇興未孤，餘年樂趣仗清矑，電光巖下能還照，屐齒風前詎要扶，
> 展卷已誇如月眼，討春儘意數花鬚，畫來撚箭非吾事，愛看青山面面殊。

先生目瞽，徧訪名醫，閱二載得吳興閔雨峰鍼之而癒，故先生在七十寫懷詩中，自云：「休嗤一目強名羅，能視差同那律陀，祝我爭稱開瞽樂，看人翻笑兩眸多」之句，自此殘年仍以研覃經史爲主，並極目聘懷於子部詩文集上的閱讀。

9、問字呼來走欲顛，缾中瀉水誦連篇，元文每歎童烏去，兒比童烏促一年。（自注云：楊子云，育而不苗者我家之童，烏乎九齡，而與我元文今兒止八歲故云。）

10、去歲殘冬婦病中，兒飢索飯呌門東，今朝屏當銅盤在，更有何人一飽同。（自注云：去冬妻患乳癰，臥床三月，家止二婢亦不中使，令兒日高尚未飯也。）

11、凶宅人言是畏途，移家作計太迂愚，營巢性本如鳩拙，只痛巢傾失我雛。（自注云：虎坊橋屋相傳大凶，不可居，予不知而遽遷，兒果卒于此。）

12、暫停旅櫬古城隈，滿眼愁雲撥不開，易水風煙薊門樹，此間何處望思臺。

13、燈昏月轉淚縱橫，驀地牽衣繞膝行，落葉打窗殘夢覺，耳邊猶喚阿爺聲。

14、巫峽當初寄客裝，哀猿中夜聽霓裳，而今身作哀猿嘯，未到三聲已斷腸。

15、墮地惟嘗病死苦，浮雲忽散影形神，向來未奉瞿曇法，今日方明露電因。

16、三千驛路望家園，幼小孤單怯旅魂，送汝運租船上去，扶攜弟妹與溫存。（自注云：謀從糧艘寄匶，并幼男及三女匶回里。）

〔註8〕見《蛾術編》卷七十九〈第四橋〉條（江蘇：廣陵古籍刻印社，1992年），頁819云，有晚歲嘗至震澤書院講席十五年，家人或從故云。

先生之性情，頗爲自負，以《商榷》未托人作序，可看出端倪。及先生《商榷》成，在致竹汀書信中提及「海內能讀此書者不過十餘人」（見《昭代名人尺牘》卷二二）。先生曾在〈自題禮堂寫書圖〉中言及：「十齡操管鬥雄豪」（《西莊始存稿》卷六）顯示出先生自幼即有雄志，也說明十齡垂髫已能詩。又如先生〈題慶孝廉璞齋詩卷即送之金陵〉六首之三注云：

> 予昔遊武昌、楚中名士畢集，一客問詩當學唐耶？學宋耶？予曰，皆
> 不足學。客大駭曰，究當誰學。予曰，學我而已！（《西莊始存稿》卷九）

「學我而已」足見先生頗自負其才。從做學問的次序上言，先生年輕時，已有詩名，一方面從沈德潛學詞章，後又從惠棟問經義，奠定後來經學的根基。先生擅長詩文，于詩：

> 少宗漢魏、盛唐，在都下見錢籜石、蔣心餘輩喜宋詩，往往效之，後
> 悔復操前說。於明季崆峒何大復、李于鱗、王元美、陳臥子及國朝王貽上
> 朱錫鬯之詩服膺無間，大抵以才輔學，粹然正始之音也。（李元度之《國
> 朝先正事略》卷三十四〈王西莊先生事略〉）

先生是乾嘉時期學問淹通的學者，著述閎富，爲學術界所推重。于文則用歐陽修、曾鞏之法，闡許愼、鄭玄之義。他曾自負地說，仿效王弇州有經、史、子、集四部，這段話可概括先生一生的學術成就，文義雖有自傲，但無疑地，先生的確是乾嘉學術，可做爲代表的人物之一〔註9〕。

附　王鳴盛先生年表

紀　　　　元	年　齡	先 生 生 平 事 蹟	親舊友人相關事蹟
康熙六十一年（1722）	一	先生生於丹徒學署，《西莊始存稿》卷四有辛未五年二十一日〈三十初度詩〉。	友人吳企晉生，江聲二歲，程晉芳五歲，錢籜石十四歲，業師王艮齋二十九歲，沈德潛五十歲。
雍正元年（1723）	二		友人戴震生
雍正二年（1724）	三		祖父卓人公與丹徒令馮詠，謀立義學於縣學東偏。友人王昶、紀昀生。

〔註9〕先生之生平傳略參見黃文相所編之《清王西莊先生鳴盛年譜》、錢竹汀《潛研堂文集》
　　　卷四八〈西沚先生墓誌銘〉、《清史列傳·儒林傳下》卷六十八、《清史稿·儒林二》
　　　卷四百八十一、《清儒學案·小傳》卷八，及江潘《漢學師承記》記之三，李元度《國
　　　朝先正事略·王西莊先生事略》卷三十四。

雍正三年（1725）	四	先生四、五歲已能日識數百字，縣令馮詠以神童視之。	祖父卓人公任丹徒教諭十年，年七十九以年老告歸。
雍正五年（1727）	六		友人趙甌北生
雍正六年（1728）	七		錢大昕生 祖父卓人公年八十二致仕歸，尋卒。
雍正九年（1731）	十	先生垂髫齡已能作詩，《始存稿》卷六有自題禮堂寫書圖，有十齡操管鬥雄豪之句。	友人曹仁虎生
雍正十年（1732）	十一	始應童子試	弟鳴韶生
雍正十一年（1733）	十二	先生年十二爲四書文，才氣浩瀚，有名家風度。	
乾隆二年（1737）	十六	應童子試，縣令黃建中見先生大加賞愛。	
乾隆五年（1740）	十九	先生與錢籜石、韋藥仙訂交。	
乾隆六年（1741）	二十	先生至蘇州，客元和縣署，縣令黃建中遇之良厚。	
乾隆七年（1742）	二十一	先生與錢大昕訂交	
乾隆八年（1743）	二十二		先生妹許錢大昕爲配
乾隆九年（1744）	二十三	先生應鄉試，中副榜，才名籍甚，巡撫陳文肅取入紫陽書院肄業。	
乾隆十年（1745）	二十四	撰《尚書後案》，肄業紫陽書院，與惠棟講經義，知訓詁必以漢儒爲宗。	閻若璩《古文尚書疏證》與先生撰《尚書後案》同在一年。
乾隆十一年（1746）	二十五	肄業紫陽書院，長女慰無生。	曹習菴年十六，入紫陽書院，院長王峻、沈德潛先後稱其才。
乾隆十二年（1747）	二十六	應江寧鄉試，先生以五經中式。	錢竹汀應試江寧，王述菴亦應試江寧，友人趙懷玉生。
乾隆十三年（1748）	二十七	春，入都會試，七月，長子嗣韋生。	夏王述菴來紫陽書院肄業。 長妹貞娛卒。

乾隆十四年 （1749）	二十八	取徐蕙田《讀禮通考》，節舉其要，補成吉軍賓嘉四禮。收《竹素園詩》三卷、《日下集》一卷入《西莊始存稿》。《尚書從朔》十卷未刊行。 李果、沈德潛爲先生撰《曲台叢考·序》。	錢竹汀來紫陽書院肄業
乾隆十五年 （1750）	二十九	多十一月得孿生二女，歲暮赴鄂。 撰江寧翁照朗夫《賜書堂集序》	是多，錢竹汀娶先生妹順娛，入贅先生家。
乾隆十六年 （1751）	三十	三月抵武昌，五月至漢陽，先生家境窘困，故多外出謀生。	王艮齋卒，年五十八。
乾隆十七年 （1752）	三十一	編旅楚紀行詩，爲楚遊吟稿。	
乾隆十八年 （1753）	三十二	六月，遊馬鞍山，見馬鞍山錄。 沈德潛在紫陽書院，選先生及吳企晉、王琴德、黃芳亭、趙升之、錢曉徵、曹來殷等七人詩，爲七子詩選。 先生九月入都，在京與秀水王又增、宣城張汝霖訂交，是年，次子生。	友人孫星衍生 王述菴舉於鄉
乾隆十九年 （1754）	三十三	殿試一甲等二名及第，授翰林院編修，刑部尙書秦蕙田延先生修《五禮通考》，掌院學士蔣溥重其學，延爲上客。	先生同戴震定交 王述菴去濟南
乾隆二十年 （1755）	三十四	在翰林院編修 六月移寓橫街，與竹汀同寓。 秋初偕褚擂升、姚鼐、戴東原遊陶然亭。 十月，子女五人相繼以痘殤，先生有哭子女百韻詩。	
乾隆二十一年 （1756）	三十五	在翰林院編修，秋順天鄉試，充同考官。 正月復舉一女 錢竹汀移寓珠曹街與禮堂夜話	
乾隆二十二年 （1757）	三十六	在翰林院編修，三月會試，充同考官。 六月舉一子，十月同錢竹汀移寓順承門大街。 十一月撰〈海州知府黃君墓志銘〉 編《續宋文鑑》八十卷	
乾隆二十三年 （1758）	三十七	御試翰林於正大光明殿，超授侍講學士。 四子嗣疇生	
乾隆二十四年 （1759）	三十八	在侍講學士 二月花朝，偕金啓、吳烺、謝墉、韋藥仙、錢籜石、褚擂升、王述菴、竹汀等人遊王氏園。 六月任福建鄉試正考官 十二月畢吏議，去官。	

乾隆二十五年（1760）	三十九	春罷官居京，閑坊冷巷，恣意搜討，訪得慶壽寺碑。	趙甌北與先生定交於塞山行幄
乾隆二十六年（1761）	四十	在光祿卿仕	漢陽蕭芝來受業門下
乾隆二十七年（1762）	四十一	在光祿卿仕 平定回部覃恩、誥封三代。	
乾隆二十八年（1763）	四十二	先生母太叔人卒，遂丁憂旋里。	
乾隆二十九年（1764）	四十三	八月徙家蘇州，寓幽蘭巷，後又遷洞涇橋。在洞涇橋，中有頤志堂，先生晚年著書於此。	五月元和嚴國寶來問業，八月卒。
乾隆三十年（1765）	四十四	先生除母喪，以父親虛亭先生年高，遂不赴補。 刻《西莊始存稿》三十卷	
乾隆三十一年（1766）	四十五		先生父親虛亭公選拔貢生，時年已七十四。 二月蕭芝撰《西莊始存稿·序》
乾隆三十二年（1767）	四十六	先生為馮浩玉溪生詩注序	六月，妹順娛卒於京邸，錢竹汀乞假旋里，始撰《廿二史考異》 秋，天台齊召南為先生撰《西沚居士集·序》
乾隆三十三年（1768）	四十七		先生父虛亭公卒，享年七十六。 錢大昕《潛研堂文集》卷五十有祭外舅虛亭先生文 先生弟鳴韶有續和先生《練川雜詠》六十首
乾隆三十四年（1769）	四十八	五月，先生偕錢竹汀、吳企晉、吳岑渚、周松承諸人，遊虎丘，登千人石。	沈德潛卒，年九十七。
乾隆三十五年（1770）	四十九	高宗六旬萬壽，先生入都朝賀。	
乾隆三十八年（1773）	五十二	先生赴安徽旌德	六月，趙升之死金川之難。
乾隆四十年（1775）	五十四	先生再赴旌德	秋，錢竹汀督學廣東，招先生弟鳴韶赴粵。
乾隆四十二年（1777）	五十六		秋，門人同邑金日追撰《儀禮經注疏正訛》，就正於先生。 戴東原卒，年五十五。

乾隆四十三年 （1778）	五十七	夏，先生將《儀禮注疏正訛》草草題正，還之金日追。 甘泉江藩著《爾雅正字》一書，先生見之，深爲嘆賞。	三月，錢竹汀應兩江總督高晉之聘，主講江寧鐘山書院，三月二十二日至蘇州，訪平確軒不值，晤禮堂談良久。
乾隆四十四年 （1779）	五十八	三月，撰錢大昭《兩漢辨疑・序》。 十一月，葬虛亭公請錢竹汀爲撰墓志銘。 《尚書後案》成書，凡三十卷。	
乾隆四十五年 （1780）	五十九	春，高宗五巡江浙，先生偕錢竹汀及在籍諸臣，迎至淮上，晤王述菴於行帳。	
乾隆四十六年 （1781）	六十	先生改訂補金日追《儀禮經注疏正訛》十餘事，且爲之序。	金日追卒
乾隆四十七年 （1782）	六十一	新刻《尚書後案》數十部，寄揚州安定書院。	錢竹汀《廿二史考異》成，凡百卷。
乾隆四十九年 （1784）	六十三	高宗六巡江浙，先生與在籍諸臣迎駕行在，上垂問起居，並蒙大緞荷囊之賜，督撫敦促出山，婉詞報謝。	程魚門卒，年六十七。
乾隆五十年 （1785）	六十四	夏，撰《甌北詩集・序》。	
乾隆五十一年 （1786）	六十五	主講震澤書院	閏七月，奉天鰲圖滄來，署震澤縣令，以其父于宗英紫亭畫卷，求題。
乾隆五十二年 （1787）	六十六	夏，撰任兆麟夏小正補注序。 秋，撰畢沅新校正長安志序。 秋，撰于宗瑛來鶴堂全集序。 冬，撰潛研堂金石文跋尾序。	八月，曹習菴卒於廣東學使任內，年五十七。
乾隆五十三年 （1788）	六十七	趙甌北過蘇州，晤先生於閶門。	先生弟鳴韶卒，年五十七。 吳企晉卒，年六十七。
乾隆五十四年 （1789）	六十八	先生患目疾，兩目失明。	錢竹汀主講紫陽書院
乾隆五十五年 （1790）	六十九		趙甌北復至蘇州，晤先生及錢竹汀。
乾隆五十六年 （1791）	七十	三月延醫針治，目疾始瘥。	趙甌北見先生兩目皆盲，自蘇州歸作反瞳目篇，祝其再明。 秋，趙甌北得先生書，知先生目疾竟已霍然，能觀書作字，不禁自喜。 歙縣程瑤田在嘉定任教諭三年歸，先生有贈別詩。

乾隆五十七年（1792）	七十一	夏，撰徐文范《東晉南北朝輿地表·序》。十一月，撰狄道吳鎮松　《松花菴詩集·序》。	是多，武進臧庸，有致先生書。段玉裁重刻《戴東原文集》行世，卷三有與先生書一通，論《尚書·堯典》光被四表。
乾隆五十八年（1793）	七十二	謂詩以李義山為最，將盡改平生所作，效其體。	
乾隆五十九年（1794）	七十三	先生每興致，輒扁舟互訪王述菴、錢竹汀，三人聚首之歡，不啻同官京華時。	王述菴年七十致仕歸，居青浦。錢竹汀主講紫陽書院
乾隆六十年（1795）	七十四	先生有祝隨園先生八十壽序撰孫星衍《問字堂集·序》	趙甌北《廿二史劄紀》成書，凡三十六卷。
嘉慶元年（1796）	七十五	先生至吳江笠澤書院	嘉定翁廣平向先生問學
嘉慶二年（1797）	七十六	十二月二日，先生卒。《蛾術編》九十五卷一書，迨先生臨終尚未有定稿，至道光中，吳江沈翠嶺終謀刻之。	

以上年表參閱黃文相所編之《清王西莊先生鳴盛年譜》（臺灣商務印書館，1986 年）

第二節　師友交遊

　　蘇州是一個講經論史的中心，人文薈粹，地區繁盛，得書較易，因此許多學者退休以後，喜歡住在蘇州。也因為如此，先生休官後把家安置在蘇州，加上先生曾肄業於紫陽書院，又跟吳派惠棟受經學，因此先生之交友問學，也大致以此為中心。同先生在紫陽書院肄業者有吳企晉、曹習菴、王述菴、黃文蓮、趙文哲及錢竹汀等相唱和，因論者以為不下嘉靖七子，且時居蘇州，遂有吳中七子之目。先生與諸子往來之情誼，可從《西莊始存稿》及《西沚居士集》中，得知梗概。而沈德潛在紫陽書院時，也選錄了先生等七人詩，編為《江左七子詩選》，其序文言：

　　　　今吳地詩人，復得七子，曰王鳳喈、吳子企晉、王子琴德、黃子芳亭、
　　趙子升之、錢子曉徵、曹子來殷之七子者，其數相符，而才又足與古人敵，
　　殆踵前後七子之風而興起者也，爰合抄而刻之，為七子詩選〔註10〕。
七子中，先生與竹汀，既是同鄉、同學、同年、同官，又是親戚〔註11〕，二人皆因

〔註10〕參見黃文相所編之《清西莊先生鳴盛年譜》頁 23～24。
〔註11〕竹汀的夫人王順瑛是西莊的胞妹。先生年二十一，竹汀十五，兩人定交，虛亭先生
　　　　見竹汀文以為不凡，始有昏約。《潛研堂文集》卷五十〈王恭人行述〉文頁 878，記

親喪而休官，不再赴京補官，晚年又同住蘇州。王、錢二人定交於乾隆七年（西元1743），先生長於竹汀六歲，時年二十一。竹汀在撰《習菴先生詩集·序》中言：

> 予生晚，不及見諸先輩。西莊長予六歲而學成最早，予得聞其緒論，稍知古學之門徑；習菴少於予三歲，而辯悟通達，勝予數倍。兩君者，天下之善士也，置之古人中，無不及焉，而在吾鄉，吾皆得而友之。既而先後通籍，遍交海內名流，閱歷四十餘年，而屈指素心，無如吾兩君者，不獨頌讀其詩書，并親炙其性情學問。古來稱齊名者，李杜、元白、韓孟、皮陸，俱非同在一鄉，而兩君乃近得之望衡對宇之際，此生平第一快事也。
> （《潛研堂文集》卷二十六〈習菴先生詩集序〉）

這段序文說明了竹汀對先生的敬意及欣儀之情，在學問的進程上，竹汀以先生爲前輩，但在私交情誼上，比況異姓手足，如竹汀言：

> 予與西沚總角交，予又妻其女弟，幼同學、長同官及歸田，衡宇相望，奇文疑義，質難無虛日。予駑緩，西沚數鑱屬之，始克樹立。平生道義之交，無逾西沚，常以異姓軾、轍相況，非由親串昵就，輒相標榜也。（《潛研堂集》卷四十八〈西沚先生墓誌銘〉）

竹汀有詩與禮堂夜話刻露二人之情誼：「刻燭論心水乳投，廿年親串意綢繆。前身兄弟機雲似，仍占東西屋兩頭。圍爐鐙火夜團圝，丈室居然夏屋寬。爨婢奚奴無彼此，兩家原當一家看。」（《潛研堂詩集》卷四〈移寓珠曹街與禮堂夜話〉）王、錢二人情誼自況是異姓兄弟，彼此「爨婢奚奴無彼此，兩家原當一家看」可知其交情最是親昵。

王、錢二人年輕時，已有詩名，二人在未中進士前，即以詞章爲主，至於經史之學是後來之事。二人又同有史部大作，《十七史商榷》是先生休官以後始作，至乾隆五十二年（西元1787）全書才刊成，先生時年已六十六，而竹汀之《廿二史考異》始作於乾隆三十二年（西元1767），成于四十七年（西元1782），時年爲五十五。先生書刊成，竹汀有〈答王西莊書〉云：「《十七史商榷》聞已刊成，或有譌字，且未便刷印，乞將樣本寄下。」（《潛研堂文集》卷三十五）另外，先生致竹汀書札中言：

> 上次賜示零星小誤，叼教已深。今又承指應改二處，直諒多聞，兼之矣。向後一有得，乞即寄來。切切。海內能讀此書者不過十餘人，如紹弓、

其恭人「生而明慧，盧亭先生奇愛之，不欲輕字人，有議婚者，輒不應，予年十五，應童子試，甫出場，先生見其文，賞歎以爲必售，已而果然，恭人兄禮堂，於儕輩少可，亦極口稱予，先生乃以恭人許予爲配焉。予家貧無負郭田，或謂骨相寒陋，雖早慧，不能得功名，諸親戚及僮奴竊議先生素奇幼女，何妄許寒士爲，先生終以爲快女婿也。」

輔之，又遠隔京華，不得不向吾兄而求益。其不及盡改者，總入《蛾術編》
可也。(《昭代名人尺牘》卷二十二)

由上文信札中看來，知先生是傲氣的，自詡海內能讀此書者不過十餘人，又指竹汀
所示乃零星小誤，這與不請人作序自負情狀是相擬的；況先生曾言及「牛耳平生每
互持，江東無我獨卿馳」之句(《西沚居士集》卷十七〈奉使出都留別妹婿錢宮贊次
送行韻詩〉)見先生傲才自詡凌駕於竹汀之上。

　　王昶爲另一吳中七子，與西莊、竹汀三人交情頗厚〔註12〕，《西莊始存稿》卷
八〈及第恩詩〉注云：「予與曉徵同寓，而琴德寓亦相近，揭榜之日，三人同捷，是
夕，遂約會宿，歡談至夜分始罷。」是年爲乾隆十九年(西元 1754)，先生三十三
歲中進士。琴德於乾隆十二年(西元 1747)丁卯應試江寧，時先生同竹汀應江寧鄉
試，先生以五經中式，二人遂定交於長干水榭「宛轉青溪水上頭，板橋疏柳記前遊，
綵毫掃罷侵晨出，賈酒題詩十四樓。」(《西莊始存稿》卷九〈試院雜述詩〉)此詩記
述二人定交，先生自注云「丁卯同琴德寓秦淮舊事」。自丁卯歲初先生與琴德會于金
陵，旋別去，自後離合不常已已。二人之情誼深厚，觀其所往來詩文，反覆吟讀，
見其平生摯交深篤。如《西莊始存稿》卷七，先生起程入都，有去歲九月與琴德別
於吳門，入春得手書，知已北來，佇望不到，悵然有懷詩句：

　　　　憶分別眼前，重陽風雨雁飛天，寒齏薄飯挑燈話，竹几藜床共被眠，
　　振觸聊攀橋畔柳，伶俜獨上郭門船，到來人海愁無那，忽忽相思又判年。
　　　　聞說輕裝已戒途，計程分水又丁沽，春來冰雪多如許，道上興居好在無，
　　預擬三間房共賃，相期九節杖同扶，壚頭滄酒須頻買，待汝團圞倒百壺。

詩中全然洋溢著相會之盼望，與好友共賃屋，飲酒把歡殷切之期待，以彌補經年離
別相思之情。往日交誼如先生細訴「想從遊水泛途，嬉卷飲，每遇會心，狂呼大叫，
頭沒杯案中」之狂勁，想知琴德必爲先生平生最知己者。(《西莊始存稿》卷十七，〈王
琴德詩集序〉)

　　乾隆十九年(西元 1754)，先生同竹汀、琴德三人同捷，先生授翰林院編修，
而琴德因驗看檢選入三等，不能用，歸班候銓選，月餘，山東吳凌雲運使，以書幣
來請，乃赴濟南。先生留京師，而琴德轉客濟南，先生送之廣寧門外，執手悽咽，
恨恨不能去，佇立道旁，望其車塵漸遠，乃彳亍回寓。(《西莊始存稿》卷十七，〈王
琴德詩集序〉)乾隆二十三年(西元 1758)，琴德自濟南返京，眷屬同寓先生宅，自

─────────────────────

〔註12〕琴德、述菴皆爲王昶別字，著有《春融堂集》六十八卷。

此有「圖書雞犬喜同姓，風雨鶺鴒來共巢」情境〔註13〕。

先生為琴德寫詩集序，文中述二人交誼往來，在學問上，先生自云得琴德啓發者不少，「予少攻詩，祖構一隅，於古作者之波瀾房奧懵然未有所得，其後與琴德遊，上下其議論，不覺心開目明，始能稍稍窺見六義之旨。」先生論琴德性情篤厚，「神觀飛越，妙解獨契，照見古人心髓于千世之上。」論琴德為詩益奇，「奄有眾長，不名一體，挹風騷之趣，規開寶之格而變化縱恣，出入于坡谷之間。」其文筆才學，「興酣落筆，急起而從之，故持論如此，蓋其宗法之高，鑪錘之妙，皆勝予數十籌，而餘子之退舍卻步又無足論矣。」（《西莊始存稿》卷十七〈王琴德詩集序〉）先生平素頗自負其才而推舉琴德才學甚高，可見二人之交誼甚篤。先生以未中式前與琴德交往〔註14〕，至晚年仍屬情誼深切，相遊詩詠，至先生七十三歲，琴德年七十致仕歸，居青浦原籍。竹汀時主講紫陽書院，與青浦相距不百里，三人每興致輒扁舟互訪，聚首之歡，不啻同官京華時景。而吳中文酒宴會，每延請三先生為領袖，遂有江南三老之目。另外先生在為琴德寫詩集序中言：「同客吳門」、「詩篇諭和頗多」（《西莊始存稿》卷十七），為凌祖錫詩序中言：「吳中詩人凡數人皆友之」（《西莊始存稿》卷十七），以此正說明先生客遊吳門與當時詩人交誼之概況。

吳中七子皆肄業於紫陽書院，其院長王峻及沈德潛皆為業師，尤其沈德潛為「江南老名士」（《清史稿》卷九十二〈沈德潛傳〉），詩名甚高，先生嘗親炙函丈，承其指授。除了名師，書院的同學王昶、褚鶴侶、錢大昕等人，彼此志同道合，常以古學相策勵，以詩相酬答，如先生與吳企晉、李文客、錢竹汀、趙文哲、王琴德、曹來殷等人，亦集聽雨蓬小飲，即席賦詩。先生與同邑曹習菴論交，二人同登進士第，同入詞林，把臂論交，致為莫逆。每逢課試，同年諸友，皆蹙鼻苦吟哦，唯恐不得一當，獨習菴蕭散自得，若不經意，甫搦管稿已就。先生習菴兩人納卷畢，輒相聚談，至日夕乃罷。至習菴歸道山，先生自奉母諱歸與習菴隔闊甚久，家居而竟未知，驚承卜問，悼傷殊深〔註15〕。習菴亦與竹汀為友「先後以召試通籍，又同在詞館，應制詩文，互相商榷，游覽宴集，出入必偕者蓋四十年。」（《潛研堂文集》卷四十三〈曹君墓誌銘〉）習菴年十六，入紫陽書院肄業，院長王峻、沈德潛皆稱其才。蓋

〔註13〕同註10，引蔣士銓《忠雅堂集》卷五，雨中聞王琴德至京，眷屬同居禮堂學士宅詩，頁36。

〔註14〕《西莊始存稿》卷九試院雜述詩，有先生自注云，丁卯同琴德寓秦淮舊事。時年先生以五經中式，王琴德亦應試江寧，乃與先生定交於長干水榭。

〔註15〕同註10，頁59，于宗瑛《來鶴堂全集》序文。

先生與習菴同客吳門、同官、同邑，故二人交誼往來唱和，其情亦頗深重〔註16〕，加上同年中有紀昀、朱筠這些人相互往來，他們的交往，對於當時的學風，必有推波助瀾的影響。再者先生與吳中宿儒惠棟亦師亦友，對先生之學，影響必大。因此，先生在名師、益友，以及人文薈粹的蘇州環境下，潛心涵泳，在日後治學上奠立了雄厚根基。

另外，先生還與錢籜石、蕪湖韋謙桓定交（見《西莊始存稿》卷十〈遊萬泉莊詩〉），也與陽湖趙翼定交於乾隆二十五年（西元 1760）（見《西莊始存稿》卷十三趙舍人夜過行帳詩）。此外，吳縣江聲、歙縣程晉芳、陽湖孫星衍、休寧戴震、秀水王又曾、宣城張汝霖、長洲褚寅亮、桐城姚鼐、吳烺、嘉善謝墉、周松承等人皆與先生定交〔註17〕。如先生於乾隆二十年（西元 1755），任翰林院編修時，偕長洲褚寅亮、桐城姚鼐、戴東原諸人，遊陶然亭，有詩紀之：

> 落日低銜飛鳥還，空亭縱步有躋攀，人來峭蒨青蔥裏，天入崢泓簫瑟間，野水數灣疑斷路，高城一角不遮山，東華塵土成何事，插腳無如此地閒。（《西莊始存稿》卷八）

先生任侍講學士時，於乾隆二十四年（西元 1759）春平定回部，二月花朝，偕全椒金啟南軒來，時吳烺荀淑，嘉善謝墉崑城、韋藥仙、錢籜石、褚摺升、王述菴及錢竹汀諸人，遊王氏園。乾隆三十四年五月，先生偕錢竹汀、吳企晉、吳岑渚、周松承諸人，遊虎丘，登千人石，酌第三泉，徘徊久之，微雨作，避石觀音殿，題名於

〔註16〕習菴先生少於先生九歲，卒時乾隆五十二年八月八日，卒於廣東，學使任內，享年五十七，時先生為六十六，對於好友之喪別，先生於《西莊始存稿》卷十頁 17，有詩喜琴德至信宿散齋移寓椿樹衕衕，心餘有詩，予亦作一篇并懷來殷。《潛研堂文集》卷二十六〈習菴先生詩集序〉頁 436，云：「西莊長予六歲而學成最早，予得聞其緒論，稍知古學之門徑；習菴少於予三歲，而辯悟通達，勝予數倍。兩君者，天下之善士也，置之古人中，無不及焉，而在吾鄉，吾皆得而友之。既而先後通籍，琊交海內名流，閱歷四十餘年，而屈指素心，無如吾兩君者，不獨頌讀其詩書，并親炙其性情學問。古來稱齊名者，李杜、元白、韓孟、皮陸，俱非同在一鄉，而兩君乃近得之望衡對宇之際，此先生第一快事也。……歲丁未，習菴卒於粵東官廨，其子臣晟扶櫬自南還。寢門卒哭之後，詢其遺文，頗有散失，搜訪而次第之，得若干卷。追念曩昔之樂，益增今日之悲，垂老索居，文章蕪陋，并書一通，以寄西莊，諒與我同一墮淚也。」《潛研堂文集》卷四十三〈曹君墓誌銘〉頁 780，竹汀記云：「年十六，補博士弟子，學使蒲州崔公紀有奇才之目，中丞覺羅雅公樗亭，選高才入紫書院肄業，州縣以君名應。時青浦王君昶與予亦同入院，三人者食則同囊，夜則聯床，而長洲吳君泰來，上海趙君文哲及王君鳴盛數過從，相與鏃屬為古學。君在院尤久，院長沈文慤公數稱其詩，學使寧化雷公鋐舉君優行。」由〈詩集序〉及〈墓誌銘〉所述，述其西莊、竹汀、習菴三人同客吳門之至交情誼。

〔註17〕先生之交遊，有詩記之，從《西莊始存稿》、《西沚居士集》二部文集，可見其大概。

壁。(《潛研堂文集》卷十八，有虎丘山石觀音殿題名記) 以上皆有詩記之，可見先生平素交誼大致情況。

第三節　乾嘉歷史考據學

　　清代乾隆、嘉慶兩朝，考據學風靡學界，無論是經學、史學、語言文字、金石考古、天文曆算以及輿地諸學，皆為考證學風所籠罩，拔宋幟而立漢學，在學術史上遂以考據為學的乾嘉學派，考經證史，與先秦的周秦子學、兩漢經學、魏晉玄學、隋唐佛學，以及宋明理學在中國的學術史上相為媲美〔註18〕。

　　乾嘉考據學風，訓詁治學傳統，以文字音韻入手，導源於清初顧炎武的「讀九經自考文始，考文自知音始」(《亭林文集》卷四〈答李子德書〉)，至惠棟門牆確立，戴震一脈相承，遂成乾嘉學派為學之不二法門。在此考據之風，其洪波亦及於史，如黃宗羲提出窮經兼史的主張，「學問者必先窮經，經術所以經世。不為迂儒，以兼讀史，讀史不多，無以證理之變化，多而不求于正，則為俗學。」(《清史稿》卷四十八〈黃宗羲傳〉) 錢大昕為趙翼《廿二史箚記》撰敘言：「經與史豈有二學哉」，此皆說明考據之法，一為音讀訓詁，二為考據史學。音訓明，方知古書之字義；考據確，方知史籍所載何事。因此「考證為史學方法之一，欲實事求是，非考證不可」〔註19〕。若治史不重考證，則空談臆說、望文生義，必至於曲解史實，混淆是非。遂乾嘉以還，考證學統一學界，一時史學大師，或以考據治史學，不言近世，但攻古代，為古史訂譌文，正誤謬、補闕疑，所以王鳴盛、錢大昕、趙翼、崔述、洪頤煊等都是乾嘉時代歷史考據學的大師〔註20〕。

　　乾嘉之歷史考據學風，以實事求是，為考據而考據，不涉虛誕，反對馳騁議論，學者埋首在故紙堆裏，在古書上尋章摘句，利用了經學、語言文字音韻、天文、輿地、金石、版本等來輔助考訂史料、歸納眾多史實以成其說，不敢稍離事實，而有

〔註18〕乾嘉時期考據之風大盛，在明末清初盛行之宋明理學，亦漸趨衰竭，代之而起的是，以復興漢學為標幟的實學思潮。經顧炎武、黃宗羲、閻若璩、胡渭、惠棟、戴震等碩儒之相繼倡導，至乾嘉已發展臻于高峰，一掃晚明來束書不觀，游談無根之空疏學風。

〔註19〕陳垣〈通鑑胡注表微〉(節錄)《陳垣史學論著選》(台北：木鐸出版社，1982年)，頁530。

〔註20〕梁啟超《清代學術概論》(臺灣商務印書館，1977年)，頁86～88列舉乾嘉以還，以考證學治史的有專考證一史者，或考證古史，或對於古代別史雜史之考證箋注者，皆以經學考證之法，移以治史。

所馳騁縱橫之論，此精神完全是取之於徵實態度，即是求眞精神及客觀的研究法〔註21〕。治史期於得其實，不務議論褒貶之虛史，故自清初顧炎武倡導以考據治史，史學風氣迄於乾嘉，王鳴盛、錢大昕、趙翼等輩積極提倡，因此成爲清代一般史學家思想及用力之所在，梁啓超認爲王西莊之《十七史商榷序》最足以代表此學派之考據徵實精神〔註22〕。

> 大抵史家所記典制有得有失，讀史者不必橫生意見，馳騁議論，以明法戒也。但當考其典制之實，俾數千百年建置沿革，瞭如指掌，而或宜法或宜戒，待人之自擇焉可矣。其事蹟則有美有惡，讀史者亦不必強立文法，擅加與奪，以爲褒貶也。但當考其事蹟之實，俾年經事緯，部居州次，紀載之異同。見聞之離合，一一條析無疑，而若者可褒，若者可貶，聽諸天下之公論焉可矣。……讀史之法與讀經小異而大同，何以言之……治經斷不敢駁經，而史則雖子長孟堅苟有所失，無妨箴而砭之，此其異也。

勞思光論乾嘉學風，即在於提倡客觀之研究，爲學問而學問，追尋客觀知識。研究雖以古籍爲對象，但就知識之性質言，乾嘉之學，可說是廣義的史學〔註23〕。利用治經之法以治史，使考據之法愈趨於精密。蓋清乾嘉之經學家，一反宋明人之主觀武斷，在治經上，而以小學爲工具，以作訓詁，以作校勘，以究典制名物。其治史者，以同樣方法治史，以正史作經，究其版本，校其文字，洞察其事蹟，考據其所涉及之天文、輿地、職官、名物等問題，拋棄主觀臆斷，而側重客觀之分析，故如《十七史商榷序》言：

> 予束髮好談史學，將壯，輟史而治經，經既竣，乃重理史業……但當正文字、辨音讀、釋訓詁、通傳注則義理自見，而道在其中矣。

此正文字、辨音讀、釋訓詁、通傳注之治經方法，擴而及於治史，正是歷史考據學治學方法之最好說明。在此流盛衍，士林景從，王鳴盛在此考據文化氣息中，與其他考據學者相互唱和，遂在史學領域中，表現出徵實的治史精神。

〔註21〕杜維運《清代史學與史家》（台北：東大圖書公司，1991年），頁11～13中說明乾嘉之史學，卓然超越於前代有二：一曰徵實之精神，二曰客觀之研究法。此二者，不惟開中國史學之新風氣，亦與西方近代之新史學遙遙相合。

〔註22〕此說參見梁啓超《中國近三百年學術史》十五（臺灣中華書局印行，1978年），頁271，清代學者整理舊學之總成績中之論述。

〔註23〕勞思光《新編中國哲學史》第八章論乾嘉學風（台北：三民書局印行，1987年），頁805，勞先生認爲乾嘉學風之特色，即在於提倡客觀研究，其研究範圍以古籍爲對象，此古籍即是以經爲重，故經籍研究是史學研究的一部份，故言乾嘉之學是廣義的史學，其學風乃以史學攝經學。

第四節　尊經求古以漢儒為宗

乾嘉考據，特別標榜師法漢儒，尤其以吳、皖二派，在漢學大旗之下，幾以主宰整個學術風潮，吳始惠棟、其為尊聞好博；皖南始江永、戴震，綜形名，任裁斷，此其所異也。吳派就是以惠棟為代表的漢學家，聚集在此旗幟下的學者有沈彤、余仲霖、朱楷、江聲以及王鳴盛等人。其治學態度是，謹守家法，篤信漢儒。中心主旨是求古，而漢最近古，因此主張以漢之許慎、鄭玄為師，提出了「墨守許鄭」、「凡古必真，凡漢皆好」的學派特色〔註24〕。

先生從沈德潛學詞章，又與吳派經學家惠棟往來，在學術治學研究路上，先生宗漢學、考尚書，受惠棟影響頗深。論「東晉之偽古文固偽，而馬鄭所注實孔壁之古文也；東晉所獻之太誓固偽，而唐儒所斥為偽太誓者，實非偽也。」（見《潛研堂文集》卷四十八〈西沚先生墓誌銘〉）先生所言是進一步闡論惠棟的學說，又「自唐貞觀以後，無一人識破，直至近時太原閻先生若璩、吳郡惠先生棟始著其說，實足解千古疑團。予小子得而述之，既作後案。」（《蛾術編》卷四〈尚書今古文〉）這說明先生在解決古文尚書脈絡上，是遵循吳派惠棟的。

先生是乾嘉學派中享有盛名的學者，也是吳派旗下之翹楚（王昶《春融堂集》卷五十五〈惠定宇先生墓誌銘〉），與惠棟之交往，處於師友之間。惠定宇生於康熙三十六年（西元 1697），長先生二十五歲，先生以師禮事之〔註25〕。再者，先生也曾言及「亡友惠定宇」（《商榷》卷九十八〈論十國春秋〉）、「吾交天下，得通經者二人，吳郡惠定宇、歙洲戴東原也。」（《西莊始存稿》卷二十四〈古經解鉤沈序〉），「吾友惠徵士棟」（《蛾術編》卷二〈采集群書引用古書〉）。先生也以詩相贈，足見平生交往情誼。

> 空谷斯人在，歸山獨下帷，窮經惟復古，守道不干時，洞擬題三詔，詩應讀五噫，我來因聽講，長與白雲期。（《西莊始存稿》卷六〈贈惠定宇〉）

又：

> 紅豆風流啟後賢，鏗鏗伉伉腹便便，世人未得窺新著，只愛漁洋有鄭箋。（《西莊始存稿》卷六〈長洲惠定宇文學〉）

西莊與定宇交遊，其學亦出惠氏，平生並奉康成為宗旨，治尚書尤專家，漢儒

〔註24〕　參見梁啟超《清代學術概論》（臺灣商務印書館，1977 年），頁 53，論惠派治學方法，以八字敝之，曰：「凡古必真，凡漢皆好」

〔註25〕　江藩《漢學師承記》卷二〈惠士奇傳〉（台北：廣文書局，1977 年），頁 35 中言：「受業弟子最知名者，余古農、同宗艮庭兩先生。如王光祿鳴盛、錢少詹大昕、戴編修震、王侍郎蘭泉先生皆執經問難，以師禮事之。」

家法茲復見（《清儒學案》卷七十七〈西莊學案〉），「余說經以先師漢鄭氏爲宗」（《蛾術編》卷五十八說人門）。作《尚書後案》亦以發揮鄭氏康成一家之學（《尚書後案》序）先生對康成尤爲推崇，論康成說經會通眾家不拘一師，若大儒而必守家法則學散，末流而妄效大儒則學亂（《蛾術編》卷五說錄門），「康成得家法，而不拘家法，融會貫通之，承日一世孔門，言其集大成，繼孔氏弟子也。」（《商榷》卷六十二〈劉瓛陸澄傳論〉），由此可知，先生極推崇鄭氏於極尊之地位，豈後輩可妄效。先生亦稱康成爲純儒，「康成經傳洽孰，稱爲純儒」、言「康成括囊大典，網羅眾家，刪裁繁誣，刊改漏失，自是學者略知所歸。贊云，玄定義乖，孔書遂明，其推重如此。」（《商榷》卷三十五〈康成注經〉）先生之治學方法，尊古求古，尊漢宗鄭爲宗旨，如《商榷·序》言：「……治經斷不敢駁經，……但當墨守漢人家法，定從一師，而不敢他徒。」因此先生特爲標榜師法，論「漢人讀書之法與後世不同，漢人讀書必有師傳，無師不能讀，故千里步擔尋師。既得師，貧無資用或執廝養之役，從而聽講受業焉，及其既通，終身守師法不敢改，而終身所得力亦盡在此書矣。」（《商榷》卷三十八〈馬融從昭受漢書〉條）蓋先生與惠定宇交遊，亦師亦友，並崇奉康成漢儒家法，一生奉爲治經圭臬，如：

> 漢人說經必守家法，亦云師法。自唐貞觀撰諸經義疏而家法亡。宋元豐以新經義取士，而漢學殆絕。……乃撰尚書後案，專宗鄭康成。……自謂存古之功與惠氏周易述相埒。（《清儒學案》卷七十七〈西莊學案〉）

又：「予于鄭氏一家之學，可謂盡心焉耳矣」（《尚書後案·序》）說明先生在學術研究歷程上以鄭學爲最高指標。

先生說經重師法，反對以意說經，故對唐以後的經學感慨最多，「兩漢傳經授受各有原流，皆能自名其家，魏晉及唐師法漸失，然古義未盡亡也。」（《西莊始存稿》卷十五〈古經解鉤沈序〉），《商榷》亦述及，如：

卷二十七〈師法〉條：

> 兩漢尊師法……自唐中葉以後，凡說經者，皆以意說，無師法。夫以意說，而廢師法，此夫子之所謂不知而作也。

又卷二十二〈藝文志考證〉條：

> 自唐高宗武后以下，詞藻繁興，經業遂以凋喪，宋以道學矯之，義理雖明，而古書則愈無人讀矣。

先生亦對宋人提出批評，如：

卷七十三〈宣武帥李董劉韓事〉條：

> 心麤膽大，而自以爲是，蔑棄前人，落筆便謬，宋人往往如此。

又卷八十八〈臧玠殺崔瑾〉條：

> 識暗心粗，膽大手滑，宋人通病。

先生對明人亦提出批評，其議論言詞頗為犀利，皆足以見先生在研治學術脈絡上的識見。如：

卷八十二〈唐人文集〉條：

> 明代諸公拘論不讀唐以後書，此輩固不讀唐以後書矣，而亦何嘗讀唐以前書乎？勦其字句，襲其聲調，但以供詩文之用，遂可謂之能讀乎？若果實能讀遍唐以前書，雖未讀唐以後書，吾必謂之學矣。然果實能讀遍唐以前書，其勢亦必須會通宋元，必不能截然自唐而止，畫斷鴻溝矣。經學史學姑不論，即唐以前文集，七才子所摹擬，大抵不過幾名家，幾大家，且多看選本，少看全集。博觀而約取，去短而集長，惟深必嗜古之士，為能然也。

大抵先生之治學特重師法，唯漢是尊，唯古是信的態度，不脫離吳派惠棟之藩籬。除此，經義主鄭康成，把鄭氏推至極高的地位。如《蛾術編》卷二〈劉焯劉炫會通南北漢學亡半其罪甚大〉條：

> 兩漢經生蝟起，傳注麻列，人專一經，經專一師，直至漢末有鄭康成，方兼眾經，自非康成，誰敢囊括大典，網羅眾家，刪裁繁誣，刊改漏失，使學者知所歸乎，自有二劉會通南北，而漢學遂亡其半矣。

又《蛾術編》卷四〈光被〉條：

> 漢儒說經各有家法，一人專一經，一經專一師，鄭則兼通眾經，會合眾師擇善而從不守家法，在鄭自宜然。蓋其人生于漢季，其學博而且精，自七十子以下集其大成，而裁斷之。自漢至唐千餘年，天下所共宗仰，予小子則守鄭氏家法者也。

先生守鄭氏家法，故對戴震為首的皖派，不主一家，表示不滿，言道：「學莫貴乎有本，而功莫大乎存古，吾嘗持此以求之」、「間與東原從容語子之學，于定宇何如？東原曰，不同。定宇求古，吾求是。嘻！東原雖自命不同，究之求古，即所以求是，舍古無是者也。」（《西莊始存稿》卷十五〈古經解鉤沈序〉）並言「道不同不相為謀」，評論戴震「于漢儒所謂家法，竟不識為何物」，又「為人信心自是，眼空千古」。（《蛾術編》卷四〈光被〉）

先生做《尚書後案》除輯鄭注，酌取馬融、王肅傳疏，復加個人意見，又對注疏釋文有關文字加以考辨，這使得先生在吳派經學上奠立一席之地，也對昌明鄭學

作出了貢獻〔註26〕。先生發揮鄭學的學術成就，是獲得肯定的。如趙翼輓王氏詩中，將西莊比擬鄭康成：

歲在龍蛇識可驚，儒林果失鄭康成。

又：

束髮攻書到老翁，未曾一日輟研窮，遍搜漢末遺文碎（公最精鄭學），不鬪虞初小說工。後輩豈知真學問，幾時再有此淹通？存己莫道無關係，直在蒼茫氣數中。（趙翼《甌北詩鈔》七言律五〈王西莊光祿輓詩〉）

又杭世駿爲先生《尚書後案》作序，序中亦稱道云：

光祿卿王西莊，當世之能爲鄭學者也，戚然驚之，鑽研群籍，爬羅剔決。凡一言一字之出于鄭者，悉甄而錄之，勒成數萬言，使世知有鄭氏之注，并使世知有鄭氏之學。（《通古堂文集》卷四）

又錢大昕對先生發揮鄭玄的成就極予肯定：

所撰尚書後案專宗鄭康成，鄭注亡逸者，采馬、王補之。孔傳雖僞，其訓詁猶有傳授，非盡鄉壁虛造，間亦取焉。經營二十餘年，自謂存古之功，與惠氏周易述相埒。（《潛研堂文集》卷四十八〈西沚先生墓誌銘〉）

以上諸家所論，對先生皆給與肯定的評價，所謂「古文案定千秋業」（王昶悼詩《春融堂集》卷二十二〈聞鳳喈訃〉），正是先生一生努力經營治學所得，其美譽可謂當之無愧矣。

第五節　著作述評

先生曾謙言才不及竹汀遠甚〔註27〕，然仍自比況明朝王世貞有四部著述。

我于經有尚書後案，于史有十七史商榷，于子有蛾術編，于集有詩文，以辭弇州四部，其庶幾乎！（《蛾術編》沈懋德序）

先生雖自謙才學不及竹汀，仍獲得諸方讚賞及肯定，如錢大昕論云：

〔註26〕《尚書後案・序》：「尚書後案何爲作也，所以發揮鄭氏康成一家之學也。……自安國遞傳至衛宏、賈逵、馬融及鄭氏，皆爲之注，王肅亦注之，惟鄭師祖孔學，獨得其真。……予遍觀群書，搜羅鄭注，惜已殘闕，聊取馬王傳疏益之。又作案以釋鄭義，馬王傳疏與鄭異者，條晰其非，折中於鄭氏，名曰後案者，言最後所存之案也。」

〔註27〕參見黃文相所編西莊《年譜》頁60，乾隆五十三年冬王鳴盛撰〈潛研堂金石文跋尾序〉云：「予曩與竹汀同在燕邸，兩人每得一碑，輒互出以相品騭。及先後歸田，予肆力於史，作十七史商榷，於金石未暇別成一書，而竹汀獨兼之，予才固不及竹汀遠甚，竹汀顧欲得予言弁其端者，豈非以其才雖不逮，而意趣則相同也。」

> 經明史通，詩癖文雄。一編纔出，紙貴吳中。
>
> 弇山元美，畏壘熙甫，兼而有之，華實相輔。(《潛研堂文集》卷四十八〈西沚先生墓誌銘〉)

又：

> 經傳馬鄭專門古，文溯歐曾客氣馴。(《潛研堂文集詩續集》卷八〈西沚光祿輓詩〉)

王昶云：

> 古文案定千秋業，雜著編成百卷垂。(《春融堂集》卷二十二〈聞鳳喈訃〉)

趙翼云：

> 歲在龍蛇識可驚，儒林頓失鄭康成。(《甌北集》卷三十九〈王西莊光祿輓詩〉)

長洲李果客山為先生《曲臺叢稿》撰序云：

> 嘉定王孝廉鳳喈，以絕異之姿，志在著述，十餘齡，即遍誦五經，泛覽史鑑，逾弱冠，纂次已數百卷，疾梅賾古文之偽，作尚書從朔攻之，又取崑山徐氏讀禮通考，節舉其要，補成吉軍賓嘉四禮，窺其意，殆不欲以文士自命者。觀其所為詩，風調高華，詞首迢遠，渢渢乎大雅之遺音，文亦理明詞達，一唯宋元作者為歸，信能撫其華，含其實，有兼人之材者也。鳳喈居瀕海，雅負高氣，世鮮知者，一旦扁舟過吳門，好古之士，咸奇其才，思出其所藏讀之，鳳喈不肯多出也。(引錄自黃文相所編之《西莊年譜》)

另外沈德潛亦為先生撰《曲臺叢稿‧序》云：

> 己巳夏，予乞身歸里，卿大夫士即有詩寵其行，而嘉定王孝廉鳳喈，贈五言百韻一章，排比錯張，才情繁富，而一歸於有典有則，予心為重之。既讀其竹素園詩，及日下集若干卷，知其平日，學可以貫穿經史，識可以論斷古今，才可以包孕餘子，意不在詩，而發而為詩，宜其無意求工，而不得不工也。

從以上諸論，先生之才學是可肯定的。先生不以文士自命，然無論是治經、考史、詩賦，皆有兼人之長。故經學可比康成，其文情才富亦不雅於元美、熙甫，遂學能貫穿經史，識可以論斷古今之明證。而沈德潛在紫陽書院，編選先生等七人詩，亦足見先生之文才為詩有大雅之遺音〔註28〕。

〔註28〕引自黃文相所編之西莊《年譜》頁23～24沈德潛編選吳中七子詩選，其序文云：「前明弘治時，李獻吉，何仲默結詩社，稱前七子。嘉靖時，王元美、李于鱗，復結詩社亦共得七人，(中有缺字)稱後七子。詩品雖異，指趣略同，豈偶然七子耶，抑慕南皮七子之風，而興起者耶。今吳地詩人，復得七子，曰王鳳喈、吳子企晉、王子

先生自比王弇州，擁有經史子集等四部著述。先生自二十四歲起即潛心用功著述，至七十六歲時，終於有了《尚書後案》、《十七史商榷》、《蛾術編》、《西莊始存稿》及《西沚居士集》等大著，尤以《尚書後案》、《十七史商榷》、《蛾術編》等三部著作，表現了先生史學思想、學術理念及治學方法。

一、史部著作

《十七史商榷》一百卷

《十七史商榷》是先生在史學方面成就最大的代表作，其撰寫過程，是先生自四十二歲歸田後，歷經二紀有餘方成之大作〔註29〕。這當中「獨處一室，覃思史事」，亦「購借善本，再三讎勘」，又參酌大量的材料，取以供佐證，如《商榷·序》所言：

> 搜羅遍霸雜史，稗官野乘，山經地志，譜牒簿錄，以暨諸子百家，小說筆記，詩文別集，釋老異教，旁及於鐘鼎尊彝之款識，山林冢墓祠廟伽藍碑碣斷闕之文，盡取以供佐證。

先生著作《十七史商榷》除了採用廣泛的材料，參以佐證，還運用了參伍錯綜，比物連類，以互相檢照的方法，以考其典制事蹟之實。因此，《清儒學案》上論先生此書優點，特色在於：

> 校勘本文，補正偽脫，審事蹟之虛實，辨紀傳之異同，於輿地職官典章名物，每致詳焉。(《清儒學案》卷七十七〈王西莊學案〉)

《十七史商榷》共一百卷，計《史記》六卷，《漢書》二十二卷，《後漢書》十卷，《三

琴德、黃子芳亭，趙子升之，錢子曉徵，曹子來殷之七子者，其數相符，而才又足與古人敵，殆踵前後七子之風而興起者也，爰而抄而刻之，爲七子詩選。予年二十餘，從事於詩，時方相尚流易淺熟，粗梗枯竭之習，類同社諸君子，中立不回，相與廓清摧陷，閱五十餘年，而遠近作者，皆知復古。今諸君子，漸次零落，而七子繼起，獨能矯尾擲角，驂駕李何王李諸賢，而予以老耄之年，得睹代興有人，藉以扶大雅之輪也，斯予所輟簡而深慶也夫。乾隆十八年癸酉，秋七月望日，長州沈德潛題於靈巖山居。案七子詩選十四卷，人各二卷，詩都八百首。」頁32 述菴先生年譜云，沈德潛所選刊之七子詩選，流傳日本，其大學頭默眞迦，見而嗜之，附書番舶，以上沈氏，又每人各寄相憶詩一首，一時傳爲藝林佳話。

〔註29〕《十七史商榷》卷一百〈史通〉條，先生敘述自四十二歲歸田以後，有歷二紀有餘，詩文皆輟不爲，惟以考史爲務。又《商榷·序》先生亦言著史，歷二紀以來之文字，並敘述著述之辛苦：「暗砌蛩吟，曉窗雞唱，細書歗格，夾注跳行。每當目輪火爆，肩山石壓，猶且吮殘墨而凝神，搦禿豪而忘倦。時復默坐而翫之，緩步而繹之，仰眠床上，而尋其曲折，忽然有得，躍起書之。鳥入雲，魚縱淵，不足喻其疾也。顧視案上有藜羹一盂，糲飯一盂，于是乎引飯進羹，登春臺，饗太牢，不足喻其適也。」

國志》四卷,《晉書》十卷,《南史》合宋、齊、梁、陳書十二卷,《北史》合魏、齊、周、隋書共四卷,新、舊《唐書》二十四卷,新、舊《五代史》六卷,外加綴言二卷,所謂十七史,實際上為十九史。先生把新、舊《唐書》,新、舊《五代史》,分別統言為唐和五代二史,所以書名稱之為十七史。至於書名商榷,蓋取《史通》自序,商榷史篇遂盈筐篋之義,又謂商度其　略也。(《商榷》卷一百〈史通〉條)後先生知榷字當从手不从木,而思以彌補其失言,故辨之於《蛾術編》三十說字門,「商榷乃史家語,顏師古漢書敘例粗陳指例式存揚榷,揚榷即商榷意,予十七史商榷竊取其義,但諸書皆从木,予前誤引木部,榷水上橫木所以渡者,謂初學觀之,不啻涉水得渡,震澤姚元棨云,當以手極是,搉有敲擊意,作榷者非其書已行,不及追改,故記于此。」全書之體例,按諸史先後順序排列,並分條考述,每條皆有標題,總計為二千零三條。至於該書主要內容,可分為三類:一為史籍文字校勘,二為史實典制輿地之考證,三為對史事、人物及史書之評論。

先生長于小學、通說文,又留意於目錄、金石之學,在史學上完成《十七史商榷》此鉅作,最後把零星考證分為十類,歸入《蛾術編》中。先生治史是以治經之法考史,多屬校勘,如先生所云:「十七史海虞毛晉汲古閣所刻,問世已久,而從未有全校之一周者」(《商榷·序》),因此先生用了二十餘年的光陰,專心在考史上,凡所考者,皆在簡眉牘尾,字如黑蟻,久之皆滿,無可復容,乃謄於別帙,而寫成淨本,都為一編。先生在史學上之成就,梁啓超論《十七史商榷》「對於頭緒紛繁之事蹟及制度,為吾儕絕好的顧問」﹝註30﹞,李慈銘稱此書為「史事之薈萃,所論兼及舊唐書、舊五代史仍曰十七史者,併新舊合言之也。援引之博,覈訂之精,議論之名通,皆卓絕千古,尤詳於新、舊唐書。」﹝註31﹞,《清儒學案小傳》稱其「考史以事實、制度、名物、地理、官制為重,而於治亂所關、賢奸之辨及學術遞變多心得焉﹝註32﹞。」以上諸論完全肯定此書之價值,但此書仍存在著一些問題,如先生在文字校勘上存在著一些問題,有待深思。對史事、人物上之評論,有些失之偏頗,或是考證不確。雖然此書有瑕疵,但先生著力於史實、典制、輿地上作了精詳之考證,這也是本書極有成就的部份,況且先生善於綜合歸納比較分析,明其原委,因此,《十七史商榷》必然有其價值及啓示作用。

﹝註30﹞ 梁啓超《中國近三百年學術史》十五(臺灣中華書局,1978 年),頁 292 論清儒通釋諸史最著名者三書,《二十二史考異》一百卷附《三史拾遺》五卷,《十七史商榷》一百卷,《廿二史箚記》三十六卷。王書亦間校釋文句,然所重在典章故實。

﹝註31﹞ 李慈銘《越縵堂讀書記》三歷史(台北:世界書局,1975 年),頁 418。

﹝註32﹞ 《清儒學案小傳》卷八,《清代傳記叢刊》,周駿富輯(台北:明文書局,1986 年)。

二、經部著作

《尚書後案》三十卷

　　《尚書後案》是先生奠定經學家地位的早期著作，草創於乾隆十年（西元 1745）先生二十四歲，中經三十餘年，至乾隆四十四年（西元 1779），先生五十八歲，《尚書後案》始成〔註 33〕。脫稿以後，先生就正於惠棟的親傳弟子江聲，而後成書〔註 34〕。《尚書後案》一書與惠棟的《古文尚書考》，主要論點是一致的，皆為了證實鄭注尚書各篇實為孔壁真古文，及發揮鄭氏一家之學。如先生就《尚書後案》序中所言：「尚書後案，何為作也，所以發揮鄭氏康成一家之學也。……自安國遞傳至衛宏、賈逵、馬融及鄭氏皆為之注，王肅亦注之，惟鄭師祖孔學獨得其真。……予遍觀群書搜羅鄭注，惜已殘闕，聊取馬、王傳疏益之，又作案，以釋鄭義。馬、王傳疏與鄭異者條晰其非，折中於鄭氏。名曰後案者，言最後所存之案也。」錢大昕為先生所作之墓誌銘中，亦言及先生與惠徵君松崖講經義，知詁訓必以漢儒為宗〔註 35〕。

　　《尚書後案》是先生輯鄭注，並酌取馬融、王肅的傳疏，再加上個人意見及引書，凡經、史、子、集四部一百三十一種〔註 36〕，可謂援據廣博，對所引之注疏釋文在文字上，加以考辨，正是擇精良之審密態度。因此是書成，足以與閻若璩之《古文疏證》、惠棟之《古文尚書考》三者並列同等地位，故後世談尚書，「不宗鄭則已，宗鄭氏，則先生闡古文之偽，闡康成之微，援據博，而別擇精，遠出孔穎達正義之上，千載而下，非先生是歸而誰歸與。」〔註 37〕

　　後案者，言最後所存之案，此語誠見先生對此書實為得意及自負之狀，如趙翼在輓詩中所稱：「儒林果失鄭康成」、「搜遍漢末遺文碎」（注云，公最精鄭學，見《甌北詩鈔》七言律五，〈王西莊光祿輓詩〉），言下之意，直以先生為康成第二。亦如王

〔註 33〕《尚書後案》三十卷附《尚書後辨》三卷，現收入《通古堂文集》重編本、《皇清經解》第四冊。另外王鳴盛亦有《故尚書辨》二卷，今收存於青照堂叢書第三十八、三十九冊。

〔註 34〕《尚書後案》先生自序云：「草創於乙丑，予甫二十有四，成於己亥，五十有八，寢食其中將三紀矣，又就正於有道江聲，乃克成此篇。」

〔註 35〕錢大昕《潛研堂文集》卷四十八〈西沚先生墓誌銘〉（上海：古籍出版社，1989 年），頁 840 云：先生「與惠徵君松崖講經義，知詁訓必以漢儒為宗。服膺尚書，探索久之，乃信東晉之古文固偽，而馬鄭所注實孔壁之古文也。東晉所獻之太誓固偽，而唐儒所斥為偽，太誓者實非偽也，古文之真偽辨，而尚書二十九篇粲然具在，知所從事矣。」

〔註 36〕參見《皇清經解》卷四百零四，王光祿《尚書後案》目錄有《尚書後辨》附，引西莊先生抄撮群書經史子集共一百三十一部。

〔註 37〕引錄自黃文相所編之西莊《年譜》頁 55，引《溉亭述古錄二》。

昶言,「古文案定千秋業」(《春融堂集》卷二十二〈聞鳳喈訃〉)即是肯定先生發揚鄭學所作之努力。而《尚書後案》之價值,是在搜輯之功,如同錢大昕所言「鄭注亡逸者采馬、王補之,孔傳雖僞,其訓詁猶有傳授,非盡向壁虛造,間亦取焉。經營二十餘年,自謂存古之功,與惠氏周易述相埒。」(《潛研堂文集》卷四十八〈西沚先生墓誌銘〉)而先生亦自言及作《尚書後案》之情況,「古學已亡,後人從群書中所引采集成編,此法始于宋王應麟、周易鄭康成注及詩考,昔吾友惠徵士棟仿而行之,采鄭氏尚書注,嫁名于王以爲重,予爲補綴,并補馬融、王肅二家入之後案,并取一切雜書益之。然逐條下,但采其最在前之書名注于下,以明所出,如此已足。」(《蛾術編》卷二〈采集群書引用古學〉)所謂補綴、并補正是先生在《尚書後案》最大之成就,其輯佚之功正是乾嘉漢學之一大特色。

《周禮軍賦說》四卷

乾隆十九年(西元 1754),先生三十三歲,中進士,授翰林院編修。刑部尚書秦蕙田方修五禮通考,屬先生分修軍禮,後先生自編爲《周禮軍賦說》四卷,現收入重編本《皇清經解》卷四百三十五至四百三十八。

此書內容大抵爲考周王畿鄉遂之分,溝洫井田之制,卒伍徒設之法,次及邦國並春秋時魯齊晉之軍制。對於不悉遵周制者,便引漢以來至近儒之說考訂詳確,折衷於鄭康成。若與鄭氏有異同者,必辨而正之,以符合鄭氏之旨。先生表彰鄭學可謂不遺餘力,在《尚書後案》序文中,即以表達說經以發揮康成一家之學,在《周禮軍賦說》四卷中,亦是此精神之發揮。先生論「康成所注諸經,尤其精者」。(《商榷》卷三十五〈康成注經〉)故先生在《商榷》中,善於制度之考察,凡對於周王畿鄉遂之分,溝洫井田之制及卒伍徒設等考究,每以《周禮軍賦說》互爲參看。

三、子部著作

《蛾術編》九十五卷

《蛾術編》爲先生晚年之作,大致成於嘉慶二年(西元 1797),先生自謂積三十年之功克就(《蛾術編》陶澍序言)。迨先生臨終,尚未有定稿,如先生《問字堂集序》言:

> 予作尚書後案以明漢儒家法,又爲十七史商榷,亦謬爲四方君子所許可。獨蛾術一篇,久而未就,繼以雙瞽,自分已成廢疾,幸七十後瞽目復

開，方且賈餘勇，以竟殘課〔註38〕。

錢大昕之《潛研堂詩續集》卷八輓先生云：「誰知蛾術編抄畢，不得深寧手自刪」皆說明此書至先生臨終時，尚未定稿。先生之外孫姚承緒《蛾術編》跋云：

> 蛾術編九十五卷，外大父西莊先生遺稿也，此書成於晚歲，取平時著
> 述彙爲一編，分說制、說地、說字、說錄、說刻、說人、說集、說物、說
> 通、說系十門。其書囊括經史，牢籠百家，爲先生生平得意之作。

又〈西莊學案〉論云：

> 王氏蛾術編蓋仿王深寧、顧亭林之意，而援引尤博贍。（《清儒學案》
> 卷七十七）

江藩稱道：「其書博辨詳明與洪容齋、王深寧不相上下。」（《漢學師承記》卷三王鳴盛）因此《蛾術編》堪同《日知錄》、《困學記聞》及《容齋隨筆》相提並論，見其學術價值。《蛾術編》、《尚書後案》、《十七史商榷》是先生三部重要學術著作，尤其是《蛾術編》爲先生晚年取平時著述彙爲一編，自稱「是編之成，一生心力實耗於此，當有知我于異世之後者。」（《蛾術編》姚承緒跋語）亦如陶澍所稱：「網羅繁富，六藝百氏，旁推交通，靡非洞暢。」（《蛾術編》陶澍原序）由以上諸語，可知先生經營用力之深。

　　《蛾術編》原有百卷，姚承緒抄本九十五卷，而沈翠嶺僅刻其八十二卷。刊刻凡例云，說刻十卷，詳載歷代金石，已見王蘭泉之《金石萃編》，說系三卷，備列先世舊聞，已入王氏家譜，所以今之傳本經迮鶴壽任勘校，是爲八十二卷〔註39〕。此書先生用力之深，可補《商榷》中言之不確或訛誤處，或不及盡改者。（〈西莊致竹汀書〉見《昭代名人尺牘》卷二十二）如先生在《商榷》卷二十二〈三蒼以下諸家〉條中言：

> 予別有蛾術編分十門，第一門說錄，全以藝文志爲根本，就中尚書古
> 文是予專門之業，而小學則尤其切要者，今先摘論之，餘在蛾術，此不具。

〔註38〕參見黃文相所編西莊《年譜》頁68。

〔註39〕黃文相所編之西莊《年譜》頁70中云，今北平圖書館善本乙庫，藏《蛾術編》抄本九十五卷，殆即姚氏抄本。來新夏〈王鳴盛學術述評〉，《南開史學》（1982年2月），頁50～55云，《蛾術編》爲先生生平得意之作，但一直待訂未刊。道光元年，王鳴盛的外孫姚承緒從王鳴盛的孫子耐軒兄弟傳抄一遍，即九十五卷本，並請兩江總督陶澍審計，希望陶澍運用政治影響，飭令本縣能鳩工鑴版，但未獲結果，只由陶澍于道光九年爲全書寫序一篇。道光十九年春沈懋德始見姚鈔本，即欲付刊，值同邑迮鶴壽見過，願任勘校，以原鈔本九十五卷中說刻門十卷詳載歷代金石，已見收于王昶《金石萃編》，說系三卷，間有迮氏案語，二十一年未付刊，二十三年竣事，即今之傳本。

此段文字雖然不多，但透露了三個訊息，即是先生治學一以目錄學爲基礎，二以經學爲專攻，三以文字訓詁爲門徑，此說明了先生學術撰著思想所在。

《蛾術編》內容爲：

說錄門：卷一至卷十四，共十四卷。

說字門：卷十五至卷三十六，共二十二卷。

說地門：卷三十七至卷五十，共十四卷。

說人門：卷五十一至卷六十，共十卷。

說物門：卷六十一至卷六十二，共二卷。

說制門：卷六十三至卷七十四，共十二卷。

說集門：卷七十五至卷八十，共六卷。

說通門：卷八十一至卷八十二，共二卷。

這其中以說錄、說字、說地、說制等四門，幾占全書三分之二強，又以說字門二十二卷，卷數最多，這與先生以經學爲專攻，以文字訓詁爲門徑諸法，息息相關。

《蛾術編》就其內容，有以下諸項特色，可提供於後人作爲參考：

1：對古籍內容有所評述：在說錄門中，占有極大比重，對某書之說，或校勘，或內容之探析，先生提出若干看法，對研究古代文籍者，必然助益甚大。

2：對地方志書之評論：如卷十二，〈元和郡縣圖志〉、〈江南浙江通志〉、〈八府一州志書〉、〈謂地志不可用古名太迂西域記〉等論，亦發揮先生在歷史地理學上之卓越論見，及重視歷史地理之沿革發展辨析。

3：對叢書源流發展之評析：如卷十四〈合刻叢書〉條，說明先生重視叢書之源流發展。

4：對歷史人物及史事提出論析：如說人門、說集門，表達了先生對人物及史實之史識。

5：對文字之考證：如說字門，共有二十二卷，在全書十門中，卷數最多者，說明了先生在治學上對文字之重視。

《蛾術編》是先生晚年之作，歷經瞽目而復明，仍修訂不輟。江藩稱：「其書辨博詳明，與洪容齋、王深寧不相上下。」（《漢學師承記》卷三）趙翼稱先生《蛾術編》：「重翻插架書，快比故舊逢，生平未定稿，戢戢束萬筒（自注云，時方排纂蛾術編），蠅頭積細碎，牛毛散氄氈，挑燈自排纂，縷縷八紀敨，訂訛矇奏曳，指迷瞽導童，遂使天下目，障翳盡掃空，……〔註40〕」此詩說明先生在視力困難下，仍用

〔註40〕《甌北詩鈔》（臺灣商務印書館，1968 年），頁 48，甌北云：「春間晤西莊於吳門，因其兩目皆盲，歸作反瞳目篇，祝其再明，詩成尚未寄，秋初接來書，知目疾竟已霍然，能觀書作字，鄙人不禁沾沾自喜，竊攘爲拙詩頌禱之功，再作詩以貽之，西莊當更開笑眼也。」

力之勤。然而此書仍呈現出一些缺失，如趙彥修之《蛾術編》序文，雖自稱「略抒所見，順其篇章，條列于左，或可爲讀光祿書者搜討之助。」此序文可做爲對《蛾術編》之評論。

《蛾術編》是先生對自己生平著述補苴、訂誤之作，即是內容間有失慮處，如十門中所論互有詳略，尤以說錄、說地、說字、說制爲詳，而說物、說通，則顯簡略。且說人門，於漢惟詳於鄭康成，餘不一及，魏晉六朝及元朝竟無一人，唐人有六人，宋明各止有一人，恐又是一弊。但作爲一部雜考性著述，仍具有學術價值的。另外，《商榷》止於宋史，而《蛾術編》則于卷十一論遼金元史數條，可補《商榷》止于五代史之不足。同時《蛾術編》還力推鄭學，闡述自己的學術宗旨，並在說錄門中多次發揚鄭學，肯定康成爲大儒，「鄭毛詩箋既參用魯詩，則於他經亦皆會通眾家，不拘一師。」)《蛾術篇》卷五〈鄭康成說經會通眾家不拘一師〉)，「余說經以先師漢鄭氏爲宗，將考其行蹟作爲年譜，隨所見輒鈔錄，積之既多，乃改分十二目，各以類次之。」(《蛾術編》卷五十八說人門〈鄭康成〉) 在說人門中五八、五九兩卷專門談論鄭學，考鄭玄之世系、出處、年譜、著述、師友、傳學、軼事、冢墓、碑碣、後裔、古蹟、品藻等，皆作了專條論述，可謂對表彰鄭學不遺餘力。

四、集部著作

先生之文才，沈德潛曾言及先生「意不在詩而發爲詩，宜其無意求工而不能不工也」，是對先生之詩文作了極高的評價〔註41〕。另外，吳雲亦論先生爲詩乃宗晚唐李義山，將改生平所作而效其體制，(《西沚居士集》吳雲後跋) 是述及先生爲詩之風格，乃宗晚唐李義山。先生爲詩，早年溯源漢魏六朝，宗仰盛唐，中年時風格稍異，乃出入香山、東坡。至晚年風格又一變，爲詩獨愛李義山，謂少陵以後一人。又先生爲古文，紆徐醇厚，用歐陽修、曾鞏之法，闡論許愼、鄭玄之學。(錢大昕《潛研堂文集》卷四十八〈西沚先生墓誌銘〉)

先生之詩文集，以《西莊始存稿》三十卷及《西沚居士集》四十卷二部爲主。《西莊始存稿》爲先生四十二歲以前所寫詩文，以成是集〔註42〕。前十四卷爲古今詩，

〔註41〕乾隆十四年（西元 1749），沈德潛曾爲先生的《曲臺叢稿》撰序，今收入《西沚居士集》，序中：「既讀其竹素園詩及日下集若干卷，知其平日學可以貫穿經史，識可以論斷古今，才可以包孕餘子，意不在詩而發爲詩，宜其無意求工而不能不工也。」是沈氏對先生詩才的極高評價。

〔註42〕《西莊始存稿》先生自記，「予四十有二，奉母諱南歸，自服闋後所作，別爲晚拙稿。會坊人堅請始存稿刻諸木，勉徇其意付之。」

共有九百二十七首，後十六卷，爲文有二百十八首，釐爲三十卷，此集刻於乾隆三十年（西元 1765），先生年四十四。此文集包涵了：《耕養集》、《非刪集》、《藏山集》、《涉江集》、《登樓集》、《還山集》、《出山集》、《簪花集》、《望思集》、《知時集》、《閩嶠集》、《虛舟集》、《塞北集》、《書局集》，以上各一卷，爲古今詩。自卷十六始，屬文部份，有序三卷，記二卷，書、論、考合爲一卷，辯一卷，題跋三卷，傳一卷，疏、箚子、表合爲一卷，策問、策合爲一卷，頌、賦爲一卷，墓誌銘一卷，塔銘、行述、像贊、哀辭、祭文合爲一卷，卷末附長短句四十一首，總數爲三十卷。

　　《西沚居士集》爲先生身後所編定，收錄了五、七言古詩、律詩、絕句共一千二百九十七首及賦七篇、樂府三十七首，共二十四卷〔註 43〕，刊刻於道光三年（西元 1823）癸未，刊行距先生卒年已達二十五年。從先生之二部詩文集內容看來，大致可分爲詠史、記遊、寫景、家事、述懷、記事、送行、題畫、朋友唱酬及恭和御製等。其中所收雖有些重複處，但從詩文中，可瞭解先生之生平交友往來及思想概況。

　　附　王鳴盛著作簡表：

《十七史商榷》	乾隆二十八年（1763）	西莊 42 歲，先生歸田後，始作《十七史商榷》。
	乾隆五十二年（1787）	西莊 66 歲，《十七史商榷》刻成百卷。序及卷一百之綴言史通條，是了解《十七史商榷》之最基本資料。
《尚書後案》	乾隆十年（1745）	西莊 24 歲，始撰《尚書後案》。
	乾隆四十四年（1779）	《尚書後案》三十卷始成，延江聲至家，商訂疑義，始以行世。
	乾隆四十七年（1782）	西莊 61 歲，是年新刻《尚書後案》數十部，寄揚州安定書院。
《周禮軍賦說》	乾隆三十年（1765）	《周禮軍賦說》四卷。
《蛾術篇》	乾隆三十二年（1767）	西莊 46 歲，據陶澍序所言，先生自謂積三十年之功始克就《蛾術編》，故而推算大約在此年，先生始作《蛾術編》。
	嘉慶二年（1797）	西莊 76 歲，《蛾術編》成於晚歲，取平時著述彙爲一編，迨先生臨終，尚未有定稿。
	道光二十三年（1843）	距先生仙逝已四十六年，方由迮鶴壽勘校《蛾術編》釐爲八十二卷，始刊刻傳世。

<hr>

〔註 43〕黃文相所編西莊《年譜》頁 48，《西沚居士集》四十卷，有詩二十四卷，文十六卷，詩有嘉定李氏刻本。

《西莊始存稿》	乾隆十四年（1749）	西莊28歲，作《曲臺叢稿》（內有竹素園詩三卷，日下集一卷）後收入《西莊始存稿》三十卷內，是集皆屬四十歲以前之作。
	乾隆三十年（1765）	西莊44歲，刻《西莊始存稿》三十卷，詩九百二十七首，文二百一十八首，
《西沚居士集》	乾隆四十四年（1779）	西莊58歲，刻《西莊始存稿》三十卷，詩九百二十七首，文二百一十八首。
	道光三年（1823）	《西沚居士集》詩二十四卷，文十六卷，詩有嘉定李氏刻本，為先生身後所編定，刊行距先生卒年已達二十五年。

第二章　王鳴盛之史學思想

先生之研治學問，其門徑由經學入史學，其一生之心志，期以著述自命，如《商榷》卷一百〈史通〉條：

> 史通自敘篇云，予幼讀史，年十有七，窺覽略周，于時將求仕進，兼習揣摹，專心諸史，我則未暇。泊乎弱冠，射策登朝，思有餘閒，獲遂本願。又云余幼喜詩賦，壯都不爲，恥以文士得名，期以述者自命。予幼攻四書八股文，及登第，領史職，始罷舉子業，治經史，然猶兼習詩賦。四十有二歸田，於今二紀有餘，詩文皆輟不爲，惟以考史爲務，故每卷輒自題曰某述，亦竊比述者自命之意。

先生引劉知幾《史通》言，說明平生竊比述者自命爲期許，及治學由經入史，習詩賦之次序，在歸田後，惟以考史爲專志。因此先生的史學思想，全然受乾嘉考據學以治經之法治史影響，「經以明道，而求道者不必空執義理以求之也」（《商榷·序》文）的實事求是的態度上。且「當正文字、辨音讀、釋訓詁、通傳注，則義理自見」（《商榷·序》文），以文字考證、名物訓詁等治經之法，對史書進行校勘，核疑補闕，正舛糾誤。因此，先生治史的思想原則，從「學問之道，求虛不如求實出發」（《商榷·序》文）。反對議論褒貶，作史貴據事直書，主張在學問上的追求，尊崇鄭康成這樣的大儒，要求治史在於會通古今，貫穿經史；對史書體裁的見解以正史爲主，編年史爲輔的看法，因而建立出史學思想。

第一節　務實求眞之史學態度

乾嘉歷史考據學治史，最富於求眞精神，主張直書其事，即對歷史講求實事求是，不涉虛誕，反對馳騁議論，反對書法褒貶，主張史家應不虛美，不掩惡，俾使

歷史眞象毫無遺漏的展現〔註1〕，這種據事直書的徵實精神，以先生在《商榷・序》中所言，尤富此派代表：

> 大抵史家所記，典制有得有失，讀史者不必橫生意見，馳騁議論，以明法戒也。但當考其典制之實，俾數千年建置沿革，瞭如指掌，而或宜法，或宜戒，待人之自擇焉可矣。其事蹟則有美有惡，讀史者亦不必強立文法，擅加與奪，以爲褒貶也。但當考其事蹟之實，俾年經事緯，部居州次，紀載之異同，見聞之離合，一一條析無疑，而若者可褒，若者可貶，聽之天下之公論焉可矣。書生胸臆，每患迂愚，即使考之已詳，而議論褒貶，猶恐未當，況其考之未確者哉？蓋學問之道，求於虛不如求於實，議論褒貶，皆虛文耳。作史者之所記錄，讀史者之所考核，總期於能得其實焉而已矣，外此又何多求耶？

從序文看來，先生提出了作史之基本態度。覓讀史者不橫生意，不馳騁議論，只須依其典制建置沿革敍述即可。緣讀史者不強立文法，擅加與奪、褒貶，只依其天下之公論即可。因學問之道，當求實，不求虛，即是史家當遵守之基本立場，即是對於史事之美惡，不必橫生意見，只要記載事實，至於何者可褒，何者可貶，自待後人評斷。因此所謂直書，就是史家忠于史實，堅持原則，實事求是，依據歷史的實象去寫史，不作任何諱飾及歪曲〔註2〕。因此，先生亦明白指出，治經與考史之小異而大同：

> 讀史之法與讀經小異而大同，何以言之，經以明道，而求道者，不必空執義理以求之也。但當正文字，辨音讀，釋訓詁，通傳注，則義理自見，而道在其中矣。

又：

> 讀史者，不必以議論求法戒，而但當考其典制之實，不必以褒貶爲與奪，而但當考其事蹟之實，亦猶是也，故曰同也。（《商榷》序文）

〔註1〕 杜維運《與西方正統史家論中國史學》（台北：史學出版社，1974年），頁44～47中，言乾嘉歷史考據學派認爲史家應不虛美，不隱惡，據事直書，以使歷史眞相暴露。乾嘉歷史考據學派利用經學、小學、天文、輿地、金石、板本、音韻等輔助科學，與西方史學運動的史學家亦利用語言文字以批評史料，同是神往於徵實的信史，同是從事於史料的批評。換言之，亦即皆富有實事求是的精神與科學的研究法。

〔註2〕 許凌雲《讀史入門》（北京出版社，1989年），頁219中，言直書是我國古代史學家一優良傳統，就如劉知幾《史通・直書》上所說的：「正直者，人之所貴，而君子之德也。」也是章學誠所提倡的史德。在我國古代，有不少史官和史家，堅持直書，他們秉筆爲史，看成爲持大義，別善惡的神聖事業，以直書爲榮。

乾嘉之際，考據學大興，一般史學大師以治經之法治史，所謂「經以明道，而求道者，不必空執義理以求之也，但當正文字，辨音讀，釋訓詁，通傳注，則義理自見，而道在其中矣。」說明治經之法在于文字考證，名物訓詁；而治史者則以治經之法對史書加以校勘，正舛糾誤，校疑補闕。因此，先生認為讀史之法，與讀經小異而大同。

至於治經史之異處，則在於先生治經守漢人家法，定從一師，不敢他徙，不擅發議論，故治經斷不敢駁經。再則經文艱奧難通，若憑古傳注而擇取，恐失于僭越。因此先生在經學上是尊古的，故治經斷不敢駁經；但在治史這一理路發展上，則表露出不可泥古的思想。先生認為即是司馬遷、班固如此之史學大師，苟有所失，亦無妨箴而砭之。如先生批評歐陽修所編修之《新唐書》云：

> 新唐書本紀較舊書減去十之七，可謂極簡矣，意欲仿班、陳、范也。
> 夫文日趨繁，勢也。作者當隨時變通，不可泥古。紀唐而以班、陳、范之筆行之，于事情必有所不盡。（卷七十〈新紀太簡〉條）

先生認為在史學的發展過程中，不可盲目崇拜，而須有敢於懷疑的精神，故持此理念，先生在《商榷》中，提出對史書及史家之評論。先生治史立場態度如此，乾嘉另一史學大師錢大昕，亦持相同之主張：

> 史家以不虛美，不掩惡為良，美惡不揜，各從其實。（《潛研堂文集》卷二十四〈史記志疑序〉）

又：

> 史家紀事，唯在不虛美，不隱惡，據事直書，是非自見。若各出新意，掉弄一兩字，以為褒貶，是治絲而棼之也。（《十駕齋養新錄》卷十三〈唐書直筆新例〉）

又：

> 史非一家一書，實千載之書，袪其疑乃能堅其信，指其瑕益以見其美，拾遺規過，匪為齮齕前人，實以開導後學。而世之考古者，拾班范之一書，摭沈蕭之數簡，兼有竹素爛脫，豕虎傳譌，易斗分作升分，更予琳為惠琳，乃出校書之陋，本非作書之僭，而皆文致小疵，目為大創，馳騁筆墨夸曜凡庸，予所不能效也。更有空疏措大，輒以褒貶自任，強作聰明，妄生疢痏，不卟年代，不揆時勢，強人以所難行，責人以所難受，陳義甚高，居心過刻，予尤不敢效也。桑榆景迫，學殖無成，唯有實事求是，護惜古人之苦心，可與海內共白。（《廿二史考異》序）

乾嘉另一史學大師崔述，其治史態度亦秉持務實、求真之精神，如《考信錄提要》

卷上云：

> 余爲考信錄，於漢晉諸儒之學，必爲考其原本，辨其是非，非敢詆諆
> 先傳，正欲平心以求其一是也。

又：

> 今爲考信錄，不敢以載於戰國秦漢之書者悉信以爲實事，不敢以東漢
> 魏晉諸儒之所注釋者，悉信以爲實言，務皆究其本末，辨其同異，分別其
> 事之虛實而去取之。雖不爲古人之書諱其誤，亦不至爲古人之書增其誤也。

又：

> 大抵文人學士，多好議論古人得失，而不考其事之虛實。余獨謂虛實
> 明，而後得失或可不爽。故今爲考信錄，專以辨其虛實爲先務，而論得失
> 者次之〔註3〕。

崔述治史，皆在窮源，即認爲戰國秦漢之書，未能悉以徵信，六經未必全皆然可靠，故治史務求歷史之來源，辨其虛實，故虛實明而後得失或不爽，是以辨其虛實爲先務，是崔述治史奉爲圭臬所在。另外，阮元亦提出：「持論必執其中，實事必求其是」（《十駕齋養新錄》序），這是史家秉持實事求是，以考據典制史蹟之實，所提出之主張。時至清代，乾嘉歷史考據學富於求眞之精神，遂發展到極致。故乾嘉史家用經學、小學、天文、輿地、金石、版本、校勘等來考訂史實，更廣泛地收集資料〔註4〕，再以分析比較、綜合歸納法論證，其目的皆在于求立論平實，俾得史實眞相。因此，據事直書的筆法，是史家展現史書之精神，及富于徵實之態度所在。

先生認爲史之可貴，在於據事直書之求眞精神，使善惡事跡，昭然炳著於天下。如：

卷四十〈許鄴洛三都〉條：

> 作史貴據事直書，詳明整贍。

卷五十九〈皇子概作合傳爲非〉條：

> 凡史宜據事直書，不必下褒貶，然分析倫類則不可無。

卷九十二〈唐史論斷〉條：

〔註3〕參見崔述《考信錄提要》卷上釋例（台北：世界書局印行，1989年），頁17，18，34上所論。

〔註4〕王鳴盛《十七史商榷》序文中述及廣泛地收集資料，如文：「搜羅偏霸雜史，稗官野乘，山經地志，譜牒簿錄，以暨諸子百家，小說筆記，詩文別集，釋老異教，旁及於鐘鼎尊彝之款識，山林冢墓祠廟伽藍碑碣斷闕之文，盡取以供佐證，參伍錯綜，比物連類，以互相檢照。」

> 大抵作史者，宜直敘其事，不必弄文法，寓予奪；讀史者，宜詳考其
> 實，不必憑意見，發議論。

史以紀實，爲不移之眞理，因此史家在刪削擇取上，亦須注重實事之陳述，如：
卷六十八〈都督總管書法〉條：

> 史家敘事貴簡潔，獨官銜之必不可削者，任意削之，則失實，欲刪支
> 詞，何處不可刪，豈須在此等處省幾字乎。

卷七十六〈昭哀二紀獨詳〉條：

> 凡所貴乎史者，但欲使善惡事跡，炳著於天下後世而已，他奚恤焉？

先生以紀實態度著手，處理史學問題，自然對於記載曖昧不明，或史實混淆者，必
然有所評論，如：
卷六十三〈記載不明〉條，評論六朝史家

> 六朝人記載實事，每不明析。因直書其事，恐詞義樸儳，觀者嫌之，
> 乃故作支綴，不知書事但取明析，何用妝點乎？

卷六十四〈昌濟江中流殞之〉條，評論唐人史家：

> 唐人書陳事，何必作此蘊藉之筆，似有所不敢直書者乎？

卷六十六〈蔡儁等突出無根〉條，評論史家敘事當得法：

> 又突出一段，榮亦無根，史家犯此等病者頗多，似非緊要，而敘事無
> 法，予深不喜。

先生認爲史家之例，原無一定，要足以載事實，明勸戒。作史者宜直書，以正其惡，
故「不虛美、不隱惡，則爲紀傳，爲編年，皆良史矣。」（卷九十九〈正史編年二體〉）
載事實、不虛美、不隱惡，即是客觀的直筆態度，不作虛飾，才能發揮明勸戒的作
用。先生以此原則，作爲衡量史家高低及史書優劣的重要標準，因此先生本著據事
直書之精神對新、舊《唐書》加以評定，如先生指責《新唐書》：

> 不據事直書，以著其實，而舞文出入，強立多例，高下其手，故多所
> 抵牾。（卷七十六〈新書殺某之例〉條）

而對《舊唐書》雖文繁語複，但能據事直書，「所載皆是實事，凡所貴乎史者，但欲使
善惡事跡炳著于天下後世而已。」故不必恨其太詳。（卷七十六〈昭哀二紀獨詳〉條）
　　先生對史書中諱惡虛美文飾之辭，加以批評、揭露，如《商榷》卷四十四〈大
舉伐吳〉條，評論晉武帝：

> 太康二年三月即遷孫皓妓妾五千人入宮，則武帝之志荒矣。……七年
> 十二月，出後宮才人、妓女以下二百七十人歸於家。選入者如此之多，出
> 者如此之少，篇末論斷謂其恭儉寡慾，恭儉豈可以聲音笑貌爲哉。

《晉書・武帝紀》載太康二年三月，詔選孫皓妓女五千人入宮，至七年十二月，出後宮才人、妓女以下二百七十人歸於家，篇末卻論贊武帝能屬以恭儉，敦以寡欲，但先生卻一針見血地反駁道：「選入者如此之多，出者如此之少，篇末論斷謂其恭儉寡慾，恭儉豈可以聲音笑貌爲哉。」粉碎《晉書》對武帝的雕飾之解。先生反對曲筆隱諱，批評《晉書》爲唐人重修，卻保留一些曲筆記載，如《宣帝紀》記載魏太和四年，帝派曹眞攻蜀，大破諸葛亮，俘斬萬計，而事實是魏軍遇大雨斷道而退兵（卷四十四〈曲筆未刪〉條）。又先生論《三國志》中陳壽替魏晉統治者多飾美隱諱之辭，于司馬氏篡魏更多袒護之筆，因此先生論陳壽失實原因在於「輾轉詭說，而避咎也」（卷四十〈夏侯玄附許允王經〉），趙翼之《廿二史箚記》卷六中亦寫《三國志》多回護條文。

史家直書其事，欲使史實明晰，故史家紀事莫善於得實（卷七十三〈韓旻斬朱泚〉條），遂提倡直筆，反對曲筆。如先生評論庾亮之庸鄙，惡劣、貪忮、猜忍，誠無寸善可取，而罪不勝誅矣，但《晉書・庾亮傳》文阿平敘，不明斥其非，殊欠直筆（卷五十〈庾亮傳得失參半〉條）。又《南史》記後廢帝殺孝武帝子一事，先生指責李延壽「記事信手妄載，毫不敷實如此。」因孝武帝之子，前廢帝殺其二，明帝殺其十六，其餘皆夭亡，至後廢帝時，已靡有孑遺矣，後廢帝曾未殺一，何得云餘皆帝殺之乎？（卷五十四〈後廢帝殺孝武帝子〉條）。另外先生論《南史》於梁高祖武帝紀敘皇考順之事極詳，凡十六行。而〈梁紀〉所載不及兩行，此《南史》之勝於本書處。又《南史》則有帝爲齊明帝畫佐命秘策事，此正吳均據事直書，武帝惡其實錄，遣人詰問，毀其書者也，自是實事，梁皆不載此（卷五十五〈梁武帝紀事南史較詳〉條）。

先生以直書其事作爲史實明晰的標準，對《漢書》以下的史書也作了評論，如班固《漢書・匡張孔馬傳》寫了一些以儒學進身，專以阿諛爲能事的典型人物，他們身居高位而無所匡建，甚至依附外戚勢力，利祿熏心，廣植產業。班固設立這一合傳，使他們曝日無所隱藏，因此先生對此極爲推崇：「孟堅於張孔直筆詆斥，盡醜描摹，洵不愧良史矣。」（卷三十六〈刺廣寓於褒頌〉條）先生還表彰范曄以直筆記載奸佞人物的手法，指出《後漢書・胡廣傳》表面上敘述胡廣步步高升之事，實則刻畫其依附權奸的小人面目：「蔚宗於胡乃別撰一種筆墨，冷譏毒刺，寓於褒頌誇譽中。」故其史筆是「肆而隱，微而彰，其范史之謂乎。」（卷三十六〈刺廣寓於褒頌〉條）

李延壽刪削南朝諸史而成《南史》，往往刪去原書中反映國計民生的材料，而增添許多神怪荒誕的故事，先生對此作了嚴肅批評，如：
卷六十〈宋書有關民事語多爲南史刪去〉條，由於李延壽往往刪削有關係之史實，

因此先生論云：

> 南史意在以刪削見長，乃所刪者往往皆有關民生疾苦，國計利害；偶
> 有增添，多諧謔猥瑣，或鬼佛誕蔓。李延壽胸中不知有經國養民遠圖，故
> 去取如此。

又卷五十四〈宋武帝微時符瑞〉條，敘劉裕寒微時遇到的種種祥瑞大多來源於《宋
書》，而《南史》宣揚更加著力。

> 南史最喜言符瑞，詭誕不經，疑神見鬼，層見疊出。武帝紀歷敘其微
> 時，竹林寺僧見其臥有五色龍罩，孔恭占其墓曰，非常地行止見二小龍附
> 翼，伐荻新洲射大蛇，見青衣童子擣藥，下邳會一沙門，贈以黃藥傅創。
> 沈約亦好言符瑞者，故此諸事雖不采入紀，而別作符瑞志述之。射蛇事則
> 符瑞志亦無，卻見於任昉述異記上卷。

又卷五十五〈齊高帝紀增添皆非〉條，李延壽添入者，皆言符瑞，疑神見鬼，巫媼
不經之談，曉曉不休，其約一千一百餘字，皆《南齊書》所無。

> 此因增添而失者，即如其中一條云，天雨石墜地，石開中有玉璽文曰，
> 戊丁之人與道俱肅然，入草應天符掃平河洛清魏都。試問道成掃河洛清魏
> 都否，即此一句之妄說，其餘可知。

在卷六十六「孝文帝孝事文明太后」條，先生評論《魏書·獻文帝本紀》於其崩為
之諱，不言馮氏致之死，不如《北史》直書，其事為實。在卷六十三〈沈璞不襲父
爵〉條，論李延壽任意更移不顧其實，是何必哉。

另外，先生也對史書筆法，提出見解，則曰春秋書法，後人莫測，不可妄效，
如卷七十一〈李昭德來俊臣書法〉條：

> 春秋書法，去聖久遠，難以揣測，學者但當闕疑，不必強解，惟考其
> 事實可耳。況乃欲擬其筆削，不已僭乎！究之是非千載炳著，原無須書生
> 筆底予奪。若因弄筆，反令事實不明，豈不兩失之？

以此論見，先生對歐陽修欲學春秋筆法，提出糾正，認為此乃歐氏之病。如卷九十
三〈歐法春秋〉條：

> 歐公手筆誠高，學春秋正是一病。春秋出聖人手，義例精深，後人去
> 聖人久遠，莫能窺測，豈可妄效？且意主襃貶，將事實壹意刪削，若非舊
> 史復出幾嘆無徵。

在引用史料上，貴考核斟酌，未以實錄皆是，小說盡非之見，因此，先生對於歐陽
修以小說補入史說表示其贊同立場。如卷九十三〈歐史喜采小說薛史本多實錄〉條：

> 大約實錄與小說，互有短長，去取之際，貴考核斟酌，不可偏執。如

歐史溫兄全昱傳，載其飲博取骰子擊盆呼曰：朱三，爾碭山一百姓，滅唐三百年社稷，將見汝赤族云云。據禹偁謂梁史全昱傳，但言其朴野，常呼帝爲三，諱博戲事。所謂梁史者，正指梁太祖實錄。今薛史全昱傳亦不載博戲詆斥之語，歐公采小說補入，最妙。然則采小說未必皆非，依實錄未必皆是。

先生對於有關史學之實物，則親訪之，以徵史實，不憚跋涉之勞。如卷九十七〈吳越改元〉條：

今蘇州虎邱千人石畔有大佛頂陀羅尼石幢一座……高約二丈餘。……予少與妹婿錢大昕同遊，訪得此幢。及老，先後歸田，予徙家洞涇，距虎邱三里，時往摩挲。妹婿來，又同觀焉。八九百年中，著錄自吾兩人始。每嘆金石之有關史學，惜同嗜者寡也。

先生有所論者，不特詳注出處，且必目睹原書，不敢輕信傳聞，或間接移用轉手之記載。如卷九十八〈十國春秋〉條：

予所著述，不特注所出，並鑿指第幾卷某篇某條，且必目睹原書，佚者不列。

由上可知先生治史之徵實態度，以及治學之精神，皆在追求歷史真實，而所作的努力，亦是反宋明理學盛行，所滋生出的主觀空疏學風有關，如先生云：

卷七十三〈宣武帥李董劉韓事〉條：

心麤膽大，而自以爲是，蔑棄前人，落筆便謬，宋人往往如此。

卷八十八〈臧玠殺崔瓘〉條：

識暗心粗，膽大手滑，宋人通病。

卷九十二〈唐書直筆新例〉條：

觀其條例棼煩，正是宋氣息。

先生又對宋明史家之論史，欲模倣聖人春秋筆法，對史事大加褒貶，而力極痛斥，如：

卷九十二〈唐史論斷〉條：

宋人略通文義，便想著作傳世，一涉史事，便欲法聖人筆削，此一時習氣，有名公大儒爲之渠帥，而此風益盛。

先生又論漢人讀書，必有師傳，無師不能讀，至三國時孫權尚知讀書之法，而宋明人不知也，如：

卷三十八〈馬融從昭受漢書〉條：

動輒妄爲大言，高自位置，蔑棄古人，而胸馳臆斷，其實但可欺庸人耳。

先生力求歷史的真實性，力矯宋明以來的空疏學風流弊，故而在治史態度上，力求徵

實。此精神態度，使得《商榷》條文中，有諸多議論，敢於直率批評。比如先生將朱熹《綱目》與司馬光之《通鑑》原書對比，認為朱熹與司馬光修史自訂提綱不同，司馬光是「惟在乎按年編次，據事直書，而不在乎立文法以為褒貶，至綱目方以此為事。」（卷一百〈通鑑綱目〉條）依先生之意，乃肯定據事直書而否定立文法以為褒貶，這種敢於評論的勇氣，即是對治史真理的追求，亦是先生視為史家的重要責任，所以敢於議論詆斥史家春秋褒貶書法為非，也是先生在史學意識上的一種認知。

先生在《商榷》中所論：「大凡人學問精實者必謙退，虛偽者必驕矜。生古人後，但當為古人考誤訂疑，若鑿空翻案，動思掩蓋古人，以自為功，其情最為可惡。」（卷一百〈通鑑與十七史不可偏廢〉條）蓋謙退、不驕矜，乃是為學之道，亦是先生所主張的不虛美、不隱惡的直書精神；而先生在《商榷》序文中亦自述作史之目的在於「實事求是，庶幾啓導後人，則予懷可稍自慰矣〔註5〕。」錢大昕在與先生書信往來中，亦論及「學問乃千秋事，訂譌規過，非以訾毀前人，實以嘉惠後學。」（《潛研堂文集》卷三十五〈答西莊書〉）二人所論，在治史精神態度上，皆持相同之主張。先生所論治史態度，求真、據事直書之精神，為自古以來史家之傳統。中國自古代起，史官所表現的直書，「君舉必書」、「書法不隱」（劉知幾《史通·直書》卷七第二十四）即是記實精神。班固贊論司馬遷寫史「其文直，其事核，不虛美，不掩惡，故謂之實錄。」（《漢書·司馬遷傳》卷六十二）所謂實錄，即是記實，直書的精神，而史學上的求真態度，《尚書·堯典》有「曰若稽古」四字，即是稽考故實。孔子反對道聽塗說（《論語·陽貨》），荀子論「凡論者貴其有辨合，有符驗」（《荀子·儒效》卷四）、「無稽之言，不見之行，不聞之謀，君子慎之。」（《荀子·正名》卷十六）由此可見，在中國史學發展上，求真原則及直書態度早已出現〔註6〕，而先生所傳承的，正是這一優良傳統。劉知幾大倡實錄，從史料搜集，史書撰述，史學批評等，無不要求史家據事直書，博聞實錄。而先生取劉知幾實錄之旨，強調「史以紀實」（卷二〈高祖紀不書諱〉條），「作史貴據事直書，詳明整贍。」（卷四十〈許

〔註5〕《商榷》序文中，有先生論及此著作之目的，欲以啓導後人，則自可稍慰矣。「學者每苦正史繁塞難讀，或遇典制茫昧，事蹟輮薆，地理職官眼眯心瞀，試以予書為孤竹之老馬，置于其旁，而參閱之，疏通而證明之，不覺如闋開節解，筋轉脈搖，殆或不無小助也。與夫以予任其勞，而使後人受其逸，予居其難，而使後人樂其易，不亦善乎！以予之識暗，才懦碌碌，無可自見，猥以校訂之役，穿穴故紙堆中，實事求是，庶幾啓導後人，則予懷其亦可以稍自慰矣。」

〔註6〕杜維運《中西古代史比較》第三章（台北：東大圖書公司，1988年），頁34～35，論及中國自上古時代，史學上的記實原理與求真已出現，並蔚為一可觀之發展，所以中國古代的學者、史學家劉向、揚雄以至班固，無疑皆承認史學家寫史應秉此精神態度。

鄴洛三都〉條），及發展史學的求實精神及態度。史學是門事實之學，既不空言義理，亦不虛構故事，史學的任務，即是記錄史跡，考證史事，發明真相，此治史法則，即是先生治史的本體論，故而應用於品評歷史事件、人物及分析史書優劣真相上，進而如校勘文字，考釋典章制度、輿地沿革、釋名物，解訓詁等多項內容，皆是以務實態度著手，從具體的史實出發，不僅是治史之出發點，亦是治史之終極目標。

第二節　貫串會通之治史精神

貫串會通是先生重要史學思想之一，亦是撰《商榷》的基本治學要求。「讀書貴貫串，今人慣眊善忘，顧此失彼，又性畏考據，宜乎史學之無人也。」（卷二十四〈淮陽郡〉條）又「大約學問之道，當觀其會通，知今不知古，俗儒之陋也。知古不知今，迂儒之癖也。心存稽古用乃隨時，並行而不相悖，是謂通儒。」（卷八十二〈唐以前音學諸學〉條）因此，貫串會通即是融會貫通，先生明白這其中沿革損益，事勢古今不同，不可泥古的道理，遂對歷史事件的變化及典章制度，輿地沿革等變遷作了觀察，故論「揚州刺史治所，上下千餘年，其變遷無定如此。」（卷五十七〈揚州刺史治所〉條），即是從通古今的觀念出發，研究其中的經驗得失。故「考其制，又須得其情勢曲折，方有當于論世之學。」（卷七十八〈四十七使〉條）

治學當求會通，治史更應廣集博采，通古明今，會百家之長，不抱殘守缺，不孤陋寡聞，故先生治學，大約言之，欲求通儒為極致。是以貫穿經史，會通古今為治學基本要求，亦即先生主張治學貴貫串之理，故「論古須援據無一語落空，方為實學，又須以己意融會貫穿，得其大要，方為通儒，徒執印板死冊子逐橛看去，則何益矣。」（卷五十七〈揚州刺史治所〉條）因此先生對於會百家之長之通儒，特為標榜。如先生贊揚班固著《漢書・百官公卿表》篇首上溯虙羲至唐虞，不過以三十餘言蔽之，述夏殷直云「無聞焉」，惟周官稍詳，然亦舉其大要，最為簡淨合宜，故云「通才」（卷十〈三公九卿〉條）。先生推崇鄭玄為經學大儒，論康成說經「會通眾家，不拘一師，故鄭毛詩箋，既參用魯詩，則於他經亦皆會通眾家，不拘一師。」（《蛾術編》卷五〈鄭康成說經會通眾家不拘一師〉）論康成得家法，而不拘家法，融會貫通之。（《商榷》卷六十二〈劉瓛陸澄傳論〉條）

讀書之要旨在於融會貫通，不劃地自限，不自我拘泥，「果實能讀遍唐以前書，其勢亦必須會通宋、元，必不能截然自唐而止，畫斷鴻溝矣。」（卷八十二〈唐人文集〉條）。因此先生大力表彰通古今之變的著作。論《說文》為小學之冠，「要之說文從史篇溯原而上，兼取古文，又復下參秦篆，會通古今，既精且博。」（卷二十二

〈三蒼以下諸家〉條），論《文獻通考》「貫串二十五代文章，莫大乎是哉！」說《通典》「條貫古今，端如貫珠。」（《蛾術編》卷十三〈通典・通志・通考〉條）對《資治通鑑》亦多稱言「專取關國家盛衰，繫生民休戚，善可爲法，惡可爲戒者，洵不愧資治之稱，此天地間必不可無之書，亦學者必不可不讀之書也。」（卷一百〈通鑑與十七史不可偏廢〉條）。

　　貫串經史，會通古今本是我國古代史學家所秉承的優良傳統，貫通古今的通識觀，亦是古代史家研究歷史方法之一，此通識之運用，是史家將史料分析歸納貫串，釐清歷史問題之眞相。司馬遷撰《史記》本欲「貫穿經傳，馳騁古今上下數千載間」（裴駰《史記集解》序文），劉知幾著《史通》強調闡明治史通識「上窮王道，下掞人倫，總括萬殊，包呑千有。」（《史通・自敘》卷十第三十六）。鄭樵《通志》亦以會通爲宗，提出：「自春秋之後惟史記擅制作之規模，不幸班固非其人，遂失會通之旨。」（《通志・總序》）史家以古今之變的研究觀點，對歷代典章制度，沿革損益及變遷進行研究，唐杜佑《通典・李翰序》提出「參古今之宜，窮終始之要」皆是通古今之變思想的具體運用。

　　司馬遷著《史記》以究天人之際，通古今之變，成一家之言，即是通識的具體表現〔註7〕。劉知幾著《史通》繼承發揚了此優良傳統，全面分析，從錯綜經緯，貫通古今的通識觀點，研究以往的史書利弊得失。杜佑作《通典》，是對上古直至唐代天寶年間的典章經制的匯通。司馬光的《資治通鑑》把諸史中所記一千三百餘年的事跡，薈萃一書，讀者開卷，古今咸在，亦可謂通典〔註8〕。鄭樵主張會通，即史家據一代之史，不能不通前代之史，本一書而修，當得會天下之書，「總詩、書、禮、樂而會于一手，然後能同天下之文，貫二帝三王而通爲一家，然後能極古今之變。」（《通志・總序》）意謂史不僅要通，甚至要博，即是「通」要貫通古今，以成一家之言；「博」要盡見天下之書，以成大學術。故先生對於歷史事件的闡釋及對歷史眞相的追求，不論是在縱向或橫向的考究聯系上，即是以趣向融會錯綜，原始要終爲目標，因此先生秉持此優良傳統，對十七史進行考察。

　　《商榷》一書上起於《史記》、《漢書》、《後漢書》、《三國志》、《晉書》、《宋書》、《南齊書》、《梁書》、《陳書》、《魏書》、《北齊書》、《周書》、《隋書》、《南史》、《北

〔註7〕徐龍飛〈馬端臨——二十載校典制，旨趣在會通〉《中國古代史學人物》（台北：國文天地雜誌社，1988年），頁28論「司馬遷堪稱良史，創立紀傳體兼立書表，數千年歷史一貫而通，後代史家當恪遵其體，但從班固開始，就以斷代史爲主而失去會通因仍之道。」

〔註8〕同註7。

史》、《新唐書》、《新五代史》，還包括了《舊唐書》及《舊五代史》，這十九部史籍，先生用貫通方法作爲主軸，記載從傳統的五帝至五代十國約三、四千年歷史〔註9〕；再用會通方法，除紀傳體以外的史書，還包涵了重要史籍，如《左傳》、《國語》、《竹書紀年》、《漢紀》、《後漢紀》、《續漢書》、《十六國春秋》、《貞觀政要》、《史通》、《通典》等，加上最後一卷〈綴言〉所述及之《資治通鑑》及相關之《通鑑前例》、《通鑑目錄》、《通鑑考異》、《通鑑釋文》等著作，逐一研討，悉心考辨，撰成一部卷帙百卷，子目二千餘條的著作。

先生少年時代研治學問，好讀史學，將壯輟史而治經，經既竣，即重理史業，摩研排續。先生認爲讀史與讀經小異而大同，因此以治經之法用於治史，在《商榷》中，有直接引入治經結果的，如《商榷》卷十八、十九、二十、二十一引《尚書後案》對《漢書》地理進行考辨。卷二十二〈尚書古文篇數〉條，其文云：「餘已詳予所著尚書後案及後辨」，卷四十八〈二百四十步爲畝〉條云：「傅玄傳古以步百爲畝，今以二百四十步爲一畝，說詳尚書後案·皋陶謨」。《尚書後案》是先生撰於乾隆十年（西元 1745）時年二十四，成書於乾隆四十四年（西元 1779）先生五十八歲，歷經三十餘年始成。而《商榷》是先生四十二歲歸田後全力之作，至完稿時已六十六歲，因此這二部書，先生同步經營交織有十七、八年之久，所以先生在《商榷》撰述中，有茲引《尚書後案》字樣，有彼此參照，互相補充，一爲經，一爲史，表現了先生經史方面的學識造詣。

先生除了貫穿經史，治學當求會通，治史更應廣集博采子、集類的著作，因此《商榷》不止是校正文字，勘定版本，考訂史實，還是通古今，會百家之長，融會史論、史評于一書，以考據爲基礎，對歷史人物、歷史事件及史家三者作一完整的史識評論。先生會通史觀，即是會通古今，如卷六十七有〈通古今〉條，說明學以通古今爲要，引韓昌黎詩：「人不通古今，馬牛而襟裾」，引北魏高允言：「史籍，帝王之實錄，將來之炯戒，今之所以觀往，後之所以知今。」因此，會通史觀是先生《商榷》一重要思想。

先生以會通古今之史觀，考辨宋以前之大量史籍與史實，著力於考察古今歷史之異同離合，發展變化及沿革損益等現象，如卷十二〈錢制〉條，先生考察周之大錢，秦之半兩錢，漢之五銖錢等幣制發展；卷二十四〈淮陽郡〉條，詳述淮陽郡輾轉改易名稱凡八、九次之沿革；卷四十二〈策權起事在吳〉條，論析吳的古今風尚變化；卷

〔註9〕自黃帝前 2550 年至周顯德六年，南漢大寶二年 959 年，約將近三、四千年的歷史紀年。

五十七〈南北地理得其大概不必細求〉條，先生縱論南北朝行政區劃變遷之複雜情悅；卷九十六〈附論趙宋官制〉條，先生對唐、五代官制進行縱向對比研考。

先生以會通之見識來研究學問，故重事物之流變，如司馬光著作《百官公卿表》記宋建隆訖熙寧百官，在序中追溯宋代官制紊亂之由。從唐高宗東封，武后預政說起，蓋唐官制至五代益亂，宋沿五代之弊，是以官職差遣化一為三，不勝其煩，而階勳爵邑之類，徒設空文，皆無實事（卷八十一〈司馬溫公論唐宋官制〉條）。先生對府兵制起於周隋，定於唐初至天寶而壞，亦加以評論，而《新唐書·兵志》補舊者所無，先生評《新唐書》補之甚善，但只用七千餘字來記載，既略去者使制度不詳，三百年中，兵事頭緒繁多，而提掇唱嘆空句，亦敘事之不可少者，約須二萬言可了，況且「其立法之善，存之足備采取」方可達到以古鑒今之目的。（卷八十二〈總論新書兵志〉條）先生論漢朝兵制，班固於《漢書·刑志》中帶敘兵事，草草數語，全不詳備，如此語焉不詳，故先生評云：「唐兵制之善與漢同，但其後內為宦官所竊，外為方鎮所據。初制固不然，惜史亦略也，宋廂軍禁軍何嘗不仿漢唐，惟養兵冗濫，漢唐所無耳，文子考古以諷時有心哉。」先生言宋之錢文子作《補漢兵志》亦是從《漢書》中紬繹而得，假令班固欲志其詳，何難委曲？（卷十一〈補漢兵志〉條）

另外，先生論杜黃裳奏對唐憲宗論政書，舊紀全載之，但新書於此事實尚多割棄，將無以為後人考，無乃太簡乎（卷七十四〈與杜黃裳論政〉條）。陸贄論裴延齡姦蠹書，文字長至五千九百餘字，舊書延齡傳雖刪節，所存猶不下二千三百字，此不獨關唐代興衰，實可備千秋鑑戒，載之豈嫌太繁，而新書乃盡削去，僅存數語（卷八十九〈陸贄論裴延齡〉條）。論唐亡無義士條，先生云：「西漢亡，義士不如東漢亡之多，西漢重勢利，東漢重名節也。宋亡有文信國，唐亡無一人，宋崇道學，唐尚文詞也。」（卷九十二〈唐亡無義士〉條）由義士論見西、東漢至宋唐各代之異，足見先生通古今之道，明辨各代之異曲，乃重流變矣。對唐宰相之權分於翰林學士（卷九十一〈翰林學士行宰相事〉條）；論漢至清常平倉之演變（卷十二〈常平倉〉條），以上都是先生重視考察事物的流變，故「考其制，又須得其情勢曲折，方有當於論世之學。」（卷七十八〈四十七使者〉條）

先生以貫串會通的治史理念在制度及地理沿革上做了考察，先生治學欲求最高境界，是一通古明今，會百家之長的通儒，故會通古今之目的，在於通古以鑒今。因此，先生體現於《商榷》書中，做了許多考察。貫串經史，會通古今之治史理念，大大地豐富了史學生命內涵，也因此拓展了史家視野，及提升了《商榷》之價值。豐富之材料，是治史基礎，範圍千古，牢籠百家作史規範，亦是貫通古今礎石。王充《論衡·別通》卷十三，言貫通古今，網羅宏富之特色在於「人不博覽者，不聞

古今，不見事類，不知然否。」又「人含百家之言，猶海懷百川之流。」歷史不僅要鑒古知今，亦要述往思來，故先生做《十七史商榷》，自史記至五代史，貫通古今的學術思想，正是此優良治史方法體現。

第三節　對史書體裁之見解

先生以紀傳體作為正統的史學形式，以編年體史書為正史的輔助，從而反映出先生在史學體裁形式的基本思想，並由此建立對史家及史書的書法義例論見，因此先生特別推崇司馬遷在紀傳體史書上的獨創貢獻。如：

卷一〈史記刱立體例〉條：

> 司馬遷創立本紀、表、書、世家、列傳體例，後之作者，遞相祖述，莫能出其範圍。

及對前四史《史記》、《漢書》、《後漢書》、《三國志》甚為推崇，如：

卷四十二〈三史〉條言：

> 唐宋以來，學者恆言，乃皆曰五經三史，則專指馬、班、范矣。愚竊以為宜更益以陳壽稱四史，以配五經，良可無愧，其餘各史皆出其下。

先生對正史體裁的論見，以紀傳體為主要體裁，乃深受皇甫湜的影響，如：

卷九十九〈正史編年二體〉條：

> 皇甫湜持正文集第二卷編年紀傳論（此文文苑英華、唐文粹皆采之），略云，古史編年至漢司馬遷，始更其制而為紀傳，相承至今無以移之，歷代論者，以遷為率私意，蕩古法，紀傳煩漫，不如編年。湜以為合聖人之經者，以心不以跡得良史之體者，在適不在同，編年紀傳繫于時之所宜耳，何常之有。夫是非與聖人同辨，善惡得天下之中，不虛美，不隱惡，則為紀傳，為編年，皆良史矣。若論不足以析皇極，辭不足以垂無窮，雖為紀傳編年，斯皆罪人。司馬氏紀項羽、呂后，以歷年不可中廢故也，其作傳之意，將以包該事跡，參貫話言，纖悉百代之務，成就一家之說，必新制度而馳才力焉。編年記事束于次第，牽于混并，舉其大綱而簡于敘事，是以多闕載，多逸文，乃別為著錄，以備書之語言，而盡事之本末，故春秋之外，則有尚書，左傳之外，又為國語，可復省左史于右合外傳於內哉。故合之則繁，離之則異，削之則闕，子長病其然也。于是革舊典，開新程，為紀為傳為表為志，首尾具敘述，表裏相發明，庶為得中，將以垂不朽。自漢至今，代已更八，年幾歷千其間，賢人摩肩，史臣繼踵，權今古之得

失，論述作之利病，各耀聞見競誇才能，莫能改其規模，殊其體統，傳以相援，奉而遵行，而編年之史遂廢，蓋有以也。唯荀氏爲漢紀，裴氏爲宋略，強欲復古，皆爲編年，然善語嘉言細事詳說，所遺多矣，必覽正史方能備明，則其密漏得失，章章于是矣。今之作者苟能遵紀傳之體制，同春秋之是非，文適遷、固，直如南董，亦無上矣。儻捨源而事流，棄意而徵迹，雖服仲尼之服，手絕麟之筆，等古人之章句，署王正之月日，謂之好古則可矣，顧其書何如哉，湜此論甚是。

先生明白指稱皇甫湜之論爲是，文中直指紀傳之優，直言司馬氏作傳之意「將以包該事跡，參貫話言，纖悉百代之務，成就一家之說」的最高評價，而對於編年體記事，則言「編年記事束於次第，牽於混并，舉其大綱而簡於敘事」等缺漏，故言春秋、尚書、左傳、國語合則繁，但離之則異，削之則闕等不足，故編年之史遂廢，蓋有以也。雖然子長紀傳仍有缺失，但在革舊典開新程，紀、傳、表、志等首尾敘述，表裏相發明，庶爲得中，永垂不朽，故自漢至今，後人莫改其體統，傳以相授，奉而遵行，自是世有著述皆擬班馬以爲正史，即是後人荀悅、袁宏、晁公武諸人，欲以編年爲正，仍聊堪充數罷了。

先生以編年體爲古法，編年雖古法，而古不可泥，宜以後出爲定。故先生認爲古今不同，而今人不以凡事皆擬古，如歷史編纂形式，編年體是古法，而紀傳體是司馬遷創立之形式，從漢至清踵行不廢，作者相承皆以班馬爲準，主要在於紀傳體能「包該事跡，參貫話言，纖悉百代之務，成就一家之說」，「權今古之得失，論述作之利病」，先生認爲春秋「或書爵或不書爵，或降而稱人，或書名或書字，或有日，或無日，說者以爲夫子意有予奪，此豈後人所可妄效乎！」（卷九十九〈正史編年二體〉條）蓋春秋乃聖人之筆，非一般尋常作史者之所能窺測，先生特別推崇春秋筆法，反對後人仿效春秋筆法，意主褒貶「春秋出聖人手，義例精深，後人去聖久遠，莫能窺測，豈可妄效」（卷九十三〈歐法春秋〉條）故對於歐陽修法春秋正是一病，且作史者議論褒貶皆虛文，讀史者不能擅加與奪以爲褒貶，但當考其事蹟之實，作史者之所記錄，讀史者之所考核，總期於能得其實焉。（參見《商榷》序文）先生認爲「春秋書法，去聖久遠，難以揣測，學者但當闕疑，不必強解，惟考其事實可耳。況乃欲擬其筆削，不已僭乎？究之是非，千載炳著，原無復書生筆底予奪，若因弄筆反令事實不明，豈不兩失之？」（卷七十一〈李昭德來俊臣書法〉條）因此，作史者不得擬經，抑本紀與表，即用春秋編年之式，蓋「堯典、太誓、武成本紀皆有相肖處，若志則又周禮、儀禮體也，正史於五經已擬其三矣」故「正史足兼編年，編年不能包正史。」其意則以紀傳爲正體，編年爲別體。（卷九十九〈正史編年二體〉

條）編年紀傳，繫于時之所宜耳，何常之有？故編年雖古法，而古法不可泥，「雖服仲尼之服，手絕麟之筆，等古人之章句，署王正之月日，謂之好古則可矣。」（卷九十九〈正史編年二體〉條）由此認知，先生發展出對史書之論見，及對史書以紀傳體爲主之基本見解。

先生一生勤奮讀書，積累豐富的學識經驗，先生雖提出以正史爲主的史學體裁形式，但對於編年體史書，並未就此而荒廢不理，而指出讀書之門徑，他認爲《資治通鑑》是「此天地間必不可無之書，亦學者必不可不讀之書也」（卷一百〈資治通鑑〉條），主張《通鑑》與十七史不可偏廢，因「紀傳編年，橫縱經緯，不可偏廢。司馬公雖欲上續左傳，究以十七史爲依藉，方能成通鑑，豈有正史可無之意在其胸次邪。」（卷一百〈通鑑注〉條）。先生對於胡三省注《資治通鑑》十分推崇，是「通鑑之功臣，史學之淵藪」（卷一百〈通鑑胡氏音注〉條），並對《通鑑紀事本末》與《資治通鑑》作了比較，「通鑑以編年爲宗，本末以比事爲體，編年則雖一事，而歲月遼隔，比事則雖累載，而脈絡貫聯。故讀通鑑者，如登高山，泛巨海，未易遽窺其津岠。得本末而閱之，則根榦枝葉，繩繩相生，不待反復它卷，而瞭然在目，故本末者通鑑之戶牖也。」（卷一百〈通鑑紀事本末〉條）由以上諸論，知先生對編年體史書極爲重視。先生強調治學方法，讀史當先讀正史，再讀雜史，「讀史宜專心正史，世之學者，於正史尚未究心，輒泛涉稗官雜說，徒見其愚妄，且稗史最難看，必學精識卓，方能裁擇參訂，否則殽譌三日亂，雖多亦奚以爲。」（卷三十八〈後漢書年表〉條）讀史先讀正史，是奠定學問基礎，掌握綱要之法，爾後再旁求博覽，裁評參訂，故編年史書或稗官雜說，皆是豐盛學問好方法。

第三章　王鳴盛之治史目的

　　清代治史，除了《明史》，大致可歸納爲重訂舊史、重輯舊史及校注舊史三類〔註1〕。清代史學家不止閱讀廿二史，最要緊的是全面考訂工作，更有進一步作綜合研究的。中國歷史悠久，著述浩如湮海，而文史訛誤脫衍者不一而足，故先生在《商榷》序言：

> 　　好著書，不如多讀書。欲讀書，必先精校書。校之未精，而遽讀，恐讀亦誤矣！讀之不勤，而輕著，恐著且多妄矣。

欲讀書必先校書，故校書爲先生讀書之基本前提，因此先生治史從考訂文字、訂訛補缺入手，故對十七史起了全面校正一周之動機。

　　先生之治學旨趣，有集大成，欲成一家言之意，「我于經有尚書後案，于史有十七史商榷，于子有蛾術編，于集有詩文，以辭弇州四部，其庶幾乎。」（《蛾術編》沈懋德序）故先生一生治史之成就，大體集于《十七史商榷》，其序文說明先生治史之動機及目的。

> 　　海虞毛晉汲古閣所刻行世已久，而從未有全校之一周者。予爲改訛文，補脫文，去衍文，又舉其中典制事蹟詮解蒙滯，審覈蹉駁以成是書，故名曰商榷也。

〔註1〕劉節《中國史學史稿》第十八（台北：弘文館出版社，1986年），頁360，清代史學概觀中，論清代研究史學，發揮在歷史考據學上，大致有三：(1) 重訂舊史，即舊史需要重訂，內容未增加，而改造其組織者；或補充其內容，擴大其組織者；或補撰某史中之部分構造；或增訂某一部分資料；或是爲綜合各史料，而獨創某一種類之史著者，統謂之重訂舊史各派。(2) 重輯舊史者，即是將唐宋以後亡佚之史書，不論多少，盡其纂輯，盡可能地保存原書面目。(3) 對二十二史全面的考訂工作，此風自顧炎武始。梁啓超先生之《清代學術概論》論清初治史學，欲以經世致用爲目的，自乾嘉以還，考證學統一學界，治史風氣與清初有異。有專考一史者，或皆考證古史；或對於古代別史雜史，亦多考證箋注，晚清則以研究元史爲一時風尚。

依序文所言，毛晉汲古閣十七史所刻行世已久，而從未有全校一周。又其中典制事蹟、歷史真象，多有解釋凝滯不通，有待考核差誤，故先生對於歷史事件之真象、人物、制度、輿地等。亦加以辨證，故如《商榷‧序》所言：

> 經以明道，而求道者，不必空執義理以求之也。但當正文字辨音讀，釋訓詁，則義理自見，而道在其中矣。

此「道」正足以說明先生治史之最大目的，無疑欲使十七史史實明白呈現。這正是先生著述《十七史商榷》目的所在，因海虞毛晉汲古閣所刻行世已久，而從未有全校一周，且十七史刻於崇禎元年至崇禎末年（西元 1628～1644）歷經十七年，由於戰爭因素，毀損不少版片，毛晉被迫大事修補，直至清順治十三年（1656），才得以修補完畢。在毛晉死後，版片流落四方，十七史版片終歸蘇州掃葉山房〔註 2〕。至於毛晉刻書評價，功過皆有，毀多於譽，其因就在於毛本所據之底本及校勘問題。葉德輝《書林清話》言毛晉「刻書不據所藏宋元舊本，校勘亦不甚精」，然而毛晉好友陳瑚言毛氏刻書大多以宋元作為底本〔註 3〕。

> 所鋟諸書，一據宋本。或戲謂子晉曰：「人但多讀書耳，何必宋本為？」子晉輒舉唐詩「種松皆老作龍鱗」為證曰：「讀宋本然後知今本『老龍鱗』之為誤也。」

毛晉自己在題跋中也多處提到底本，說明在選擇底本上亦是極為慎重的。如《鄭注爾雅》跋云：

> 予家向藏抄本，未甚精確。客秋從錫山購得殘編數簏，獨斯帙完好，實南宋善版，亟授梓人。

又《劍南詩稿》跋云：

> 近來坊刻寡陋不成帙，劉須溪本子亦十僅二三。甲子秋，得翁子虞編輯劍南詩稿，又吳、錢兩先生嚴訂夭夭者，真名祕本也，亟梓行之。

在校勘方面，毛晉刻了許多書，在文字錯誤上，自是當然，如孫慶增《藏書紀要‧鑑別》言：「毛氏汲古閣十三經、十七史，校對草率，錯誤甚多。」〔註 4〕但毛晉是重視校勘的，毛晉所刻的《鄭注爾雅》跋中，有記載：

> 其間淆訛……一一更定。又如「弅，同也」……「由膝以下為揭」、「由膝以上為涉」、「由帶以下為厲」數條，俱已脫落，未見其注何似，不敢妄

〔註 2〕曹之《中國古籍版本學》（台北：洪葉文化事業有限公司，1994 年），頁 326～330。

〔註 3〕葉德輝《書林清話》卷七（台北：文史哲出版社，1988 年），頁 376～381，明毛晉汲古閣刻書之一、二。

〔註 4〕以上《鄭注爾雅跋》、《劍南詩稿跋》皆引自曹之《中國古籍版本學》同註 2，頁 333。

補，始信落葉難掃，雖宋刻不無遺憾云。

又《史記索隱》跋云：

> 按汴本釋文演注與桐川郡諸刻微有不同，如「鄭德」作「鄭玄」、「劉氏」作「劉兆」，姓氏易曉其訛……高祖本紀中「人乃以嫗爲不誠，欲笞之」，諸本皆然。漢書作「欲苦之」，茲本獨作「欲告之」。此類頗多，不敢妄改。至如「世家」，「世本」俱作「系家」、「系本，避李唐諱也，後人輒爲改易，小司馬能無遺憾耶！」〔註5〕。

故毛晉一生刻書六百餘種〔註6〕，版片十萬餘塊，非單靠一人校勘可爲的，因此毛晉招聘了不少文人學士共事丹鉛，單是刻印十三經、十七史時，就招聘了三十人，其中十三人校經書，十七人校史書〔註7〕。今三百年後，汲古閣仍負著盛譽，然而所刻的書，卻也因多半校勘不精，而毀譽參半。因此，西莊以海虞毛晉汲古閣十七史所刻行世已久，出現了許多訛字、衍文、脫文，故全校一周，所得標舉之以詒後人。其中：

> 毛版脫誤不悉出，聊偶著之。（卷三十〈阜陵王種〉條）
>
> 凡傳刻脫誤顯然者不悉出，疑似者著之。（卷三十五〈侍中將〉條）
>
> 凡衍誤脫不可勝摘，聊偶見之。（卷五十九〈袁皇后傳衍文誤字〉條）
>
> 凡脫誤一兩字者不悉出，多者見之。（卷七十七〈則天遣閒知微事〉條）
>
> 全卷中傳刻脫誤不知凡幾矣。（卷十〈張晏所譏〉條）
>
> 汲古閣版精善，而脫誤甚多，未見勝他本，往往如此。（卷八十三〈元和

〔註5〕同註2，頁328～329，毛晉非常重視校勘工作，在所刻的書跋語中都有記載。其友人陳繼儒在《汲古閣書跋·序》中說：「凡人有未見書，（毛晉）百方購訪，如絕海鑿山，以求寶藏，得即手抄寫，糾訛謬，補遺亡。即蛛絲鼠壤，風雨潤濕之所糜敗者，一一整頓之。」

〔註6〕同註2，頁326，毛晉刻書可分爲三個時期，明天啓年間（西元1621～1627）爲第一時期，刻有《續補高僧傳》、《劍南詩稿》、《神農本草經注疏》、《三家宮詞》、《風騷旨格》、《二家宮詞》、《極玄集》。崇禎年間（西元1628～1644）爲第二期，亦是毛晉刻書興盛時期，絕大多數毛刻本皆由此期刻印，有《十三經注疏》、《十七史》、《唐人選唐詩八種》、《楊大洪先生忠烈實錄》、《群芳清玩》、《津逮祕書》、《寶晉齋四刻》、《碻庵文集》、《棄草詩集》、《秦張兩先生詩餘合璧》、《元人十種詩》、《重刻歷體略》、《重修琴川志》、《列仙傳》、《續仙傳》、《疑仙傳》、《四唐人詩》、《元四大家詩》、《說文解字》、《宋十名家詞》、《中吳記聞》、《六十種曲》、《楚辭章句》、《吳郡志》、《詩詞雜俎》、《文選注》、《明僧弘秀集》。第三期是入清以後，毛晉此期把精力用於修補版片，《十七史》就是修於此期。

〔註7〕同註2，頁329，毛晉招聘不少文人學士共事丹鉛，並爲其創造一個良好工作環境，分別爲儒釋道三家名流修了招待所。

太和開成間李氏六宰相〉條）

毛版號稱精善，然而脫誤其數不少，況且是坊間俗刻，其誤脫衍文，必然更甚，因而先生言，卷四十二〈黎斐〉條：

> 俗刻脫卒字，又不可讀，古書傳鈔鏤刻脫誤既多，又每為無學識自改壞，一開卷輒嘆千古少能讀書人。

先生故而極勤地校之全書，以一人之力，全校一周，所著錄之校勘條例，改訛文，補脫文，去衍文，及對典章事蹟之考究，不下一千條，另外在史實、典制、輿地等作了精詳的考敘，這亦是本書最有成就的部份。先生列舉毛晉十七史之錯誤，其校勘方法包括了本史互校、兩史對校、諸史參校、理校法、他校法，亦有直言毛本之脫文、衍字，及某字訛當作某字者，以下列舉之，以見其梗概。

脫文：

> 更始遣光武以破虜將軍行大司馬事，案上文云，破虜大將軍，此似脫一大字。（卷三十〈破虜將軍〉條）

> 伯升破秩宗將軍陳茂於淯陽。注，淯陽縣屬南郡。案，淯陽地理、郡國二志皆屬南陽，此作南郡，當是脫陽字。（卷三十〈淯陽〉條）

> 建武十七年，幸葉，章陵注，葉縣屬南郡。案、葉、章陵俱屬南陽，注脫陽字。（卷三十〈葉〉條）

> 建武十九年，幸汝南南頓縣舍，復南頓田租歲。案據文不見歲數。係歲上脫一字，其下文父老叩頭言，願復十年，帝笑增一歲，而其下文二十年復濟陽六歲。南頓當與濟陽同，則此當為初復五歲，增一歲為六，所脫疑五字。（卷三十〈復南頓田租歲〉條）

> 建武二十二年，匈奴奠鞬日逐王比請和親，使中郎李茂執命。案，匈奴傳作中郎將，此疑脫一字。（卷三十〈中郎〉條）

> 中元元年夏四月己卯，改年為中元。案祭祀志，四月己卯，大赦天下，以建武三十二年為建武中元元年，此用四字紀元，亦見東夸倭國傳，傳寫誤脫建武二字。（卷三十〈中元元年〉條）

> 延光二年，詔選三署郎及吏人能通古文尚書、毛詩、穀梁春秋各一人。案春秋上脫左氏二字。（卷三十一〈春秋〉條）

> 永壽八年先書春正月云云其下即書丙申晦日有食之云云，又其下又書己酉云云。案既云丙申晦，則己酉上脫二月二字。（卷三十一〈己酉〉條）

> 熹平元年太后卒於比景，后感疾而崩。案太后之下，脫母字，后之上

脫太子。（卷三十一〈太后后〉條）

薄故屬山陽所都，案王傳云，建初四年，以濟陰之薄益梁，濟陰二字誤，此刻所都上脫湯字長沙郡湘南注禹，案其文治水文下脫下。

涼州刺史部，郡十二，郡下脫國字。

銅鞮注，晉別宮墟關猶有北城，猶下脫存字。

太原郡晉陽，晉水注，杜凱曰，杜下脫元字。（以上五條見卷三十三〈郡國雜辨證〉條）

蘇章傳，章祖父純，永平中爲秦軍都尉，竇固軍出擊北匈奴，車師有功封中陵鄉侯。案竇固軍云云，此文上下必有脫誤。（卷三十五〈竇固軍云云〉條）

班超傳論，時政平，則文德用，而武略之士，無所奮其力能，故漢世有發憤張膽，爭膏身於夷狄，以要功名，多矣。案力能之下疑脫落四句。（卷三十六〈班超論有脫〉條）

邕撰後漢記，會遭事流離不及成，因上書自陳，奏其所著十意。注云，猶前書十志也。又引邕別傳載其上書全文。中云，臣欲刪定者一，所當接續者四，前志所無臣欲著者五，律歷意第一，禮意第二，樂意第三，郊祀意第四，天文意第五，車服意第六。案此下疑脫落四句，即以司馬氏志八篇較此，已有五行、郡國、百官三種，爲此目所無，且前志所無邕欲著者五，而此六者之中，僅有車服一種爲前志所無，其爲脫落甚明。（卷三十七〈十意〉條）

王粲傳，文帝爲五官將，及平原侯植，皆好文學，粲與徐幹、陳琳、阮瑀、應場、劉楨並見友善，其餘雖有文采，不在此七人之例。案此所謂建安七子也，其下文載文帝與吳質書，昔年疾疫，徐、陳、應、劉一時俱逝，而其上則言粲以建安二十一年從征吳，二十二年春道病卒，又言瑀以十七年卒，幹、琳、場、楨二十二年卒，幹、琳之下毛版脫去場字。（卷四十〈五人俱逝〉條）

九月丁丑，裕使兵入弒帝于內房，時年三十六，謚恭皇帝，葬沖平陵。案安帝年三十七，誤作七十三。句下脫謚安皇帝四字。（卷四十五〈連害二帝〉條）

義熙六年三月丁卯，月奄房南第二星，災在次相。案災上脫占曰二字。（卷四十六〈災在次相〉條）

司州榮陽郡屬縣封上脫開字。

鬱林郡，注秦置桂郡，桂下脫林字。（以上二條皆見於卷四十六〈晉地理辨證〉條）

玉金象革木等輅章，金華施樑朱樑二十八云云，施樑之下脫末字。

爵弁章長二寸長下脫尺字。（以上二條見於卷四十七〈晉輿服辨證〉條）

殷浩傳，征西將軍庾亮引為記室將軍，累遷司徒左長史，安西庾翼復請為司馬。案記室將軍，將當作參，安西下脫將軍二字。（卷五十〈殷浩傳脫誤〉條）

改太皇太后為崇憲太后，憲下當有一皇字。（卷五十四〈崇憲太后〉條）

漢制大縣為令，小縣為長。宋書州郡志純是令，而長僅十百中一見，其上卷中所載近地，惟東莞之莒令，濟陰之定陶令，皆孝武大明五年改為長，其餘並是令，山陰縣令衍縣字，新昌縣下不言或令或長，疑亦衍縣字，脫令字。（卷五十七〈宋州郡令多長少〉條）

義興又有平陵縣，晉分永世下脫置字。（卷五十七〈晉分永世〉條）

東遷令分元程立，元當作烏，長城令分烏程，下脫立字。（卷五十七〈分元程分烏程〉條）

眞陽令麂必有脫誤。（卷五十七〈眞陽令麂〉條）

烈女譙國夫人洗氏傳，羅州刺史馮融為其子高涼太守寶聘以為妻，寶卒，追贈寶為廣州總管，封譙國夫人幕府，總管下隋有譙國公冊夫人為譙國夫人仍開譙國夫人幕府十九字，應補，去封譙國夫人五字。（卷六十八〈封譙國夫人〉條）

舊紀永徽三年七月，立陳王忠為皇太子，九月改諸率府中郎將為旅賁郎，以避太子名，旅賁郎下脫將字。（卷七十〈旅賁郎〉條）

舊紀龍朔三年二月，庚戌詔曰，天德施生，陽和在節，言念幽圄，載惻分宵，雖復每有哀矜，猶恐未免枉濫，在京繫囚應流死者，每日將二十人過，於是親自臨問，多所原宥云云，過下似有脫文。（卷七十〈龍朔三年詔〉條）

舊紀長安三年九月，正諫大夫朱敬則鳳閣鸞臺平章事，鳳上脫同字。（卷七十一〈朱敬則官脫字〉條）

舊紀二年十二月，募能斬默啜者，封授諸大衛大將軍，封下脫王字。（卷七十一〈斬默啜者封〉條）

中書侍郎東海郡公于惟謙國子祭酒罷知政事，國子上脫為字。（卷七十一〈三年脫誤〉條）

開元二年正月，制求直諫言宏益政理者，諫下脫昌字。(卷七十二〈直諫言〉條)

天樞至今春始，始下脫毀字。(卷七十二〈今春始〉條)

三年十月以光祿卿馬懷素爲左散騎常侍，褚无量並充侍讀，左散騎常侍下脫與右散騎常侍六字。(卷七十二〈褚无量〉條)

五年七月，詔明堂罷辟雍號，改爲乾元殿，每臨御，依正殿禮，下脫遮天門改爲乾元門八字。(卷七十二〈遮天門〉條)

二十二年四月，伊西北庭且依舊爲節度，節度上脫一字。(卷七十二〈伊西北庭〉條)

乾元元年三月，太史監爲司天臺，太史上脫改字。(卷七十三〈太史監爲司天臺〉條)

五月以禮部尚書崔光遠爲河南節度下脫使字。(卷七十三〈河南節度〉條)

十二月安慶緒食盡，求於史思明率眾來援，求下脫救字。(卷七十三〈求於史思明〉條)

貶李廣琛宣州刺史，崔光遠爲太子少保，廣琛下脫爲字。宣當作宜，宣乃内地，非貶謫所，宜則遠惡地也，廣琛至上元二年方爲宣州刺史耳，見下文，刺史下又脫師失律也。以汴州刺史九字。(卷七十三〈李廣琛崔光遠〉條)

八年正月，昭義軍節度檢校右僕射相州刺史薛嵩卒，度下脫使字。(卷七十三〈昭義軍節度〉條)

十二月令詳定國以來將相功臣，房玄齡等功績分爲三等，國下脫初字。(卷七十三〈國以來將相〉條)

十一月詔李惟岳宜肆原野，削爾在身官爵，削上脫并字。(卷七十三〈削李惟岳官爵〉條)

十八年五月以竇群爲左拾遺，群上脫布衣二字。(卷七十三〈竇群〉條)

二十一年正月崩，永貞元年九月上諡曰，神武孝文此下脫皇帝二字。(卷七十三〈神武孝文〉條)

孟州，會昌三年割河陰縣孟州，河清還河南府，河陰縣下當脫屬字。

檀州後漢奚縣當云傂奚脫一字。

巴州化城，後漢昌縣，漢下當重一漢字脫。

成都府，至德二年，改蜀郡爲都府，都上脫成字。

梓州永泰，武德四年，分鹽亭、武安二縣置，銅山，調露元年分飛烏

二縣置，案武安當作黃安，飛烏上脫鄣字。

閬州閬中，煬帝改爲巴郡，巴下脫西字。又南部，後漢分閬中置，充郡國，縣屬巴郡，又分置南充國郡，梁改爲南充郡國，隋改爲南部，上二郡字並衍。

陵州始建漢武置建始鎮，武下脫陽縣地三字。

資州，乾元二年正月，分置，昌尋廢也，昌字上下有脫文。

悉州顯慶元年置，領悉唐、左封、識自三縣，治唐域，治下當脫悉字。

韶州西至郴州五百里，東南至度州七百里。郴當作柳，度字疑。又東嶠漢討南越時，有將軍城於此，將軍下脫姓庾二字。

潯州屬縣三，今惟二，脫去大賓一縣，當於敍完下空一格補此二字。

黨州領縣四，今一概不見，原本同，必是脫落。

山州領縣二，今惟龍池一縣，脫也，當空一格補盆山二字。（以上諸條皆見於卷八十〈新舊地理雜校誤〉條）

總說沿革一段內，貞觀八年九月，以統軍正四品下別將正五品上，別將下脫爲字。

職事者諸統領曹事供命王命，上命字誤。

武散官舊謂之散位，武上脫文字。

民部尚書一人，兼掌刑部工部，此下脫事字。（以上諸條皆見於卷八十一〈舊官志敍首〉條）

衍字：

永平十七年二月乙巳，司徒王敏薨，二月癸丑汝南太守鮑昱爲司徒，兩二月下衍。（卷三十〈兩二月〉條）

安帝紀，好學史書，注，周宣王太史籀所作書五十五篇。案藝文志史籀十五篇，此云五十五，上五字衍。（卷三十一〈史書五十五〉條）

元初二年，太僕山太山馬英爲太尉，上山字衍。（卷三十一〈太僕山〉條）

獻帝紀，建安元年，封衛將軍董承爲輔國將軍伏完等十三人爲列侯。按董承下爲字衍。（卷三十一〈爲輔國將軍〉條）

桓思竇皇后父諱武，按后父不當言諱，諱字衍。（卷三十一〈父諱武〉條）

白城在郡南山中百二十里，按白城白字衍。

榆次注左傳曰謂塗水，曰字衍。

西河郡注雒陽北千二百里也，也字衍。（以上三條皆卷三十三〈郡國

雜辨證〉條）

　　馮異傳，異遣校尉護軍將軍，將兵與寇恂合擊蘇茂，將軍二字衍。（卷三十五〈護軍將軍〉條）

　　馮異傳於赤眉既破之後，敘述餘寇之竊據者，凡十二人，其十一人皆一字爲名，而中有駱蓋延，蓋字當是衍文。（卷三十五〈駱蓋延〉條）

　　張儉傳儉亡命流轉東萊，外黃令毛欽操兵到門，顧氏曰，外黃外字衍。（卷三十八〈外黃令〉條）

潁川堂谿趙典，案趙字衍，據三國志魏武紀校。（卷三十八〈趙典〉條）

　　單超葬，發五營騎士將軍侍御史護喪，案將軍二字衍。（卷三十八〈將軍侍御史〉條）

　　亮有開復中原之謀，率大眾十萬據石頭城爲諸軍聲援。案下文亮上疏言，臣宜移鎮襄陽之石城下，時亮欲北伐。石城在襄陽，故足爲諸軍聲援。若石頭城則在金陵矣，必非也，頭字衍。（卷五十〈石頭城〉條）

　　西域傳嘓噠國，其國無車有輿，車輿不知何別，疑有字衍。（卷六十八〈無車有輿〉條）

八年二月皇太子敏薨，太字衍。（卷七十二〈皇太子敏〉條）

　　舊大歷三年九月，檢校戶部尚書知省事鄧州國公張獻誠卒，州字衍。（卷七十三〈鄧州國公〉條）

合江漢江符縣地，符上江字衍。（卷八十〈新舊地理雜校誤〉條）

訛字：

　　顯宗紀永平八年，初置度遼將軍，注，以吳常行度遼將軍。案吳常當作吳棠。（卷三十〈吳常〉條）

　　蕭宗紀建初二年，燒當作羌叛，今城太守郝崇討之，今城當作金城。（卷三十〈今城〉條）

永初四年，遼蔣太守耿夔討南單于，蔣當作東。（卷三十一〈遼蔣〉條）

　　建光元年，鮮卑圍烏桓校尉與馬城。案與當作於。（卷三十一〈與馬城〉條）

　　延光三年北海王普、樂安王延來朝北海王普於上年薨，此乃恭王嗣位來朝，普當作翼，何氏焯已辨之。愚攷樂安王此時名鴻，延字亦誤。（卷三十一〈北海樂安二王〉條）

　　延光四年，濟南王香薨，注，光武曾孫高王錯之子。案高王當作簡王。（卷三十一〈高王〉條）

有蘭池注刻石爲鯨魚，鯨當作鯨。（卷三十三〈郡國雜辨證〉條）

美陽注，成王有岐山之蒐，山當作陽。

周城注南有周源，源當作原。

潁川郡潁陰有坏亭，坏當作鬵。

蘄高祖擊黥布於會甄，甄當作甀。

公丘本膠國，膠當作滕。

常山國高邑刺史治注，法雒陽一千里，法當作去。

河間郡，郡當作國。

陳留郡濟陽注，光武王，王當作生。

東郡臨邑有沛廟，沛當作沛。

竿城注，前書故發于城，城當作縣。

濟北國茌平，茌當作茌。

山陽郡鉅野，有大野澤，注，縣西南有郥亭，按郥當作淏。

濟陰郡戌陽，戌當作成。

南郡注陵注孫叔敖冢在城中四十里，中當作東。

印侯國印當作邵。

零陵郡零陵注，雍水當作灌水。

丹陽郡丹陽疑郡縣名，俱當作楊。

餘杭注顧來，當作顧夷。

歷陵有傅易山，當作傅易山。

巴郡注劉綽分巴，綽當作璋。

蜀郡潚氏道，潚當作湔。

越巂郡莋秦，秦當作秦。

益州郡滇池黑水祠注，水是溫泉，有白蝟山淮有蝟，淮字當作涯。

安定郡朝那注涇水出縣西丹頭山，丹當作开。

武威郡鸇陰，鸇當作鶉。

租屬當作祖屬。

酒泉郡安彌故曰綬彌，綬當作綬。

張掖居延屬國注，安帝別領一郡，郡當作城。

穀遠注羊頭山泌水所出泌，當作沁。

五原郡父國，父當作文。

鴈門郡埒當作埒。

朔方郡大城，城當作成。

涿鹿注張宴曰，宴當作晏。

遼東郡汶當作文。

元菟郡西蓋鳥，鳥當作馬。

樂浪郡溟水溟當作浿。（以上諸條皆爲卷三十三〈郡國雜辨證〉條）

　　蘇竟傳拜代郡中尉當作都尉，又武王伐紂，上祭於畢求助天也，助天當作天助。（卷三十五〈代郡中尉〉條）

　　羊續傳靈帝欲以續爲太尉，時拜三公者，皆愉東園，禮錢千萬中使督之名爲左騶。案東園當作西園。（卷三十五〈東園〉條）

　　周舉傳延熹四年辟司徒李郃府，延熹尚當作延光，安帝號。（卷三十七〈延熹四年〉條）

　　咸和五年秋八月，石勒使其將郭敬寇襄陽，南中郎將周撫退歸武昌，中州流人悉降於勒，郭敬遂寇襄陽屯於樊城，案下寇字當作毀。（卷四十五〈遂寇襄陽〉條）

高平國屬縣陸湖據後漢書當作湖陸。

泰山郡屬縣奉高注，西南有明臺，案臺當作堂。

遼東國屬縣汶當作文。

樂浪郡屬縣遂城當作遂成。

雲南郡屬縣弄棟，弄誤作桺。

　　徐州下邳國屬縣下邳注，葛嶧山在西首百嶧陽也，萬當作葛，百當作古，首字衍。（以上諸條皆見卷四十六〈晉地理辨證〉條）

皇太子安車駕三章，黃金塗五綵，又重句，綵並當作末。

自過江之後章，黃金塗五采，采當作末。

皇太子金璽章其由衣白，由當作中。

淑妃淑媛淑儀章，純縹爲上興下，興當作與。（以上諸條皆見卷四十七〈晉輿服辨證〉條）

　　汝南王亮之孫祐傳，以江夏、雲桂益封，并前二萬五千石，石當作戶。（卷四十九〈二萬五千石〉條）

　　倫加九錫，增封五萬戶，倫僞讓，詔遣百官詣府敦勸，侍中軍詔然後受之。案軍詔當作宣詔。（卷四十九〈侍中軍詔〉條）

　　秀往文帝爲相國時所居內府，往當作住。（卷四十九〈秀往〉條）

　　謝萬傳末云，萬字韶，至車騎司馬，韶子恩，字景伯，宏達有遠略，

韶爲黃門郎，略字衍，韶爲之韶當作韻，句絕。（卷五十〈謝萬傳誤〉條）

諸葛長民傳，琅邪陽郡人當作陽都。（卷五十〈陽郡〉條）

臺產傳，善六日六分之學，下六字當作七。（卷五十一〈六日六分〉條）

四夷傳，林邑國開地户以向日，地當作北。（卷五十一〈地户〉條）

載記呂光傳，魏安人焦松等起兵，迎張天賜之世子大豫干揖次，揖當作鋿，古揖字。（卷五十二〈揖次〉條）

南史，進授相國，以徐州之彭城、沛、蘭陵、下邳、淮陽、山陽、廣陵、兗州之高平、魯、泰山十郡，封公爲宋公。案淮揚當作淮陽。（卷五十四〈淮陽〉條）

元嘉二十二年冬，浚淮起潮熟廢田千餘頃，潮當作湖。（卷五十四〈潮熟〉條）

舊紀景雲二年五月辛丑，改西域公主爲金仙公主，昌隆公主爲玉眞公主，西域當作西城，昌隆當乙。（卷七十一〈西域昌隆〉條）

四月親策試舉人於含元殿，謂古有三道，今減二策，近無科甲，科甲二字當乙。（卷七十二〈科甲〉條）

五載正月，敕大小縣令並准畿官吏三選聽集，吏當作例。（卷七十二〈畿官吏〉條）

六載正月每日立杖食，及設杖於庭云云，杖皆當作仗。（卷七十二〈立杖食〉條）

五年二月，度支使及關内、河東、山南西道、劍南、西川轉運常平鹽鐵等使宜停，西川當作東川。（卷七十三〈西川〉條）

三月詔京兆尹、長安、萬年令大索京畿富商，長安令薛苹校乘車於坊市搜索，人不勝鞭笞，至自縊，校當作杖。（卷七十三〈荷校〉條）

貶御史大夫嚴郢爲費州長史，杖殺左巡使殿中侍御史鄭詹，尹歲餘卒，尹當作郢。（卷七十三〈嚴尹〉條）

貞元元年三月，李希烈陷南陽殺首將黃金嶽，首當作守。（卷七十三〈首將〉條）

九月崔縱奏在官者既合序遷有功者，又頒襃賞，頒當作須。又嘗遺才仍招怨望，難當作歎。（卷七十三〈崔縱奏誤字〉條）

蘇州嘉興，漢曲奉縣，當作由拳。

池州永泰元年析置石壤縣當作石埭。

瓜州下督督府，上督當作都。

伊州天水在州北二十里，水當作山。

簡州平泉縣之旁池湧泉，池當作地。

雅州榮經縣界有邛來山九折，故銅山也。案也當作地。

岡州武德四年置，貞觀五年廢，其年又立南州，南當作岡。

　　高州，隋高梁郡，舊治高梁縣天寶元年，改爲高梁郡，又良德，吳置高梁郡，四梁字，皆當作涼。

桂州下都督府臨桂江源多桂，不生新米，新米當作雜木。

　　羅州石城，宋檀道濟於陵羅江口築石城，因置羅州屬高涼郡，唐復置羅州於縣，因置羅州當作羅縣。

　　崖州兵則矛盾木弓行矢當作茅盾木弓竹矢。（以上諸條皆見卷八十〈新舊地理雜校誤〉條）

　　職事者諸統領曹事供命王命上，命字誤。（卷八十一〈舊官志敍首〉條）

　　先生做《十七史商榷》從目錄、版本、校勘三項入手，其最終目的，欲將十七史校勘一周，裨益於後學，亦即是以校勘作爲治史的起點提供一個治學理念及方法。並藉此書建立不朽史作典範，如先生所言：

> 學者每苦正史繁塞難讀，或遇典制茫昧，事蹟輵輵，地理職官眼眜心瞀，試以予書爲孤竹之老馬，置于其旁而參閱之，疏通而證明之，不覺如關開節解，筋轉脈搖，殆或不無小助也。與夫以予任其勞，而使後人受其逸，予居其難，而使後人樂其易，不亦善乎。以予之識暗才懦碌碌，無可自見，猥以校訂之役，穿穴故紙堆中，實事求是，庶幾啓導後人，則予懷其亦可以稍自慰矣夫。（《商榷》序文）

予「任其勞」、「居其難」，而使後人「受其逸」、「樂其易」，裨益於後人，正是先生著此《商榷》最大動機及目的所在，亦是最得意之處，而作史之意義價值由此呈現，如王船山之《讀通鑑論》〔註8〕，述及作史之意義：

> 所貴乎史者，述往以爲來者師也。爲史者記載徒繁，而經世之大略不著，後人欲得其得失之樞機以效法之，無繇也，則惡用史爲？

史家之任務，當有鑑往知來之任務，述往事、昭來者之抱負，使讀者可從歷史中獲得學習、實踐、存戒鑑之契機，故作史之意義，不論是存戒鑑或是嘉惠後學，皆是史家之美意。因此，先生依毛氏本，全然校正一周，「二紀以來，獨處一室，覃思史

事，既校始讀，亦隨校隨讀，購借善本，再三讎校。」（《商榷》序）先生以一人之力，經過二十餘年的努力，在史學發展上全面的考訂，校十七史，用力之甚，篳路藍縷之功，嘉惠後學甚巨，亦爲後人治史開闢一條寬廣道路。

第四章　實證之史學方法

　　先生之治史方法是建立在治學背景及史觀基礎之下，以務實態度作爲史學考信原則，以貫串會通之理念考校十七史，並以治經方法考史，從而建立出實證之史學方法。所謂實證，即是彙集資料，核訂史實，比較其異同，而取証之法，亦即是透過旁徵博采，廣研參稽史料之實証法。此法，便是《商榷》一書中最豐富之史學特色。因此，先生強調實証，以此態度立場出發，不妄言、不虛美、不擅發議論等原則，凡有考訂特別強調說明出處，探究史源，如：

卷九十八〈十國春秋〉條：

　　　　予所著述不特經所出，并鑿指第幾卷某篇某條，且必目睹原書，佚者不列。

先生對有疑問的，不敢遽下斷言，故批評應劭、闞駰注《漢書‧地理志》「夏水出父城東南至此與淮合，故曰合肥。」爲非，並云：「應劭二說非實證也。」（卷十八〈地理雜辨証一〉條）

　　先生之實証方法，係據事實判斷而下之考証方法，任何史實通過史料及嚴格之校讎考訂，求得最可信之結果。因此，茲從《商榷》全書條文，歸納剖析，得以見出先生之治史所用之法，大致可歸納爲蒐歸納法之運用繿比較法之運用廠從小學考證法入手等三項基本方法。

第一節　歸納法之運用

　　歸納法是史學家治史，首須使用之法，不自此開始，其他方法，將難以發揮應有的作用，而歷史眞相也將難以被發現與披露〔註 1〕。因此，此法之運用就蒐集史

〔註 1〕參見杜維運《史學方法論》第五章歸納方法（台北：三民書局，1990 年），頁 65，

料時間而言，以愈長愈好，史料之選擇，愈原始愈好，結論的得出，以愈審慎愈好，而得結論必憑證據，證據亦以愈多愈好，即憑證據以得結論〔註2〕。

歷史考據學派在治史上，頗善於運用歸納法，許多考據學派史家，讀史皆作箚記，凡有所得，則條記於紙，每積至數千百條，儲聚大量資料，再歸納而得見解、新義。梁啓超《清代學術概論》中論云，「清儒之治學，純用歸納法，純用科學精神」，故以一生之時間，將研讀心得，表現於箚記上〔註3〕。

> 大抵當時好學之士，每人必置一箚記冊子，每讀書有心得則記焉。蓋清學祖顧炎武，而炎武精神傳於後者在其日知錄；其自述曰：「所著日知錄三十餘種，平生之志與業皆在其中。」

由此可知，顧炎武以一生之光陰，早夜誦讀，反復尋覓，所儲存之資料，如《日知錄》與《音學五書》費時三十餘年記錄而成，如《日知錄》自序云：

> 愚自少讀書，有所得輒記之。其有不合，時復改定；或古人先我而有者，則遂削之。積三十餘年，乃成一編。

《音學五書》後序云：

> 余纂輯此書三十餘年，所過山川亭鄣，無日不以自隨，凡五易稿而手書者三矣。然久客荒壤，於古人之書，多所未見，日西方莫，遂以付之梓人，故已登版而刊改者猶至數四。

《日知錄》與《音學五書》的完成，是顧炎武用了極長時間在讀書、鈔書下所完成的，並花了極大的心血蒐集史料，以致能有創獲性結論〔註4〕。其後影響乾嘉學者甚鉅，以清儒最戒輕率著書，故有人終其一生，不肯泐爲定本，寧以箚記體存而已注〔註5〕。因此，清人善於窮悠長之歲月，細心採集考證。誠如司馬遷寫《史記》

　　杜先生論中外史學家都在有意與無意的應用此法，其成就卓越與否，端視其應用的精粗程度而定，因此，此法可算是史學上方法中之方法。

〔註2〕參見杜維運《清乾嘉時代之史學與史家》（台灣學生書局，1989年），頁13，第二章歷史考證學派，論運用歸納法在蒐集史料上，凡一說之立，必憑証據，由證據而產生其說，非由其說而找尋證據；証據之選擇，以最原始爲尚，如漢書與史記牴牾，則寧信史記而不信漢書；孤証不是其說，其無反証者存之，得有續証則漸信之，遇有力之反証則棄之；隱匿証據或曲解証據，則認爲大不德，於是形成一種「爲學問而學問」之學術研究風氣。

〔註3〕梁啓超《清代學術概論》（臺灣商務印書館，1977年），頁100，引《亭林文集》與友人論門人書。

〔註4〕同註1，頁67。

〔註5〕同註3，頁101推原箚記之性質，本非著書，不過儲著書之資料。

費時二十餘年〔註6〕，在採集史料上，太史公自序言：「紬史記石室金匱之書」（《史記》自序），「復網羅天下放失舊聞」（〈報任安書〉），甚至親自遊歷「西至空峒，北過涿鹿，東漸於海，南浮江淮」（〈五帝本紀〉），「登廬山，觀禹疏九江」（〈河渠書〉），「適楚，觀春申君故城宮室」（〈春申君列傳〉），「適長沙，觀屈原所自沈淵」（〈屈原賈生列傳〉），可見太史公著《史記》蒐集史料上之工夫。

先生《商榷》之完成，二千多條條文，前後亦歷經二紀有餘。顧炎武論一載僅得十餘條〔註7〕，錢大昕論古無輕脣音，試讀《十駕齋養新錄》知必先有百數十條之初稿箚記，王念孫《經傳釋詞》，俞樾《古書疑義舉例》，先有數千條之箚記，後乃組織成書〔註8〕。此歸納法之運用，在清儒而言，乃治學之要，而其成書之難，亦可見一班〔註9〕。蓋乾嘉史學之基礎，乃奠定於此。「蠅頭小楷，密比行間」（錢大昕《天下郡國利病書手稿本題詞》），「密行細書，無一筆率略」（阮元《揅經室一集》卷四顧亭林先生〈肇域志跋〉），先生《商榷》序言：「凡所考者皆在簡眉牘尾，字如黑蟻，久之皆滿，無可復容，乃膽於別帙，而寫成淨本，都爲一編。」皆是歸納法之運用，而成其不朽之巨著。

先生《商榷》一書中所用歸納法，占極多數，亦可言，先生全書透過資料之彙整，校訂史實，考核典制，幾以歸納法求得，尤其是先生特重制度沿革損益，輿地之變遷等考證，因此《商榷》是以歸納法做爲主要方法，再加上分析資料所得，不流於堆棧資料，而是將分散各處的史料，經過分析，歸納整合，而賦予新義。史學家在對歷史作解釋，必賴分析，如歷史事件之淵源、背景、影響等意義，透過解釋及分析，因此歸納法作爲史學家常用之法，再以分析作爲憑藉，考證史料之眞僞，故先生《商榷》中所用之研考方法，亦先歸納諸多史實，再加以分析。先生博覽諸多資料及對史事發展之歷史現象等，作歸納整理，即有通觀意味，故能展現貫串會

〔註6〕趙翼《廿二史箚記》卷一〈司馬遷作史年歲〉（台北：廣文書局，1992年），頁1條論司馬遷作史記，蓋書之成凡二十餘年。又論李延壽作南北史凡十七年，歐陽修、宋子京，修新唐書亦十七年。司馬溫公作資治通鑑凡十九年，遷作史記之歲月，更有過之。

〔註7〕同註3，頁100，論顧炎武與友人論門人書「承問《日知錄》又成幾卷，而某自別來一載，早夜誦讀，反覆尋覓，僅得十餘條」。

〔註8〕同註3，頁102，梁氏論箚記實爲治學者最必要，而清儒治學次第及其得力處，固當於此求之。

〔註9〕杜維運《清代史學與史家》趙翼之史學家（台北：東大圖書公司，1991年），頁373，論《廿二史箚記》中，趙翼用歸納法來對史料加以觀察，如卷三十四〈明中葉南北用兵強弱不同〉條，即是先用歸納諸多史，再進行同類之事比較，其基礎奠立於歸納方法之上。

通之史觀，形成本書特有參考價值之內涵。

　　卷二十八〈史記多俗字漢書多古字〉條，先生論敍引張守節《史記正義論例》、顏師古之《漢書注敍例》及趙宋時刻書人劉之同所敍，知歷代文字屢經遷易，後人習讀以意刊改，傳寫既多，難免文字體乖日久。先生以毛版史漢考之歸納比較，發現史記多俗字，漢書古字的特點：

　　　　史記武帝本紀，張羽旗，設供具，封禪書同，而漢書郊祀志供作共，
　　史記齊悼惠王世家，魏勃夜掃齊相舍人門，舍人伺之得勃，而漢書伺作
　　司，又史記灌夫傳，令門下候伺，而漢書伺亦作司，漢書於趙廣漢傳亦
　　云，微司丞相門內不法事，史記留侯世家，良爲他人言皆不省，而漢書
　　他作它，史記蕭何世家，發蹤指示獸處者人也，而漢書何傳蹤作縱，史
　　記酈食其傳，臣聞其下迺有藏粟甚多，而漢書藏作臧，史記自序，藏之
　　名山，而漢書藏亦作臧，史記吳王濞傳，袁盎見上言事，鼂錯在，請屏
　　錯，錯趨避東廂，而漢書以此事入錯傳。廂亦箱（漢書董賢傳太皇太后
　　召賢引見東箱，義門何氏校改作廂，恐誤），史記韓長孺傳，以慰士大夫
　　心，而漢書慰作尉，師古曰，故尉安之字正如此，其後流俗乃加心耳，
　　漢書車千秋傳，尉安黎庶，中山孝王興傳，以尉其意，並同，史記長孺
　　傳，又有貪嗜財，而漢書嗜作耆，今說文火部既有尉字，心部又收慰字，
　　老部既有耆字，口部又收嗜字，此等當皆是漢俗字，或出秦人，非周所
　　有，而許氏有之，許氏參酌古今定此書，雖好古，實則大半則從秦、漢
　　人，說詳予所著蛾術編說字門，史記自序，小子何敢讓焉，而漢書讓作
　　攘，漢藝文志亦云：堯之克攘，今尚書堯典云：允恭克讓，此晉人所改，
　　據此諸條觀之，則史記多俗，漢書多古可見，惟史記貨殖傳，領南河北
　　固往往出鹽，古無嶺字，只作領，此古字僅存者，而南越尉佗傳云：兵
　　未踰嶺，東越傳云，令諸校屯預章梅嶺，仍從俗，兩處嶺字漢書皆作領，
　　蓋張守節雖以有古字爲好本，未及詳改，至宋而好本盡亡，漢書之存古，
　　則宋景文力居多。凡史記以字，漢書皆作㠯，馮唐傳，唐論李齊不如廉
　　頗、李牧，上曰：何㠯，㠯即以也，古作㠯，隸變爲㠯，又旁加人，遂
　　作以，又分爲二，已爲止，以爲虛字，惟漢書存古而傳寫成㠯，此云何
　　㠯者，謂何以言之，師古曰，已猶耳，其謬不待言，而近代名公評云，
　　已與以通，史記作以，名公全不識字，又儒林傳，㠯立先王之教，㠯字
　　下注音以二字，而無師古曰，攷南監版本無此二字，而毛版突有之，師
　　古雖不通小學，然陋不至此，其非師古注顯然，乃明季妄庸人所爲。

先生就《史記》、《漢書》中文字之差異現象，歸納出《史記》多俗字，《漢書》多古字，其例有供、共，伺、司，他、它，蹤、縱，藏、臧，廂、箱，慰、尉，嗜、耆，讓、攘，以、㠯等十例。

　　卷二十四〈淮陽郡〉條，先生論述淮陽郡自漢高帝至王莽止，名稱由郡改爲國，又改爲郡，後復爲國，如此輾轉改易凡八、九次，終爲國，今地理志以最後爲據，有淮陽國，無淮陽郡，故言國而中間沿革俱略去。先生自《漢書》中歸納整理得知淮陽郡名稱更異之概況，而尋出源流：

> 汲黯爲淮陽守，當武帝時，而其前申屠嘉亦嘗爲之，見本傳及爰盎傳，此當惠帝元年以後國除爲郡之時。又司馬安妄亦嘗爲之，見鄭當時傳，灌夫亦嘗爲之，見本傳，田廣明與其兄雲中相繼皆嘗爲之，見酷吏傳，此則皆在武帝時。又韓延壽亦嘗爲之，此則在昭帝時，蓋自景帝四年爲郡，直至宣帝元康三年，爲郡者約九十年，故爲守之見於史者如此之多，若鄭弘傳，兄昌爲淮陽相，此則在宣帝時憲王欽之國以後事矣。

先生以異姓諸侯王表、諸侯王表及商五王、文三王，景十三王、宣元六王等傳考之，得其淮陽郡名稱流變情況，此無疑是歸納法運用，所得眞相。

　　先生對輿地的勘察，完全著重於歷史地理考證，除少數幾條論述山川河道的自然地理，如卷十八、十九、二十、二十一對《漢書》進行地理雜辨，卷五十七《南史》合宋齊梁陳書對南朝地理沿革進行考證，如對揚州刺史治所、丹陽郡、豫州治所、南豫、南雍、壽春、雍州等地作歸納沿革分析；卷六十七《北史》合魏齊周隋書對北朝地理沿革進行考證，如探析魏地形、梁州郡縣數、陳州郡縣數、齊周分界、周陳分界，淮南郡等說明地理形勢名稱，因時代不同而異，故先生嘗言：「地理之紛更，幾同夢幻之無定矣，此等不必細求。」（卷五十七〈豫治無定壽春爲主〉條），另外卷七十八、卷七十九、卷八十等皆對唐代地理沿革進行考證。

　　卷十七〈縣名相同〉條，先生對漢代縣名相同者做全面考察，說明郡國縣邑名相同者，則加東西南北上下或新字以別之，舉例有一十九：

> 郡國縣邑名同者，則加東西南北上下或新字以別之，京兆尹有新豐，沛郡有豐，故此加新，有下邽，隴西郡有上邽，故此云下，河南郡有新鄭，京兆尹有鄭，故此加新，東郡有東武陽，犍爲郡有武陽，故此加東，而泰山郡又有南武陽，陳留郡有外黃，魏郡有內黃，故此云外，潁川郡有新汲，河內郡有汲，故此加新，南陽郡有西鄂，江夏郡有鄂，故此加西，江夏郡有下雉，南陽郡有雉，故此加下，山陽郡有南平陽，河東郡有平陽，故此加南，而泰山郡又有東平陽，鉅鹿郡有下曲陽，常山郡有上曲陽，故此云

下，而九江郡亦有曲陽，續志作西曲陽，清河郡有東武城，左馮翊有武城，故此加東，而定襄郡亦有武城，涿郡有南深澤，中山國有深澤，故此加南，勃海郡有東平舒，代郡有平舒，故此加東，千乘郡有東鄒，濟南郡有鄒，故此加東，濟南郡有東平陵，右扶風有平陵，故此加東，五原郡有西安陽，代郡有東安陽，故此云西，遼西郡有新安平，涿郡、豫章郡俱有安平，故此加新（甾川國又有東安平，闞駰云，博陵有安平故云東，而遼東又有西安平闞說詳後），中山國有北新成，河南郡有新成，故此加北，而北海郡亦有新成，東平國有東平陸，西河郡有平陸，故此加東，惟常山郡有南行唐，而他郡則別無行唐，則不可考。

至於無東西等字爲別者，先生據錢大昭考得相同者亦甚多，如有一縣三見者，其例有三，亦有一縣兩見者，其例有四十七：

　　其無東西等字爲別者，據錢大昭考得相同者亦甚多，有一縣三見者，如曲陽，一屬九江郡，一屬東海郡，一屬交趾郡。建成一屬勃海郡，一屬沛郡，一屬豫章郡。安定，一屬鉅鹿郡，一屬安定郡，一屬交趾郡。有一縣兩見者，如劇，一屬北海郡，一屬甾川國。定陶，一屬濟陰郡，一屬定襄郡。西平，一屬汝南郡，一屬臨淮郡。陽城，一屬潁川郡，一屬汝南郡。平昌，一屬平原郡，一屬瑯邪郡。成陽，一屬汝南郡，一屬濟陰郡。東安，一屬東海郡，一屬城陽國。新陽，一屬汝南郡，一屬東海郡。鍾武，一屬江夏郡，一屬零陵郡。成，一屬涿郡，一屬泰山郡。新市，一屬鉅鹿郡，一屬中山國。建陽，一屬九江郡，一屬東海郡。平安，一屬千乘郡，一屬廣陵國。平城，一屬北海郡，一屬雁門郡。臨朐，一屬東萊郡，一屬齊郡。新都，一屬南陽郡，一屬廣漢郡。昌陽，一屬東萊郡，一屬臨淮郡。定陵，一屬潁川郡，一屬汝南郡。高平，一屬臨淮郡，一屬安定郡。饒，一屬北海郡，一屬西河郡。高陽，一屬涿郡，一屬瑯邪郡。武城，一屬左馮翊，一屬定襄郡。廣平，一屬臨淮郡，一屬廣平國。陰山，一屬西河郡，一屬桂陽郡。樂成，一屬南陽郡，一屬河間國。富平，一屬平原郡，一屬北地郡。成安，一屬陳留郡，一屬潁川郡。復陽，一屬南陽郡，一屬清河國。酇，一屬南陽郡，一屬沛郡。武陽，一屬東海郡，一屬犍爲郡。鄭，一屬京兆尹，一屬山陽郡。成鄉，一屬北海郡，一屬高密國。安陽，一屬汝南郡，一屬漢中郡。陽樂，一屬東萊郡，一屬遼西郡。武都，一屬武都郡，一屬五原郡。歸德，一屬汝南郡，一屬北地郡。東陽，一屬臨淮郡，一屬清河郡。黃，一屬山陽郡，一屬東萊郡。安丘，一屬瑯邪郡，一屬北海郡。

開陽，一屬東海郡，一屬臨淮郡。樂陵，一屬平原郡，一屬臨淮郡。安成，一屬汝南郡，一屬長沙國。西陽，一屬江夏郡，一屬山陽郡。安平，一屬涿郡，一屬豫章郡。高成，一屬南郡，一屬勃海郡。新昌，一屬涿郡，一屬遼東郡。新成，一屬河南郡，一屬北海郡。

此條先生羅列漢代諸多縣名相同者，以見其歸納之功。

卷十二〈錢制〉條，先生對漢以前鑄造發行貨幣之法做一概述：

古錢輕重以銖，而國語周景王時患錢輕，更鑄大錢，唐固注云，徑一寸二分，重十二銖，文曰大泉五十，案，此乃王莽所造，據唐注則是莽錢皆如周景王制也，而秦錢輕重亦同，古者以二十四銖爲一兩，此大錢重十二銖，是爲半兩錢，古錢莫重於此，景王欲鑄此錢，單穆公諫，不聽，卒鑄大錢，文曰寶貨，肉好皆有周郭，韋昭注云：肉，錢形也，好，孔也，據此則知景王以前錢皆無文，肉好亦無周郭矣，秦錢形質如周錢，惟文異，文曰半兩，重如其文（平準書索隱據顧氏引古今注云，秦錢半兩徑一寸二分重十二銖與周景王同）。漢興，以秦錢重難用，更鑄莢錢（如淳曰如榆莢，據平準書裴注莢上本有榆字，此傳寫脫），蓋復景王以前錢制矣，通典注云：莢錢重銖半（索隱云重三銖），徑五分，文曰漢興，又云，高后所行五分錢，即莢錢也，孝文五年，爲錢益多而輕，更鑄四銖錢，其文爲半兩，後四十餘年，武帝更鑄三銖錢，明年，又鑄五銖錢，五銖得中道，天下便之，故王莽紛更錢制，天下大亂，而世祖受命，蕩滌煩苛，復五銖錢（亦見後馬援傳），五銖之制，唐、宋以下蓋悉用之矣。東吳顧氏云：五銖錢十枚，當今之一兩弱，竊謂今以十錢爲一兩，如顧氏說，則今錢即五銖錢也，即有不同，大約輕重不甚相遠，但彼一面文，一面漫，今則兩面有字，式既周正，文又明析，自三代、秦、漢以下錢制，莫善於此。

先生探討漢代貨幣發行概況，敘其源流，並從《國語》周景王鑄大錢、秦錢形質如周錢至漢興承秦錢重難用，更鑄莢錢，再取《通典》注及顧氏之考證等歸納，知三代秦漢以下錢制莫善於此，並指「明初鑄錢猶不用紀年，自永樂以後專用紀年，始爲常制。」

卷三〈商年數諸書互異〉條，是先生探討商朝年代，引《史記》、《竹書紀年》、《晉語》、《漢書律曆志》及《通鑑前編》各種說法，予以綜合：

史記本紀、竹書紀年商皆三十王，晉語及漢書律曆志則三十一王，此一字似衍。至其年數，史記既不具，而諸書又復互異。左傳云：商載祀六百，律曆志云六百二十九年，左傳正義引以證六百之說。若竹書紀年則起

癸亥終戊寅，四百九十六年與左傳、律曆志已絕異，紀年固不足信矣。而邵氏經世、金氏通鑑前編又改爲六百四十四年，更不知其何所據。

卷七十九〈赤畿望緊上中下輔雄〉條，先生歸納《隋書·百官志》、新、舊《唐書·地埋志》、《新唐書·百官志》、李吉甫《元和郡縣志》、王存《元豐九域志》、歐陽忞《輿地廣記》、《宋史》第五十八卷至九十卷〈地埋志〉、杜佑《通典·州郡門》、《太平寰宇記》、陸廣微《吳地記》、《歐陽詹文集》及宋謝惟新《合璧事類後集》第七十九卷等敘述，對歷史地理中的一個冷僻典制進行考證：

> 隋于州于郡于縣，但分上上、上中、上下、中上、中中、中下、下上、下中、下下九等而已，見隋書百官志，至唐制郡縣有赤畿望緊上中下之差，又有輔有雄赤有次赤輔有上輔，又有以赤兼上輔者，又有稱中下者，未能詳攷。新志每郡每縣下必詳著之，惟爲府者不注於府下，縣下仍有，而舊志有此字者甚少，不及十之一，全不注則爲遺漏，有注有不注則例更亂矣。新志於關內採訪使所屬之渭州下云，中和四年置，凡乾元後所置州，皆無郡名，及其季世所置，又不列上中下之第，但言不列上中下，不知赤畿等字仍有否，未詳，新張九齡傳，刺史京輔雄望之郡少擇之，新百官志注云：文宗世，宰相韋處厚議復置兩輔六雄十望十緊州別駕（亦見舊書一百五十九卷處厚本傳），兩輔六雄十望十緊名義亦皆未詳，李吉輔元和郡縣志、王存元豐九域志、歐陽忞輿地廣記及宋史第五十八卷至九十卷地理志，皆有赤畿等字，杜佑通典州郡門、樂史太平寰宇記皆無之，陸廣微吳地記云：蘇州名標十望，地號六雄，又歐陽先生詹文集第七卷送常熟許少府之任序云：始入仕，一由縣尉，或中或上或緊，銓衡評才若地而命之，此類亦當時通俗語，如元人雜劇猶有赤緊字，參尋文理，大約似所謂衝繁疲難。每郡每縣下既注有此等字樣，則其前敘首似應先揭明，乃絕未提及，而忽見於每郡縣下，亦嫌太突，考之他書俱無見，惟宋謝惟新合璧事類後集第七十九卷縣官門知縣，唐制，縣有六等之差，赤畿望緊上中下，京都所治爲赤縣，旁邑爲畿縣，其餘則以戶口多少地美惡爲差，凡一千五百七十三縣，令各一人，國朝建隆元年，應天下諸縣，除赤畿外，有望緊上中下，四千戶爲望，三千戶以上爲緊，二千戶以上爲上，千戶以上爲中，不滿千戶爲中下，五百戶以下爲下，六等當作七等，不言輔與雄者，疑輔即畿，雄即望緊也。

歸納法是史學中方法之法〔註10〕，先生以此法作爲治史基礎，有系統的整理史料，分析比較，歸納整理，而得審慎結論，這正是先生廣采研稽史料作爲考證史實的第一步。

第二節　比較法之運用

比較法是史學方法中最基本最重要的方法之一，不經過比較，難以看出歷史之差異性、變動情況，以及史料間之異同。先生《商榷》一書中採用比較研究法，進行對史料加以分析，以同一種史料與各種不同之版本相比較，即先生以毛晉汲古閣本十七史做爲主要底本，與其他不同本子互相參較斟酌，所發展出的校讎內容。先生用比較法中之同源史料比較〔註11〕，即是以本書中之本紀與列傳比較，以列傳同表志相互參酌，不僅可互較其異同，可摘謬誤，發歷史之眞象，甚而互補其記載，因古代歷史書籍，出一手寫成的作品，在組織材料時，有著預定的義例，對於材料的合理安排，是費了多番考慮的，儘管是一部規格龐大的書，也必然體現出篇與篇之間，錯綜離合，彼此關聯的精神〔註12〕。　因此這種技巧之運用，寫作上最成功的，首推司馬遷之《史記》，其後班固亦繼承此優良傳統，在《漢書》中，貫注此精神方法。如太史公之《史記》中項羽、劉邦，可在〈項羽本紀〉及〈高祖本紀〉中互見，其性格眞僞，是成霸業之關鍵，最主要是此二篇事事相關，此詳彼略，各依賓主輕重，交互穿插補充，學者讀此兩紀，自需對照印證，始得史事之全貌；對於鴻門宴之描寫，不止在〈項羽本紀〉中見劉、項成敗，又在〈高祖本紀〉、〈留侯世家〉、〈樊噲列傳〉皆敘鴻門事，詳略輕重各自相宜，合而觀之，可識作文之竅門〔註13〕。又如《史記‧周本紀》上言：「其事在周公之篇」，〈秦本紀〉上言：「其事在商君語中」、「其語在始皇本紀中」；〈秦始皇本紀〉上言：「其賜死語，俱在李斯傳中」；〈呂后本紀〉上言：「語在齊王語中」；〈孝文本紀〉上言：「事在呂后語中」；〈禮書〉

〔註10〕同註1，頁82。

〔註11〕杜維運《史學方法論》第六章比較方法（台北：三民書局，1991 年），頁 87，論史料方法考證極多，比較方法應是其中最基本方法之一。對史學家而言，史料的比較，分爲同源史料比較，異源史料比較，轉手記載與原書的比較，較有概括性，也是最能看出比較方法在歷史研究上所具有的功用。所謂同源史料的比較，其定義是一種史料，其作者爲同一人，是同出一源的史料；兩種或兩種以上的史料，其作者相同，或作者不同，而出處相同，也是同源史料。

〔註12〕參見張舜徽《中國古代史籍校讀法》第三篇關於讀書（台北：里仁書局，1988 年），頁 204。

〔註13〕參見吳福助《史記解題》中〈項羽本紀〉、〈高祖本紀〉（台北：國家出版社，1982 年），頁 13～17。

上言：「事在袁盎語中」；〈趙世家〉上言：「語在晉書中」；〈蕭相國世家〉上言：〈語在淮陰侯事中〉；〈留侯世家〉上言：「語在項羽事中」、「語在淮陰事中」；〈絳侯周勃世家〉上言：「其語在呂后孝文事中」，這些說明了篇與篇之間聯系關係。班固在處理《漢書》史料時，亦費了一番較量作安排的。卷三十一〈項藉傳〉寫沛公至鴻門謝羽情況危急時，但云「賴張良、樊噲得免」，繼之以「語在高紀」便不寫了。寫楚漢大戰彭城，云「漢王乃與數十騎遁去」便止，繼之以「語在高紀」四字。寫漢王與陳平金四萬斤，以間楚君臣，亦云「語在陳平傳」等字眼。因此本紀與列傳之間聯系關係，是不容忽視的，即是表志與紀、傳彼此相互經緯，彼此貫串。〔註 14〕

　　先生言：「作史者之所記錄，讀史者之所考核，總期於能得其實焉而已矣」（《商榷》序文），因此中國史家為了據事直書，史學家往往冒生命危險「寧為蘭摧玉折，不作瓦礫長存」（劉知幾《史通・直書》卷七第二十四），甚而「有是事而如是書」之直筆精神（吳縝《新唐書糾繆》序文）。中國史家為得實錄，保存務實之據事直書本色，因此中國史家某事諱之於本紀，而散見其事於列傳，如趙翼《廿二史箚記》卷六〈三國志書事得實處〉條論之：

> 三國志雖多迴護，而其剪裁斟酌處，亦自有下筆不苟者，……董卓之亂，曹操尚未輔政，故魏紀內不能詳敘，而其事又不可不記，則于卓傳內詳之。此敘事善於位置也。至甄后之死，本紀雖不言其暴亡，而后傳中尚明言文帝踐阼，郭后、李、陰貴人，並愛幸，甄失志，出怨言，帝怒，遂賜死。是雖諱之於紀，猶載之於傳也。

某事觸犯忌諱，若於本紀中直書，恐遭下禍，若不書，則有失於史家徵實精神，於是史家在委婉中，不顯著之下披露史實，則免失於信史之責，故此種同源史料比較方法之運用，正是史家最苦心孤詣處，亦是有其積極意義〔註 15〕。柳詒徵《國史要義》〈史聯〉篇云〔註 16〕：

> 班書裁節史記，於項羽傳漢王乃與數十騎遁去下曰，語在高紀，於與陳平金四萬斤以間楚君臣下曰，語在陳平傳，一則以其為漢王家事，一則以其為陳平秘計，故明示其分析之由。於漢王數羽十罪下曰，語在高紀，

〔註 14〕同註 12，頁 228～229，說明《史記》、《漢書》善於聯系篇與篇之間關係。

〔註 15〕同註 11，頁 90～91 第六章比較方法中論，中國的紀傳體，紀傳表志之間，互有密切關聯，紀傳體的優點，即在於人事時空在在有其相關，所以將本紀列傳表志參互比較，能見到歷史的整體；看起來像是孤立於各處的史實，經過比較之後，能融合在一起。這也是同源史料的比較所具有的積極意義。

〔註 16〕柳詒徵《國史要義・史聯》第四（台灣中華書局印行，1984 年），頁 70～72。

則爲史公補注，遷書羽紀固亦未載十罪也。至鴻門之宴曰語在高紀，則示其詳略之宜，又非不略載其經過。……凡紀傳表志相聯之事，不可縷舉。……史之爲體，一時代有一時代之中心人物，而各方面與之聯繫，又各有其特色，或與之對抗，或爲之贊助，而贊助者於武功文事內務外交之關聯，又各不同。爲史者若何而後可以表示此一中心，若何而後可以遍及各方面，則莫若紀傳表志之駢列爲適宜矣。如漢武帝爲一中心人物，而其關繫之多，不能盡見於紀也，家族之事，在景十三王、武五子、外戚竇田、衛霍、東方朔、車千秋、江充、霍光諸傳及外戚恩澤侯表；武功之盛，載衛霍、張騫、李廣利、司馬相如、嚴助及朝鮮、南粵、閩粵、西南夷、匈奴、西域諸傳、功臣表、地理志；而太初改曆，天馬作歌，見知故縱之法，均輸告緡之事，登封郊祀之儀，宣防白渠之利，分見諸志；文史儒術，有專傳，有彙傳，而儒林學派，又與藝文志相聯；酷吏任刑，有專傳，有彙傳，而廷尉遷除，又與百官公卿表相聯。故其妙在每一事俱有縱貫橫通之聯絡，每一人又各有個性共性之表見。若第爲漢武專傳，不第不能盡量臚舉，而上溯文景，下洎昭宣，家國事物遷變演進之風，尤難貫攝，此爲專傳不能如紀傳表志之善之最易見者也。

先生研究歷史的方法，除了以同源史料做爲比較研究，亦善用異源史料做爲比較方法，將來源不同之兩者史料放在一起比較，如《史記》與《漢書》比較，《後漢書》與《三國志》比較，《三國志》與《晉書》比較，《舊唐書》與《新唐書》比較，《舊五代史》與《新五代史》比較，《南史》與《宋書》、《齊書》、《梁書》、《陳書》等比較，《北史》與《魏書》、《北齊書》、《北周書》、《隋書》等比較，以上卷數約占全書二分之一，其比例不少，可知先生運用了較多比較研究法在十七史考證上。這其間以內容相涉，史實之異同，因而發現了許多問題，比如通過比較，發現史書之曲筆、遺漏、刪削、議論不當之處；或是通過比較，發現同記一時代之史書，各有優點不可偏廢，或可互爲增補。且史料不同出一源，而內容相容，其間的異同，極富啓發性，史實的眞相，往往自其異同間流露出來〔註17〕。

一、《史記》與《漢書》比較

卷八〈見怪〉條，先生論敘《史記》、《漢書》所用文字差異，《史記・高祖本紀》

〔註17〕同註11，頁94。杜先生論同源史料比較，是消極的，應積極的尋找異源史料，以進行比較。

敘高祖文爲：

> 常從王媼、武負貰酒，醉臥，武負、王媼見其上常有龍，怪之。高祖
> 每酤留飲，酒讎數倍。及見怪，歲竟，此兩家常折券棄債。

先生論此條所敘文字，則《史記》不如《漢書》，因：

> 史記則作常有龍，怪之。然後繼以高祖每酤云云，攷國語水之怪曰，
> 龍罔象是龍，固可稱怪也。下文云，季所居，其上常有雲氣，即所謂其上
> 常有怪也。史記上言龍，下言怪，中又插入怪之二字，殊嫌錯雜，不如漢
> 書刪怪之二字，而以二怪爲一，較明悉。

《史記‧高祖本紀》記高祖「常從王媼、武負貰酒，醉臥，武負、王媼見其上常有龍，怪之。高祖每酤留飲，酒讎數倍。及見怪，歲竟，此兩家常折券棄責。」《漢書‧高帝紀》則作「常從王媼、武負貸酒，時飲醉臥，武負、王媼貰酒，有時飲醉臥，武負、王媼見其上常有怪。高祖每酤留飲，酒讎數倍。及見怪，歲竟，此兩家常折券棄責。」先生以此二紀互爲對校，《史記》言龍，增其神祕色彩，《漢書》去龍字及刪怪之二字，在文字上之取捨，較《史記》明贍。

卷二十七〈班正史記誤〉條，先生辨析《史記》、《漢書》敘匈奴傳文字之異同，頗有見地：

> 匈奴傳上卷之前半截，全用史記原文，敘至天漢四年，貳師將軍李廣
> 利將騎六萬步兵七萬出朔方，單于以十萬騎待余吾水南，與貳師接戰，貳
> 師乃解而引歸之下，史記尚有貳師聞其家以巫蠱族滅，因并眾降匈奴，得
> 來還千人一、兩人耳云云，漢書刪去，直接游擊亡所得，因扞與去賢王戰
> 不利，引歸。蓋史記原訖於天漢，此段係後人附益，錯謬不可讀。貳師降
> 匈奴是征和三年事，妄入此，大非，張守節已辨之。

《漢書》多用《史記》原文，惟移換之法，別見翦裁，倘遷有錯誤，固自當據以改正，如以《史記》、《漢書》比對，知高祖紀及諸王侯年表、諸臣列傳，《漢書》多與《史記》同，并有全用《史記》文一字不改者，（見甌北《廿二史劄記》卷一〈史漢不同處〉及卷二〈漢書移置史記〉）或二書互有得失（見甌北《廿二史劄記》卷一〈史漢互有得失〉），皆對二史之異同辨析甚明。卷二十八〈史記多俗字漢書多古字〉條，先生以毛版史漢考之，《史記》多俗字，《漢書》多古字，其用字風格不同。先生引張守節《史記正義論例》，論史、漢文字：

> 史、漢文字，相承已久，若悅字作說，閑字作閒，智字作知，汝字作
> 女，早字作蚤，緣古少字，通共用之。史、漢本有此古字者，乃爲好本，
> 程邈變篆爲隸，楷則有常，後代作文，隨時改易，衛宏官書數體，呂忱或

字多奇，鍾、王等家，以能爲法，致令楷文改變，非復一端，歷代文字，
體乖日久。

引顏師古《漢書注敍例》敍述文字之變遷：

> 漢書舊文多有古字，解說之後，屢經遷易，後人習讀，以意刊改，傳
> 寫既多，彌更淺俗，今則曲覈古本，歸其眞正。

又引宋人劉之同刻書跋云：

> 自顏氏後，又幾百年，向之古字，日益改易，書肆所刊，祇今之世俗
> 字耳，識者恨之。

文字因時代更迭，數有變遷，古字之改易亦使今人所識者少，因此先生特舉張守節、
顏師古、劉之同諸人言論，知三家猶知好古，故其議論足以鍼砭俗學。

卷七〈史漢煩簡〉條，先生敍述史公作《史記》意主行文，不主載事，故簡，
而班固作《漢書》主紀事詳贍，二者風格不同，不以此定爲優劣，蓋史書文字之詳
贍或記事簡要，皆不害爲良史，先生對此提出看法，即不以史書記事之詳贍、精略
定其高下。

> 晉書張輔傳，輔著論云，司馬遷敍三千年事唯五十萬言，班固敍二百
> 年事，乃八十萬言，煩省不同，此固不如遷。愚謂此強作解事，史體至史
> 記而定，班踵馬體則才似遜，然論古正不必爾，若以煩簡定高下，此何說
> 乎，馬意主行文，不主載事，故簡，班主紀事詳贍，何必以此爲劣。

范曄《後漢書·班固傳》卷四十下論云：

> 論曰：司馬遷、班固父子，其言史官載籍之作，大義粲然著矣。議者
> 咸稱二子有良史之才，遷文直而事覈，固文贍而事詳。若固之序事，不激
> 詭，不抑抗，贍而不穢，詳而有體，使讀之者亹亹而不厭，信哉其能成名
> 也。彪、固譏遷，以爲是非頗謬於聖人，然其論議，常排死節，否正直，
> 而不敍殺身成仁之爲美，則輕仁義，賤守節，愈矣。固傷遷博物洽聞，不
> 能以智免極刑；然亦身陷大戮，智及之而不能守之。嗚呼，古人所以致論
> 於目睫也。

論史漢之優劣，范曄以肯定態度，皆言二子爲良史之才。劉知幾《史通·六家篇》
[註18] 則抑《史記》而揚《漢書》，其持論云：

> 尋史記疆宇遼闊，年月遐長，而分以紀傳，散以書表，每論家國一政，
> 而胡、越相懸；敍君臣一時，而參、商是隔，此其爲體之失者也。兼甚其

〔註18〕劉知幾《史通·六家篇》卷一（台北：里仁書局，1980 年），頁 19。

所載，多聚舊記，時採雜言，故使覽之者，事罕異聞，而語饒重出。此撰錄之煩者也。……如漢書者，究西都之首末，窮劉氏之廢興，包舉一代，撰成一書，言皆精練，事甚該密，故學者尋討，易為其功，自邇迄今，無改斯道。

晉張輔論史漢優劣以《史記》敘三千年事，惟五十餘萬言，《漢書》敘二百年事，乃八十餘萬言，以為兩書高下之判〔註19〕。蓋《史記》為創始者，難免疏略不精，而繼起者《漢書》則易於賅密，此乃必然，若以文字多寡定其優劣高下，恐是失當。先生於《商榷》卷十〈壬辰辛丑〉條云：「或謂史貴詳，或謂史貴簡，二者皆不盡然，必也詳其所當詳，簡其所當簡，乃可謂良史。」又「班氏體例雖因史記而斷代為史，懼叢整齊其文，則雖因實刱，刱者難為工，縱詳略偶未當，盡美未盡善，何害為良史乎。」以先生之論，對於評論史漢者，最為中肯，對史遷、班固皆予以肯定。如卷六〈匈奴大宛〉條，先生評《漢書‧大宛傳》論班氏：「以二人截分兩傳，體例明整，馬不如班；文筆離奇，班不如馬。」正是說明二人史才之特質不同。趙甌北之《廿二史劄記》卷一、卷二有多條敘述史漢之比較，而史漢互有得失，即是《漢書》於文字多載「有關於學問有繫於政務者，必一一載之，此其所以卷帙多也。今以漢書各傳與史記比對，多有史記所無，而漢書增載者，皆係經世有用之文，則不得以繁冗議之也。」而史遷「喜敘事，至於經術之文，幹濟之策，多不收入，故其文簡。」再者，《史記》無傳而《漢書》增立者，如《史記》無吳芮傳、蘇武傳、趙隱王如意、趙共王恢、燕靈王建皆無傳，《漢書》俱另立傳，或《史記》將蒯通附韓信傳內、伍被附淮南王傳內、張騫附衛青後、李陵附李廣傳後，《漢書》皆另立傳，或《漢書》在司馬相如傳載子虛賦、喻蜀文、諫獵疏、宜春宮賦、大人賦；在揚雄傳載反離騷、河東賦、校獵賦、長楊賦、解嘲、解難、法言序目等文章，故文繁。(《廿二史劄記》卷二〈漢書多載有用之文〉條)

二、《三國志》與《晉書》比較

卷四十四〈曲筆未刪〉條，先生以《三國志》與《晉書》相比較，發現有曲筆未刪者，如魏明帝太和四年，即蜀建興八年，曹魏之曹真、司馬懿攻江中，此事《晉書》與《三國志》所記不同。《晉書》記曹真、司馬懿攻漢中，諸葛亮望塵而遁，司馬懿追擊破之，俘斬萬計，而先生引《三國志》言：

> 大司馬曹真、大將軍司馬宣王伐蜀，九月，大雨。伊、洛、河、漢水

〔註19〕趙翼《廿二史劄記》卷二〈漢書多載有用之文〉條，頁20。

溢，詔眞等班師。蜀志後主紀，建興八年秋，魏使司馬懿由西城、張郃由子午、曹眞由斜谷，欲攻漢中，丞相亮待之於城固、赤阪。大雨道絕，眞等皆還，如是而已，安得有遁逃破敗之事。彼時亮正大舉北伐，雖馬謖小挫於街亭，而斬王雙，走郭淮，遂平武都、陰平二郡，安得被魏俘斬萬計邪。懿從不敢與亮交鋒，屢次相時，總以按兵不動爲長策，遺之巾幗，猶不知恥。假託辛毗杖節止戰，制中論之甚明，此紀特晉人夸詞，在當日爲國史固應爾爾。

《晉書》于此曲筆，致使歷史眞象不明，若非《三國志》據筆直書，何得眞相邪！遂先生云，此紀特晉人夸詞，在當日爲國史必然，而今《晉書》成於唐人，而猶仍其曲筆不加刪改，何也？又如卷四十四〈曹馬搆釁〉條，先生論：

愚謂曹、馬搆釁，不在爭伐蜀及還河南民也，懿久有篡心，曹爽無能，適爲之先驅耳。又八年，曹爽用何晏等謀，遷太后於永寧宮，專擅朝政，帝不能禁，於是與爽有隙云云。愚謂曹、馬隙成已久，豈至是始乎。

另外先生論史家隨筆記載未得其，且臧榮緒《晉書》成於易代之後，已不當此曲筆，況唐人卷四十四〈全載九錫勸進〉條，先生對唐修晉史提出意見：

景元四年天子以伐蜀獻捷交至，乃申前命云云，此既全載命司馬昭爲晉公九錫文矣。其下文又載昭辭讓，司空鄭沖率群官勸進牋全文，陳壽魏志雖載曹公九錫冊書，尚不及辭讓勸進，則猶有裁量，此何其不憚煩乎，猥冗甚矣。

每朝禪代之前，必先有九錫文，總敘其人之功績，進爵封國，賜以殊禮，先生以陳壽〈魏志〉所載文字，曹公九錫冊書，尚不及「辭讓勸進」四字，猶是中肯，而《晉書》以此文字突顯，似是阿諛奉承之態。

三、《南》、《北》史與八書比較

先生以李延壽之《南》、《北》二史和南北朝八書互爲比較、考證，發現《南史》、《北史》在那些地方勝過八書，那些地方不如八書。因通過比較，得知記同一個時代之史書，各有優點，不可偏廢，也因爲通過比較、考證，先生對於《南》、《北》二史評價上採許多否定態度，對於李延壽也有諸多侮罵之詞。李延壽之《南》、《北》史就八書內容比較，量爲刪減，尤以《魏書》、《宋書》所刪較多〔註20〕。先生《商

〔註20〕同註9，頁163：「南北史大概就各朝正史量爲刪減，魏書、宋書，所刪較多。然魏書尚不過刪十之二三，宋書則刪十之五六。蓋宋書本過於繁冗，凡詔、誥、符、檄、

權》卷五十三〈新唐書過譽南北史〉條論：

> 南、北史增改無多，而其所以自表異者，則有兩法，一曰刪削，二曰
> 遷移，夫合八史以成二史，不患其不備，惟患其太繁，故延壽一意刪削，
> 每立一傳，不論其事之有無關係，應存應去，總之極力刊除，使所存無幾，
> 以見其功，然使刪削雖多，仍其位置，則面目猶未換也，於是大加遷移，
> 分合顛倒，割截搭配，使之盡易其故處，觀者耳目一新。

可知李延壽之《南》、《北》史與八書在內容上因刪削、遷移而有差異，因刪削，《南
史》有過求簡淨而失之者，致使文義不明，如：

卷五十四〈刪改皆非〉條：

> 南史宋武帝紀征慕容超，姚興遣使聲言將涉淮左，帝笑曰，羌若能救，
> 不有先聲，是自彊也。十月張綱修改具成，設飛樓懸梯，木幔板屋，冠以
> 牛皮，弓矢無所用之。案是自彊也，宋書云是自張之辭耳，較為明析，弓
> 矢之上宋有城上火石四字，一經刪削，使句意全晦。

卷五十四〈追尊章皇太后〉條：

> 宋文帝紀，元嘉元年，追尊所生胡婕妤為章皇太后。案宋書云，為皇
> 太后，諡曰章后，如此方覺穩妥，南史省三字，而文義全不分明。

卷六十六〈周初符瑞多刪〉條：

> 李延壽最喜侈陳符瑞，而於令狐氏北周書所載周初諸瑞物多刪去，其
> 刪亦無定見，隨手剟去而已。

卷五十四〈立國子學〉條，先生從《宋書》與《南史》文字之比較，以見李延壽用
字之粗疏：

> 元嘉十九年，詔立國學，二十三年，車駕幸國子學策試諸生，見宋書、
> 南史俱刪去，於後二十七年卻書廢國子學，齊高帝建元四年，詔修建國學，
> 是年，武帝即位，罷國子學，南史俱刪去建學，於後卻書罷學，李延壽之
> 粗疏如此。

　　除了文字上的刪削，先生也發現《南史》削去了原書對國計民生典章制度之記
載，如：

卷六十〈宋書有關民事多為南史刪去〉條：

> 宋書有良吏傳，而孔季恭（南史作孔靖）及其子靈符羊玄保及其兄
> 子希并沈曇慶諸人，共為一卷，皆取其治民有惠政者，靈符傳載山陰湖

章、表，悉載全文，一字不遺，故不覺卷帙之多也。」

田議，議者十三人全載，玄保傳載吏民亡叛罪同伍議，希傳載占山澤以盜論議，皆因其有關於小民生養之計，載之極詳，論則言江南爲國，雖南包像浦，西括邛山，至於外奉貢賦，內充府實，止於荊、揚二州，因而極論田家作苦，役難利薄，互歲從務，無或一日非農，而經稅橫賦之資，養生送死之具，莫不咸出於此，穰歲糶賤，糶賤則稼苦，饑年糴貴，糴貴則商倍，此段言農民之苦，已自惻然，此下言常平之議，行於漢世，元嘉十三年，東土潦寖，民命棘矣，太祖省費減用，開倉廩以振之，病而不凶，蓋此力也，大明之末，積旱成災，雖敝同往困，而救非昔主，所以病未半古，死已倍之，并命比室，口減過半，若常平之計，興於中季，遂切扶患，或不至是，此段以元嘉、大明相較，見倉儲之爲急，而欲行常平，常平行則商賈不得操其奇贏，而無糶賤糴貴之患矣，常平説已詳前第十二卷，而宋書此篇，誠爲卓然至論，南史既遷移其篇次，而於湖田議竟盡削去，羊玄保、羊希二議亦僅存什一，其論贊每襲取舊文，而於此篇之卓然者，反棄不用，南史意在以刪削見長，乃所刪者往往皆有關民生疾苦，國計利害，偶有增添，多諧謔猥瑣，或鬼佛誕蔓，李延壽胸中本不知有經國養民遠圖，故去取如此。

此條是先生對李延壽以刪削見長，致使史實不彰，無以昭炯戒之譏評，論李延壽所添者或諧謔猥瑣，或鬼神誕蔓。《宋書・良吏傳》記良吏「治民有惠政」，是有關於「小民生養之計」，而竟爲李延壽所刪，反增加許多荒誕不經鬼神故事，故先生譏之爲無學識之陋儒。如卷五十五〈齊高帝紀增添皆非〉條，李延壽在〈齊高帝紀〉增入《南齊書》所無：

齊高帝紀建元三年，烏程令吳郡顧昌元坐父法秀宋泰始中北征死亡，屍骸不反，而昌元宴樂嬉游，與常人無異，有司請加以清議，此條南齊書所無，李延壽添入者，雖其事他無可附，但入之本紀，語覺不倫，至紀末附益甚多，皆言符瑞，疑神見鬼，巫媼不經之談，嘵嘵不休，共約一千一百餘字，皆南齊書所無，此因增添而失者。

先生論李延壽在〈齊高帝本紀〉末，多加入疑神見鬼，符瑞等巫媼不經之談，此附益之説，乃妄言也，以此見李延壽修史尚有失慮處。另外如卷六十三〈蔣帝助水等事〉條：

曹景宗於天監六年破魏軍遣使獻捷下，南史忽添入蔣帝神助水挫敵事，縷縷約一百五十字，誕妄支贅，全是小説，與曹景宗何涉，李延壽意主刪削簡淨，乃其所刪者，往往關係典章制度，民生利病，而所添妄誕，

則又甚多，惟於振旅凱入增封進爵下，所添入賦詩協競病韻，卻佳。
曹景宗傳于天監六年破魏軍，遣使告捷，《南史》在此添入蔣帝神助水挫敗敵人，約一百五十字，涉及荒誕不經之事，由此呈現《南史》與南朝四書在比較之下，《南史》是無法完全取代四書的，相對地，《北史》與北朝四書，亦如是說。

《南》、《北》二史與八書在比較下，儘管缺失不少，但也因《南》、《北》二史之補益，以及直書其事，以正其惡之態度，使得史實真相大白，可補八書之不足，如卷五十五〈梁武紀事南史較詳〉條，先生比較《南史》與《梁書》敘梁高祖武帝紀皇考之事，以《南史》詳於《梁書》所記：

> 南史於梁高祖武帝紀敘皇考順之事極詳，凡十六行，而梁紀所載不及兩行，此南史之勝於本書處，攷順之以殺魚。復侯子響爲齊武帝譴怒，以憂死，事見齊子響傳，梁武語蕭子恪亦云，我起義兵，自雪門恥，見梁書子恪傳，自雪門恥，自是雪順之憂死之恥，因子恪是豫章王嶷之子，非齊武帝之子，故語及之，又梁紀但言隆昌初，明帝輔政，起高祖爲寧朔將軍，鎮壽春，服闋，除太子庶子給事黃門侍郎，入直殿省，預蕭諶等定策勳，如此而已，南史則有帝爲齊明帝畫佐命祕策事，此正吳均據事直書，武帝惡其實錄，遣人詰問毀其書者也，自是實事，梁皆不載，此又南史之遠勝本書處，通計此篇，南史多四五百字，竊謂梁武紀一篇，南史所添疑神見鬼語，此李延壽之恒態，誠無足取，其他所添頗有功，予於延壽惡而知其美也，若向來人推重其遠過本書，彼實未嘗將兩邊對勘一番，隨聲附和，耳食而已。

卷五十四〈零陵王殂〉條，以見李延壽補益之功：

> 南紀，永初二年九月己丑，零陵王殂，宋志也，愚謂前代禪位之君，無遇弒者，劉裕首行大逆，既弒安帝，又立恭帝以應讖，而於禪後又弒之，其惡大矣，作史者似宜直書，以正其惡，但假使當日竟書九月己丑弒零陵王，而其下文卻接云，車駕率百僚臨於朝堂三日，如魏明帝服山陽公故事，使兼太尉持節護喪事，葬以晉禮，又其下書十一月辛亥葬晉恭皇帝於沖平陵，車駕率百官瞻送，如此則上下語氣不倫不類，太覺可笑，今云，宋志也，只避去一個弒字，而其爲弒固已顯然，望文可知，此則本紀之體，惟是葬以晉禮之上，當補一句云，謚曰恭皇帝，今無此句，下文恭皇帝三字突如其來，毫無根蒂，欠妥。九月己丑，宋本紀、晉本紀俱作丁丑，通鑑則無日，攷異以爲二者皆可疑，故不書日，惟是宋書但書零陵王薨，無宋志也句，亦不書葬期，此則不及南史，且恭帝葬期，即晉本紀亦無之，惟

見於此，在延壽當別有據，延壽之書，雖疵病百出，而仍不可廢者，爲有
此等小小補益故也。

《宋書·武帝紀》載宋武帝劉裕取代東晉後，于永初元年封晉恭帝爲零陵王，第二
年九月零陵王突然過世，此時劉裕一連三日于朝堂上舉哀，其喪禮極爲隆重。其實，
零陵王之死，是劉裕遣人送毒藥給晉恭帝，令其服毒自殺，卻爲晉恭帝所拒，於是
被劉裕所派之人把晉恭帝殺了。《宋書·武帝紀》曲筆不直書，是有所隱瞞，但《南
史·宋本紀》以直書正其惡，揭露此歷史眞相，書云「零陵王殂，宋志也」，「前代
禪位之君，無遇弒者，劉裕首行大逆，既弒安帝，又立恭帝以應讖，而於禪後又弒
之，其惡大矣。」將晉恭帝之死，說得明白。又如：

卷五十五〈臨川王喪師〉條，《南史》揭露蕭宏之眞面目：

> 梁紀，天監四年十月，北伐以中軍將軍揚州刺史臨川王宏都督北討諸
> 軍事云云，愚謂是役也，喪師辱國，皆臨川一人爲之，試觀其下文，於明
> 年三月有劉思效之捷，五月有張惠紹、韋叡、裴邃、桓和等之捷，自去年
> 十月出師以來，所向皆克也，至九月，以都督北討之臨川王挫置乖方，怯
> 懦無能，師以大潰，南史於三月五月等捷皆不書，未免太略，而於九月大
> 潰而還則書之，梁書乃詳書其攻拔諸城，而於臨川王之大潰逃還則竟諱而
> 不書，大約如姚思廉輩修史，悉以當日史臣紀載爲粉本，己所增改甚少，
> 惟通鑑一書本傳，大加褒美，已爲可笑，乃於本紀亦遂諱其惡如此，異哉。

卷六十三〈臨川王宏與梁書大異〉進一步比較臨川王傳，以《南史》爲得其實：

> 臨川靜惠王宏，梁武帝之嫡弟也，南史於其傳醜言詆斥，不遺餘力，
> 始則武帝使之侵魏，部分乖分，無故自卻，使百萬精兵，一朝奔潰，其平
> 日則藏匿殺人之賊於府內，有司無如之何，又武帝遇之恩甚篤，而宏謀弒
> 武帝，且奢侈無度，恣意聚斂，驅奪民間田宅，又與永興公主私通，公主、
> 武帝之女，於宏爲嫡姪女，遂復與同謀弒逆，以齋日使二僮挾刀入幕下，
> 事覺搜得刀，帝乃殺僮而秘其事，若梁書本書傳，則於宏事全篇皆用褒詞，
> 其北伐係因征役久，奉詔班師，且盛稱其孝行及居喪盡禮，又敘其政事之
> 美，在揚州刺史二十餘年，寬和篤厚，生平純一無玷缺，南史與齊、梁書
> 多異，而此傳尤乖刺之甚者，此則恐南史爲得其實，姚思廉父子或與之有
> 連爲隱諱，未可知也，宏之子正德與同產妹奸，鳥獸行，又鉤致侯景，賣
> 國與賊，正德弟正表臣事侯景，又據地叛投齊，想其家法必有所自來，則
> 乃父之逆惡，理宜有之，通鑑第一百四十六卷書臨川無故規避，奔潰喪師，
> 殘民誤國之罪甚詳，皆與南史合。

《梁書・臨川王傳》言蕭宏「長八尺，美鬚眉，容止可觀」儼然是一位謙謙君子。但《南史・臨川王傳》揭露了蕭宏之真面目「臨川不才，頻叨重寄」，是一位貪生怕死，怯懦無能，臨陣脫逃之輩。梁武帝天監四年十月，梁武帝命蕭宏為統帥，率領百萬精兵進攻北魏，所向皆克，卻因蕭宏按兵洛口不動，將近一年之久，使得軍心渙散，人無鬥志，終於在天監五年九月，梁軍以為魏軍來攻，蕭宏逃走，諸將也眾散而歸，全軍不戰而潰。此段史實說明殘民誤國皆蕭宏一人為之，在《南史》與《梁書》比較下，《南史》為得其實。又：

卷六十四〈昌濟江中流殞之〉條，說明《陳書》不如《南史》竟書殺之為得實：

> 巴陵王蕭沇等表請以昌為湘洲牧，封衡陽郡，沇蓋齊和帝之子孫列於三恪，故假以為名，其下云，丙子，濟江，於中流殞之，使以溺告，此文帝命侯安都殺之，事見安都傳。陳書乃云，中流船壞，以溺薨，於安都傳亦但云，請自迎昌，昌濟漢而薨，以功追爵云云，雖情事宛然，然唐人書陳事，何必作此蘊藉之筆，似有所不敢直書者乎，皆不如南史竟書殺之為得實。

此條記載著陳武帝之子衡陽王陳昌死之真相，《陳書・衡陽王昌傳》說衡陽王自北周渡江南歸，於「中流船壞，以溺薨」，《陳書・世祖紀》只記「衡陽王昌薨」，對於衡陽王死之真相全然掩蓋不提，而《南史・衡陽王昌傳》則將此事揭露無遺，陳昌于三月自北周入境時，陳文帝派人前去迎接，「于中流殞之，使以溺告」的實情，故先生說《陳書》不如《南史》竟書殺之為得實。

卷五十四〈建鄴京師邑京都建康都下〉條，先生比較《宋書》所記建業多其名，或稱京師、或稱京邑、或稱京都、或稱建康，其稱不一，而《南史》大概多稱建鄴，似較為畫一。蓋地理名稱常因朝代更迭，有所變化，如卷二十四，先生論淮陽郡，即是此例，有稱郡者，或稱國，如此展轉改易凡八九次，終為國。先生遂認為，僅管《南史》、《宋書》所記名稱有異，毋論是建鄴，或者京師、京邑、京都、建業、建康都下等數稱，自為己意，無妨直當概稱京師。

> 建業本不當從邑，而南史皆作建鄴，翻似與河北之鄴相涉者然，此謬也。宋書武帝紀或稱京師，或稱京邑，或稱京都，或稱健康，多其名稱，雖似無害，但京邑之稱與京口，京城易混。宋書紀於討桓玄移檄京邑，南史改作都下一稱，亦以京邑嫌涉京口故也，南史大概多作建鄴，似較為畫一矣。

卷五十五〈及至乃是帝〉條，先生於李延壽修《南史》、《北史》多所批評，但於蕭子顯所修《南齊書》不足處，經李延壽添入五字，益使史實鮮明，情事如繪，

此乃可取處：

> 齊高帝紀，桂陽王休範氏，帝出頓新亭，以當其鋒，築新亭壘，未畢，
> 賊已至，帝使高道慶等與賊水戰，破之，斬休範，臺軍及賊眾俱不知，宮
> 內傳新亭亦陷，典籤許公與詐稱休範在新亭，士庶惶惑詣壘，期赴休範投
> 名者千數，及至，乃是帝，隨得　燒之。及至乃是帝五字甚妙，得此覺情
> 事如繪矣，此蕭子顯齊書所無，而李延壽添入者，知延壽亦有可取處。

卷六十一〈梁書無柳仲禮〉條，先生評論《梁書》不記柳仲禮傳，使其侯景圍
臺城，援兵四集，仲禮為總督，但按兵不動，坐觀國破，故先生云，論者以為梁禍
始於朱异，成於仲禮，而《梁書》惟於韋粲傳中見粲推仲禮為大都督事，粲光死節，
而仲禮安然自全，此後事，粲傳本不當見，此乃《梁書》一大缺失，史實真相無以
明鑑。仲禮後降西魏，《魏書》、《周書》亦不入此事，唯賴《南史》補之。從《梁書》、
《南史》文字互相比較，得其史事之真相，可昭後人戒鑑，並知史實之長短處。

> 梁書無柳仲禮傳，按侯景圍臺城，援兵四集，仲禮為總督，乃案兵不
> 動，坐觀國破，論者以為梁禍始於朱异，成於仲禮。梁書惟於韋粲傳中見
> 粲推仲禮為大都督事，粲先死節，而仲禮安然自全，此後事，粲傳本不當
> 見，然非梁書一大缺乎。仲禮後降西魏，魏、周書皆不見，賴南史補之，
> 最有功，雖於例應入北朝，然補缺功不可沒，亦附柳元景傳，則其病。

卷六十二〈蕭穎孚事異本書〉條，先生論《南史》與《齊書》、《梁書》不同者
多，以此條史事記載為例：

> 南史蕭穎胄與其弟穎達、穎孚等傳，與本書雖大段相同，然南史敘穎
> 胄奉齊和帝於江陵，稱尊號，穎達與之同舉兵，而穎孚則自建鄴為廬陵人
> 修景智潛引與南歸江陵，綠山逾嶂，僅乃得達，若南齊書則言穎孚在京師，
> 廬陵人修靈祐竊將南上，於西昌縣山中聚兵二千人，襲安成郡據之，求援
> 穎胄，遣范僧簡援之，即拜僧簡安成內史，穎孚廬陵內史，合兵出彭蠡口，
> 梁書則云，穎孚自京師出亡，廬陵人循景智潛引與南歸，至廬陵，景智及
> 宗人靈祐為起兵屯據西昌，穎達假穎孚節督廬陵、豫章、臨川、南康、安
> 成五郡軍事廬陵內史，三者多不同，大約南史與齊、梁二書不同者頗多。

《齊書》因避諱而改字，但《南史》皆直書，此乃二者立場態度不同所致。如：
卷六十二〈齊書諱南史直書〉條：

> 南齊書凡順字皆改為從，此蕭子顯避諱改也，考齊、梁書本紀皆以梁
> 武帝之父名順之，此當是梁武帝之祖，疑亦誤，予別有辨，而梁之應諱順
> 字則無疑，子顯、齊高帝之孫而仕於梁，書成於梁朝，故諱之，此皆子顯

原文，如二十二卷豫章文獻王嶷傳，宋從帝，下注，北雍本作順，宋本諱，其下又一見，亦作從帝，其下載嶷上武帝啓有侍幸□宅，□下注，順之宋本諱，此乃幸蕭順之宅，故子顯直用墨圈耳，四十卷魚復侯子響傳蕭順之，則作□，而其下注一順字，又加一圈，云，宋本諱，凡此南史皆直書。

蕭子顯修《齊書》於梁，故於梁武帝之父名順字皆改爲從，乃避諱而改。李延壽以先祖入北朝，其修史以北爲正，南爲僞，故立場與蕭子顯不同，如卷六十二〈子響事二書不同〉條，《南史》有文惠太子屬順之徑殺子響事，而蕭子顯書修於梁，故諱此事，《齊書》載其舉兵與臺軍戰，官軍引退，下云，上又遣丹陽尹蕭順之領兵繼至，子響部下恐懼，各逃散，子響乃白服降，賜死。《齊書》諱順之殺子響事，故此事當以《南史》直書爲是。又卷六十四〈劉知知傳增事〉條，《陳書》隱諱不書處，亦具於《南史》直書見之。

卷六十四〈劉師知傳增事〉條：

> 劉師知傳，爲中書舍人，梁敬帝在內殿，師知常侍左右，及將加害，師知詐帝令出，帝覺，遶床走曰，師知賣我，陳霸先反，我本不須作天子，何意見殺，師知執帝衣，行事者加刃焉，既而報陳武帝曰，事已了，武帝曰，卿乃忠於我，後莫復爾，師知不對。

此段文字《陳書》所無，經《南史》補之，遠勝於《陳書》及昭明史實，蓋姚察爲陳臣，修《陳書》有所避諱而不載。

卷五十四〈北爲正〉條，先生從《南史》與《北史》互做比較，得知李延壽做史欲以北爲正之基本立場，知延壽序傳自述其先人世爲北臣，故其言如此：

> 南史於永初元年之末，書是歲魏明元皇帝太常五年。案北史帝紀不呼南朝諸帝爲皇，亦不紀其改元，獨詳於此者。李延壽欲以北爲正也，又景平元年之末，書是歲魏明元皇帝崩，梁武帝紀天監十四年春正月丁巳，魏宣武皇帝崩，亦尊之也，北史帝紀南帝止書殂。宋文帝紀元嘉二年之末，書是歲赫連屈丐死，屈丐即勃勃，此魏明元帝所改，而南史乃遵用之，亦是尊魏。北伐南，各書皆稱其姓名（如南齊書高帝紀元嘉二十七年，拓跋燾向彭城之類），南史則改稱廟號，皆抑南尊北之意。

又卷六十六〈以西魏正統〉條，先生以《北史》與《魏書》相較，知《北史》以西魏爲正統，東魏爲僞。而《魏書》爲魏收所作，齊臣，故以齊人所立東魏爲靜帝爲正，西魏爲僞，但二史之比較，仍以《北史》以西魏爲正統說爲是。

> 自文帝寶炬以下，北史即繼以西魏，蓋以此爲正統，與魏書不同，夫西魏，宇文泰所立，東魏，高歡所立，兩家皆篡弒其主者，則二魏難分正

偽，魏書直以東魏孝靜帝爲正，而西魏爲偽，故不爲立紀，僅附見孝靜紀中，既屬不確，且西魏文帝崩後，尚有廢帝欽、恭帝廓，并不見於紀，則不如北史之先列西魏，後仍附見東魏爲允。

《北史》魏收傳記由鄧淵至魏收，歷朝修史之經過甚詳，孝昭以後，收屢加修改，隋文帝時，又敕魏澹等重修，以西魏爲眞，東魏爲偽。

卷六十六〈取北史補北齊書〉條，先生敘《北齊書》缺落甚多，賴《北史》補之，可見其功：

> 北齊書文襄帝澄紀卷末跋云：臣等詳文襄紀，其首要與北史同，而末多出於東魏孝靜紀，其間與侯景往復書，見梁書景傳。其所序列，尤無倫次，蓋雜取之以成。此書非正史也，愚考此跋不知何人之語，既稱臣等則必宋仁宗時校書官也。校者但知文襄紀非李百藥北齊書元文。其實北齊書缺落甚多，不止此篇，如文宣帝洋紀九錫文、冊文、即位告天文、大赦改元詔文，皆全載，北史無之，而其餘亦多不同。後半篇述洋淫兇慘虐之行，則北史甚詳，而北齊書無之。

《齊書》爲隋時王劭所著，號曰《齊誌》，王劭意在存史跡之實，故對其鄙野之處，保存而不加以刪改，如《隋書・王劭傳》卷六十九論之：

> 劭在著作將二十年，專典國史，撰隋書八十卷，多錄口敕，又採怪誕不經之語及委巷之言，以類相從，爲其題目，辭義繁雜，無足稱者。遂使隋代文武名臣列將善惡之跡，埋沒無。初撰齊誌，爲編年體二十卷。復爲齊書紀傳一百卷，及平賊記三卷，或文詞鄙聞野，或不軌不物，駭人視聽，大爲有識所嗤鄙。

《齊書》之文詞鄙野，或不軌不物，皆保存不刪，謂爲駭人視聽，但劉知幾則譽之爲志存實錄，如《史通・敘事篇》：

> 近有裴子野宋略、王劭齊志，此二家者，並長於敘事，無愧古人，而世人議者皆雷同，譽裴而共詆王氏。夫江左事雅，裴筆所以專工；中原跡穢，王文由其屢鄙，且幾原務飾虛辭，君懋志存實錄，此美惡爲以爲異也。

現存《北齊書》爲唐李百藥所修，今本《北齊書》皆有殘闕，爲後人所補，如錢大昕《廿二史考異》卷三十一云：

> 李百藥北齊書本紀八篇，列傳四十二篇，共五十卷。今據世所傳本審正之，惟本紀第四（文宣帝），列傳第五（趙郡王琛等）、第八（段榮）、第九（斛律金）、第十（孫騰等）、第十一（賀拔允等）、第十二（張瓊等）、第十三（高乾封隆之）、第十四（李元忠等）、第十五（魏蘭根崔）、第十

六（孫搴等）、第十七（張纂等）、第卅三（暴顯等）、第卅四（陽斐等）、第卅五（李稚廉等）、第卅六（儒林傳）、第卅七（文苑傳）、第四十二（恩倖傳），凡十八篇係百藥元本，其餘大抵取北史補足之。其列傳第十八（薛琡等）、第十九（万俟　等）、第廿一（李輝等）、第廿二（崔暹等）、第卅二（辱瑾等）文與北史異而無論贊；第卅八（循史傳）、第卅九（　史傳）、第四十（外戚傳）、第四十一（方伎傳）亦與北史異，而有序無贊，似經後人刪改，或百藥書亡而以高氏小史補之乎？凡紀傳中有史臣論、有贊，及稱高祖、世宗、顯祖、肅宗、世祖廟號者，皆李史之舊文：其稱神武、文襄、文宣、孝昭、武成者，則北史之文。

由錢大昕所論，今本《北齊書》殘闕甚多，以《北史》補之，考之甚詳，如先生所言，《北齊書》缺落甚多，取《北史》以補《北齊書》。今本《宋書》、《南齊書》、《魏書》、《北齊書》、《周書》五史，皆有闕，尤以《北齊》、《北周》二書。除《南齊書》外，多取李延壽之《南史》、《北史》補之，是則八書轉賴南北史以傳，而南北史之有功於史學，亦大矣哉〔註21〕。

四、《新唐書》與《舊唐書》比較

先生透過比較新、舊《唐書》，知其差異，是二書不分優劣，瑕瑜不掩，互有短長，其事則增於前，其文則省於舊。並論《新唐書》最佳者，志、表、列傳次之，本紀最下，《舊唐書》則紀志傳美惡適相等（卷六十九〈二書不分優劣〉條）。宋仁宗以五代時劉昫等所撰《唐書》卑弱淺陋，遂命翰林學士歐陽修及端明殿學士宋祁刊修《新唐書》。論者以新書事增於前，文省於舊，此固歐、宋老於文學，且舊書當五代亂離，載籍無稽之際，掇拾補葺，其事較難。至宋時文治大興，殘編故冊，次第出現，《新唐書》所據資料，皆五代修唐書時所未嘗見者，據以參考，自得精詳〔註22〕。

《舊唐書》所引用資料多用實錄、國史舊本（卷八十六〈后妃鄉貫世系新舊全異〉條），故甌北先生論實錄、國史修於本朝，必多迴護，觀舊書迴護之多，實基因於此〔註23〕。《廿二史劄記》先生認為《新唐書》善於刪削、省文、改舊，以致敘事不如舊書詳贍，而遺漏重要史實，「善讀書者，自能微會其似異實同之故」又「識

〔註21〕參見金靜庵《中國史學史》（台北：鼎文書局印行，1992年），頁82，論宋、南齊、魏、北齊、周五史，皆有闕略，今取諸史觀之，似為整齊之作，而實則殘闕不完。

〔註22〕同註9，卷十六〈新唐書〉條，頁272，「觀新唐書藝文志所載唐代史事，無慮數十百種，皆五代修唐書時所未曾見者，據以參考，自得精詳。」

〔註23〕同註9，卷十六〈舊唐書前半全用實錄國史舊本〉條，頁275。

暗心粗，膽大手滑宋人通病」（卷八十八〈臧玠殺崔瓘〉之條）。經過新、舊二書比較，知其新書有不如舊書，而舊書亦有不如新書處，故在宋仁宗時新書修成進呈，即有旨，《舊唐書》不可廢〔註24〕。

　　《新唐書》本紀為歐公重修，二百八十餘年事蹟，頭緒繁多，不暇檢校入細，以新、舊《唐書》本紀書法做比較，新書有過求簡淨之失，故先生論新書本紀較舊書減去十之七，舊書所載雖少，然尚存其略。先生引邵經邦言新紀一意刪削所致，故新書以簡勝，全部皆然。如：

卷七十〈新紀太簡〉條：

　　　　新唐書本紀較舊書減去十之七，可謂簡極矣，意欲仿班、陳、范也，夫文日趨繁，勢也，作者當隨時變通，不可泥古，紀唐而以班、陳、范之筆行之，於情事必有所不盡，邵遠平謂本紀出廬陵手，自一二行幸除拜之外，紀載寥寥，是矣，而其尤不滿人意者，盡削詔令不登，獨不思班紀猶多全載詔令，而唐紀反無詔令，惡乎可，且左史記言，右史記動，全削詔令，是記動不記言也，德宗出奔奉天，全賴陸贄草詔罪己，以激厲將士，而新紀盡削不載，贄本傳載奏議甚詳，而詔令不便入之，所謂武人悍卒感動流涕者，竟不一見於史，此其失也，舊書所載雖少，然尚存其略。邵經邦謂新紀一意刪削，并春夏冬亦皆無存，予考之誠然，不覺失笑，新書之以簡勝，全部皆然，本紀尤甚，春夏秋冬特一字耳，猶不肯存，其刪削可云算無遺策矣，雖曰仿班，其實西漢十三帝不過二百年，唐則二十帝三百年，而班紀十二卷內，有一卷分為上下者，實十三卷，共一百三十二葉，新唐紀十卷，共一百五十八葉，校其字數，新唐增多於漢紀無幾，然則紀漢事反詳，紀唐事反簡，惡乎可，又班紀每一帝各為一贊，新唐紀每數帝共一贊，矯枉過正矣。

德宗出奔奉天，全賴陸贄草詔罪己，以激厲將士，而新紀盡削不載，此其失也。且《漢書》班紀猶多全載詔令，而唐紀反無詔令，無乃是記動不記言，是為一失。況以漢事與唐事相較，紀漢事反詳，紀唐事反簡，亦是新書求之簡勝遂致。

　　《新唐書》本紀太簡而遺漏事實，確是一大毛病，通過新、舊二書例證比較，可知其優劣。因新書過求簡淨，故新書以刪削舊書見長，如卷七十〈葬隋恭帝〉條，新紀刪削舊紀之「改」字致使史事不明，似為不當。

　　　　新紀，貞觀十七年六月壬辰，葬隋恭帝，舊紀壬辰作壬午，葬上有改

〔註24〕同註9，卷十六〈新唐書本紀書法〉條，頁278。

字，恭帝薨於武德二年五月，其薨以弒，自不成葬，然唐人之意，方急急欲了此一宗公案，自當渴葬，必無不葬直遲至二三十年後始葬者，改字不可刪，新書惟務刪削而不當如此。

又卷七十一〈李盡忠事新紀誤〉條，新紀刪去舊紀改其名盡忠爲盡滅，萬榮爲萬斬事，突書萬斬，直令讀者茫然不知。

　　新紀於萬歲通天元年五月，既書李盡忠孫萬榮反叛事，其下神功元年三月既書王孝傑及孫萬斬戰于東硤石谷云云，考之舊紀，則二人反後，即書改其名盡忠爲盡滅，萬榮爲萬斬矣，繼又書李盡滅死，其黨孫萬斬代領其眾矣，故於其下遂書王孝傑與孫萬斬戰于硤石谷云云，今新紀刪去改名事，而突然忽書爲萬斬，直令讀者茫然不知何人，且本爲主者李盡滅也，新紀又刪去盡滅死事，乃忽然置之，而單人萬斬事，可乎，皆當從舊。

又卷七十四〈曾太皇太后〉條，新紀文筆太簡，未交待沈氏、睿眞皇后爲何人，而突書祔睿眞皇后於元陵寢宮，而不言附於太廟亦是文理欠通。睿眞皇后即爲沈氏，亦是德宗之母，既追尊皇后，自必入廟，故當從舊紀所言爲是，而新紀，全文交待不清，理路未明。

　　新憲宗紀首，永貞元年十月丁酉，爲曾太皇太后舉哀，曾太皇太后者，德宗之母，代宗之妃沈氏也，直云曾太皇太后，不言沈氏，竟不知何人，蒙昧極矣，其下文又書十一月己巳，祔睿眞皇后於元陵寢宮，又不知睿眞皇后爲何人，舊紀則先書冬十月丙申朔丁酉集百寮發曾太皇太后沈氏哀於肅章門外，次書辛丑太常上大行曾太皇太后沈氏諡曰睿眞皇后，次書乙巳祔睿眞皇后神主、德宗皇帝神主於太廟，歷歷分明，沈氏遭史思明亂，流落無存，故直至此時方發哀，此事之奇者，不可不明析書之，況大典所在，如舊紀亦何嘗有支蔓，而新紀一意劃削，幾致文理欠通，元陵者，代宗陵也，舊紀云，祔於太廟而新改爲元陵寢宮，但既追尊皇后，自必入廟，且舊紀連德宗皇帝神主言之，則似亦當從舊紀爲是。

又卷七十六〈昭哀二紀獨詳〉條，通過比較發現《新唐書》因文字簡嚴而遺漏了許多重要史實。

　　邵經邦曰，舊唐帝紀，徒侈官銜，多至三數行，頗類文移，其昭宗、哀帝，故欲敷衍成帙，不顧體裁。予謂昭紀已極煩冗，比他紀不同，而哀紀之煩冗，又倍於昭紀，其猥瑣鄙屑，較之元人所修宋史，明人所修元史，而逾甚矣。邵謂其欲敷衍成帙，誠然，然而有可爲劉昫解者，宣、懿、僖、昭、哀五朝皆無實錄，既無實錄，其事蹟易致遺失，而昫時相去近，北宋

敏求傳聞更確，纂修者偶爾訪求而得其詳，惟恐泯沒，故遂不憚多載之與，此所載皆是實事，凡所貴乎史者，但欲使善惡事跡炳著於天下後世而已，他矣恤焉。今觀此二紀，見亂賊一輩之姦兇狡逆，歷歷如繪，照贍然犀，情狀畢露，使千載下可以放見，亦何必恨其太詳邪。世閒浮華無實文字，災梨禍棗，充棟汗牛，何獨於紀載實事必吝此勞邪。至於詔令制敕備載，幾欲隻字無遺，遙想一時附和小人，欺天負地，掉弄筆墨，誣善醜正之詞，喪心滅良之語，賴史家詳述之，又得聞人詮等搜獲於既亡之後而重刻之，其功大矣。新書於舊紀奮然塗抹，僅存無幾，若哀紀舊約一萬三千字，而新約只千字，自謂簡嚴，實則簒弒惡跡，皆不見矣，使新書存而舊書竟亡，讀史者能無遺憾乎。

《舊唐書》之〈昭帝紀〉和〈哀帝紀〉對於亂賊一輩之姦兇狡逆，歷歷如繪，照贍然犀，情狀畢露，使千載以下可以考見。又對於當時詔令制敕備載，幾欲隻字無遺，遙想一時附和小人，欺天負地，掉弄筆墨，誣善醜正之詞，喪心滅良之語，賴史家詳述之。但《新唐書》大加塗抹，所存不過十分之一，使其簒弒惡跡，隱而不見。凡史之所貴者，在於使善惡事　炳著於天下後世而已，何必恨其太詳。歐陽修作《新唐書》，專圖文省，好用譏論，以筆端為予奪，造成諸多史實記載失誤，如卷九十二〈司空圖不懌而疾卒〉條，舊書言司空圖「不懌而疾，數日卒」，但新書以為「不食而卒」，先生論此二說相去絕遠，不知新書何據，史貴紀實，不可飾偽也。

> 司空圖舊書在文苑傳，新書改入卓行，云，哀帝被弒，圖聞，不食而卒，年七十二，近時編唐詩作小傳者皆從之。舊書則云，唐祚亡之明年，聞輝王遇弒於濟陰，不懌而疾，數日卒。不食而卒，不懌而疾卒，二者相去絕遠，不知新書何據。成人之美，誠君子之心，然史貴紀實，不可飾偽也。

又如卷七十五〈黃巢伏誅〉條，敘述黃巢起事，新書記載為「伏誅」，舊書記載黃巢被部下林言所殺，這二書所記不同，故先生探論此事，新紀實未明正顯戮，亦并非用兵以擊而於臨陣斬之，且當據實書賊將林言斬黃巢以降。以此說明歐陽修好以筆端為予奪，故多疵病。

> 新紀中和四年七月壬午，黃巢伏誅，固不待言，論其罪，且寸磔不足以蔽其辜矣，而論其事，則實未明正顯戮，亦并非用兵以擊而於臨陣斬之，直當據實書賊將林言斬黃巢以降。傳首行在，又昭宗紀乾寧三年五月乙未，董昌伏誅，董昌亦不可云伏誅，但當云錢鏐將顧全武獲董昌斬之，傳首京師，如此方為得實。惟昭紀、龍紀元年二月戊辰，朱全忠俘秦宗權以

獻。己丑，宗權伏誅，比則得之，觀宗權書法，愈見黃巢、董昌之非，專圖文省，而又好以筆端為予奪，故多疵病。

〈司空圖不憚而疾卒〉條及〈黃巢伏誅〉條，皆是歐陽修以筆端為予奪，而造成之史事失實之例，故透過新、舊二書比較，愈見其實。

先生論新紀刪削舊紀，以文字簡淨省文為長，在列傳上，文筆亦然，如卷八十六〈李靖傳互異〉條，新書刪李靖傳「殺頡利之妻」而直云「殺義成公主」及刪「突厥吐谷渾」字，令讀者茫然不曉其故，先生言新書所刪改者皆此類，故易使文義不明。

進兵襲突厥，新云，去其牙七里，頡利乃覺，何近如此，舊作十五里為得，殺頡利之妻隋義成公主，新刪削，直云殺義成公主，讀者茫然不知義成為何人，亦宜仍舊，破突厥歸，舊云，溫彥博譖其縱兵掠奇寶，而新改為蕭瑀所劾，未知孰是，賜食邑通前五百戶，新、舊同，而碑云三千戶者，碑言虛數，新、舊言實封也，靖妻卒，墳象突厥鐵山、吐谷渾積石山者，以靖破此二寇，旌之也，新乃刪去突厥、吐谷渾字，亦令讀者茫然不曉其故，新之妄刪改多此類。

又卷八十七〈褚亮傳異同〉條，新傳凡年月皆刪，必使事不繫年，後人若欲作編年史事，幾無所麗。又新傳刪奏宗廟議，非毀鄭云，祖護王肅，俗學蔽錮，彼時已然，議九百餘字，新傳刪僅存三十餘字，太略，不見其意。

舊褚亮傳敘其曾祖、祖父三世官位，而云並箸名前史，新盡削其官，但云，皆有名梁、陳閒，差可，但舉其曾祖及父，獨刪其祖名，則吾不知其成何義例，三人名位略相等，無優劣也，大業中，奏宗廟議，非毀鄭玄，祖護王肅，俗學蔽錮，彼時已然，議九百餘字，新刪僅存三十餘字，太略，不見其意矣，諫唐高祖獵二百三十餘字，新全刪去，但云懇惻致諫，此等迂談無關典故，刪之差可，予得亮墓碑，為太常博士，在隋大業七年，為秦王文學，在唐武德元年，皆見於碑，舊皆無年也，新則凡年月皆刪，必使事不繫年，後人若欲作編年史事，幾無所麗，此舊所本無者，不必言矣，太子入春宮，除太子舍人，遷太子中允，貞觀元年，為宏文館學士，新盡刪去，皆非，先封陽翟男，後進侯，新刪男尚差可，卒贈太常卿，新、舊同，碑篆額大唐褚卿之碑六字，據贈官也，舊又載亮二子，長子遂賢，守雍王友，次子遂良，自有傳，金石錄二十四卷有陽翟侯夫人陸氏墓志，即遂賢妻，碑云，子□□，襲封陽翟侯，名雖漫，要即遂賢也，新傳竟削遂賢不載，餘詳金石錄。

又卷八十九〈李晟大功舊傳為詳〉條，李晟傳，舊傳敘述吐蕃寇劍南事甚詳，共七

千餘字，新書幾無所增，反刪其字，只存四千二百餘字。

　　　　舊李晟傳，吐蕃寇劍南，時節度使崔寧朝京師，三川震恐，新改云，
　　吐蕃寇劍南，方崔寧未還，蜀土大震，敘事一也，本無差別，乃必強刪改
　　之，突出崔寧，不知何人，混稱未還，究在何處，宋祁之妄，大率如此。

　　　　舊傳最爲詳贍，共七千餘字，新無所增，而多所刪，只四千二百餘字。

宋祁在列傳編纂上，由於一味追求簡明，刪削許多不當刪之文字，如宋人馬永卿所
輯之《元城語錄解》中所指：「唐書進表云，其事則增於前，其文則省於舊，且新書
所以不及兩漢文章者，其病正在此兩句也。」〔註 25〕顧炎武論云：「列傳出宋子京
之手，則簡而不明」〔註 26〕。由此可見新書事增於前，文省於舊，既是優點，亦是
缺點。

　　新書除刪削舊書，亦有改義與舊書異，致使史實不符。先生引《通鑑》、顏公〈神
道碑〉及〈新宰相年表〉，加以證明傳令璟出者爲內史楊再思，而非新傳所指爲姚璹。
如：

卷八十七〈楊再思宣敕令璟出〉條：

　　　　舊傳，長安中，張昌宗私引相工李宏泰觀占吉凶，言涉不順，爲飛書
　　所告，璟廷奏請窮究其狀，則天不悅，內史楊再思恐忤旨，遽宣敕令璟出，
　　新傳於此事則傳宣令璟出者爲姚璹，非再思。攷通鑑第二百七卷長安四年
　　十二月敘此事，正與舊書同，而顏公所作神道碑於此則云，內史令出，新
　　宰相年表，長安四年七月，左肅政臺御史大夫楊再思守內史，則碑云內史，
　　正謂再思，再思黨於張易之、昌宗，媚悅取容，時號兩腳狐，姚璹未聞，
　　有此，新書務改舊以求異，不顧事實。

又如卷八十八〈郭子儀討周智光〉條，智光爲帳下將軍所斬，獻智光首於郭子儀，
並非如 新本紀所云「郭子儀討周智光伏誅」。

　　　　新叛臣周智光傳，大曆二年，詔郭子儀密圖之，子儀得詔未行，帳下
　　斬其首來獻，舊智光傳略同，而本紀云，二年正月丁巳，密詔子儀討智光，
　　甲子，智光帳下將斬智光首以獻，此爲得實，獨孤及毗陵集第四卷賀擒智
　　光表云，朝命將帥，夕殲渠魁，此夸言之，其實相距八日，新本紀云，丁
　　巳，郭子儀討周智光，甲子，周智光伏誅，此不當言伏誅，亦不如舊紀。

又卷九十二〈王同皎傳新改舊非〉條，新書改舊傳，致使史實發生始末難以連貫。

〔註 25〕史蘇苑〈宋祁—燭光簾影撰史篇〉《中國古代史學人物》（台北：國文天地雜誌社，
　　　　1989 年），頁 176。
〔註 26〕顧炎武《日知錄》卷二十六〈新唐書〉（臺灣商務印書館，1978 年），頁 112。

如新傳不書悛與祖雍、同皎爲同謀者，而悛已背同皎從三思事，突使其中變告細節難以貫串。又新傳不書睿宗誅悛、祖雍之因，睿宗之誅悛、祖雍，則以其背同皎而從三思也，新傳不說明被誅原因，殊令讀者茫然。

> 新王同皎敘其與張仲之、祖延慶、周憬、李悛、尹祖雍謀殺武三思，後因仲之、延慶漏泄其謀，爲三思所覺，其下即言三思遣悛上急變告同皎，帝怒，斬同皎，仲之、延慶皆死，憬自剄，其下則言睿宗立，復同皎官，諡忠壯，誅祖雍、悛等，此事就使所書果實，而紀載之體，已屬大亂，殊令讀者茫然，何則，悛、祖雍本與同皎同謀者也，乃三思即遣悛告之，則悛已背同皎而從三思，此處須提明一句方醒目，豈可平平敘述，一若其上文並無同謀之說者，至祖雍一人獨不見下落，睿宗之誅悛，則以其背同皎從三思也，而亦誅祖雍，然則祖雍亦背同皎從三思者，乃其上文絕未提明，突出誅祖雍、悛等一句，尤爲蒙混，今以舊書勘之，復與新大相刺謬，始與同皎同謀者，但有尹祖雍、周憬，無仲之、延慶及悛，或者傳聞異詞，在新書別有所據，若祖雍，據舊書本同謀，後反以其計密告三思，小人傾險，與崔湜之善桓彥範等同謀去三思，後反以告三思正同，新書反不著其始同謀後又噬之狀，恐非是。

先生比較新、舊二書體例，以爲新書勝於舊書在於，其一，在於新書沿襲舊書所立品目，又特變前例而別爲一體，較易分別。如方鎮之守臣節者，既入列傳，其餘桀驁自擅，而猶羈縻爲臣者，則自名藩鎮傳，而聚於酷吏以下。其因此輩皆未至於叛而近於叛，故其位置如此。其二，惡之甚者爲姦臣，敢爲悖亂者爲叛臣，稱兵犯上僭竊位號者爲逆臣，以上皆創前史之所未有。卷八十五〈新書刱立體例遠勝舊書〉條，先生舉出舊書忠佞並箸，愚智兼載，不如新書體例分類明白。

> 愚謂新唐書固遠勝舊書，何則，新書於希烈傳中以希烈與梁崇義、李納、朱滔、田悅謂之五賊，舊書於史憲誠等傳論中說河北凶橫之狀，謂之魏、鎮、燕三鎮，謂魏博、鎮冀、幽州也，即李寶臣、李懷仙輩，皆跋扈無君，舊書乃與諸傳平列，毫無分別，可乎，故知新書所改是也。舊書之尤可怪者，安祿山傳後有高尚、孫孝哲，是矣，乃朱泚既與祿山等同列，則姚令言源休輩助逆醜徒，正當附泚傳，此侯景傳後附以王偉例也，乃又提令言與休入前列傳中，此更錯亂之，至新書泚傳中既附令言等事，極是。

舊書列傳爲一百五十卷，記有一千一百八十餘人，新書列傳幾有三分之二爲宋祈所執筆，宋祈刪去舊書中六十一傳，新添三百三十一傳，並新創〈公主〉、〈蕃將〉、

〈宗室宰相〉、〈藩鎭〉、〈奸臣〉、〈叛臣〉、〈逆臣〉等傳，此皆刱前史之所未有〔註27〕。再者，宋祈調整了一部分列傳的編類及位置，糾正舊書紀次無法之缺失〔註28〕。如在體例上，舊書一事而各傳並見其文，重複者多，俱宜歸併一處，不致顯得煩冗。如舊書王威、高君雅反，此事〈政會傳〉同劉文靜傳重出，宜歸併一處。〈元吉傳〉與〈李綱傳〉重複元吉棄城遁歸事凡四五百字宜合之。〈房玄齡傳〉與〈神通傳〉皆載皇從父淮安王神通與房玄齡爭論一段，宜合之。〈仁傑傳〉與〈俊臣傳〉皆載俊臣脅狄仁傑反事，宜合併之。〈曹憲傳〉與〈文苑傳〉皆敘李善事，宜合之。又〈楊炯傳〉與〈禮儀志〉皆載炯所議冕服之制，宜歸併一處。至於歸併一處，先生認爲，非謂已見彼傳，此傳可不見，但宜詳於一傳，而於他傳之互見者，則刪之極簡，云詳某傳，如此乃爲得體，既令事蹟詳明，又不煩浪費筆墨。如：

卷八十四〈一事並載各傳文複宜併〉條：

> 舊書一事而各傳並見其文重複者多，俱宜歸併一處，如劉文靜傳，文靜與劉政會投急變告副留守王威，高君雅反，此事政會傳又重出之，宜歸併一處，李綱傳，巢王元吉授并州總管，宇文歆爲佐，放縱攘奪百姓，歆上表奏之，坐免，尋又復職，劉武周來攻并州，元吉棄城遁歸，高祖欲斬宇文歆，綱諫止之，後元吉傳與綱傳重複者凡四五百字，宜歸併一處，房玄齡傳，貞觀元年，論功行賞，以玄齡等爲第一，皇從父淮安王神通與之爭論一段，已載神通傳，宜歸併一處，酷吏來俊臣傳，脅狄仁傑承反，不肯從，王德壽牽楊執柔書被頭帛，寄子光遠訟冤，俊臣又代爲謝死表，召見，知其僞，得出，此事已見仁傑傳，但俊臣傳視彼稍詳，宜歸併一處，又李善、曹憲之弟子，而邕之父也，舊書於儒學曹憲後附李善傳，而邕在文苑傳，又復詳敘善事，兩處雖稍有詳略不同，然大概無異，宜歸併一處，又楊炯傳載炯所議冕服之制，多與禮儀志複出，宜歸併一處，所謂歸併一處者，非謂已見彼傳，此傳可不見也，但宜詳於一傳，而於他傳之互見者，則刪之極簡，云詳某傳，如此乃爲得體，既令事蹟詳明，又不煩浪費筆墨。

再者，舊書將孔穎達、顏師古、馬懷素等歸類在一般列傳中，但宋祈皆因深於經學，故而改在〈儒學傳〉中。李善、李賀等，舊書歸入列傳，而宋祈因其優於詞學，而改編歸入〈文苑傳〉。武則天父親武士彠、楊貴妃兄長楊國忠，宋祈亦改置於〈外戚傳〉，丘神勣因、周興、來俊臣因其肆毒，新書從其祖父丘和傳中改入〈酷吏傳〉；

〔註27〕同註25，頁172。
〔註28〕同註25，頁174。新書調整了一部分傳的編類和位置，如新書改動了舊書「美惡不分，薰猶同器」紀次無法的弊端。

又舊書偏重於時代和家族關係，往往將同一時代、地位相近或一個家族之內的人合在同一列傳中，如卷八十四〈美惡宜別卷〉條，王及善、杜景儉、朱敬則均為清官正人，舊書卻同巧佞邪媚的楊再思同置一列傳中，難怪先生論其非其類。凡作史者美惡必宜別卷，所以類族辨物，使薰蕕異器，閱者一覽可知，舊書不然。

> 凡作史者美惡必宜別卷，所以類族辨物，使薰蕕異器，閱者一覽可知，舊唐書不然，姚璹邪佞乃與狄仁傑同傳，王及善、杜景儉、朱敬則皆屬清正，而以楊再思小人與之同卷，亦非其類，新書則及善、景佺自與王綝等同卷，朱敬則與狄仁傑、郝處俊同卷，再思改為與宗楚客、祝欽明等同卷，欽明鄙劣小人，舊乃入儒學傳，新改之極當。又如僕固懷恩之反，辛雲京釀成之，而舊乃與李光弼同卷，李正巳背叛，而舊乃與薛嵩、令狐彰、田神功同卷，陸宸非小人，舊至與柳璨相次，凡此皆以新書所改為允，若劉元佐、董晉、陸長源、劉全諒四人者，情事相連，舊合為一卷，尚可，乃將李忠臣、李希烈、吳少誠及弟少陽、子元濟一并攙入同卷，亦為非類，新改忠臣入叛臣，希烈、入逆臣，是也，但元濟不入叛臣，則又未妥。

姚璹邪佞而與狄仁傑同傳，王及善、杜景儉、朱敬則均為清官正人，舊書卻同巧佞邪媚之楊再思同置一卷，難怪先生論其非其類。新書則將王及善、杜景儉與王綝同卷，朱敬與狄仁傑、郝處俊同卷；而楊再思改與宗楚客、祝欽明同卷。又欽明為鄙劣小人，舊書置之〈儒學傳〉，新書改之。又新書將李忠臣入〈叛臣傳〉，李希烈改入〈逆臣傳〉等，先生以新書所改為允。

先生評議舊書在列傳體例上有三樣缺失，除美惡不分、薰蕕同器。又卷八十四〈可以無傳而有傳〉條，先生論析趙涓、李紓、鄭雲達官非要重，又無大功大過，皆可不必立傳，舊書皆入列傳，殊為煩冗。

> 趙涓、李紓、鄭雲達官非要重，又無大功大過，皆可不必立傳，舊皆什列傳，殊為煩冗。新既稱為文省於舊，於此等正宜省之，乃仍存之，又取舊書忠義中之庾敬休，儒學中之徐岱、馮伉，文苑中之王仲舒，併入共為一卷，實皆可以不載者，明知其贅而闕論贊，則更為非體矣，敬休之祖父，不過遇亂逃匿，未嘗有抗節不撓，捐驅殉國之事，未可言忠義，至敬休安流平進，乃列為忠義，殆因其祖父而誤入之，舊書之謬，于此為甚，改入列傳，雖稍有實，敬休亦可無傳，又舊良吏中如閻濟美者，新改為列傳，此求異於舊書耳，其實此人毫無事蹟，刪去可也。

又卷八十四〈當有傳而無傳〉條，先生論析舊書當立傳者反無，而新書補之甚善。

> 裴樞舊附在裴遵慶傳，而與樞同死之獨孤損、崔遠、陸宸、王溥、趙

崇、王贊，皆并命於白馬驛者，惟辰有傳，餘皆不見有傳，此爲闕事，又
舊宦官中無仇士良，此疏漏之甚者，新書補之甚善，此外應載而不載者，
兩書皆有之。

新書諸傳較舊書多大同小異，或刪其蕪詞，或補其未備，無有大相逕庭者。然
新書有刪舊書，亦有增於舊書，非特於舊書各傳內增事跡，并有舊書無傳，而新書
增傳。或是舊書雖已有傳，但史跡不夠充實，故新書在此類增加了材料。如卷八十
六〈李軌傳舊不如新〉條，新書補舊書未交待清楚之細節，「仲琰候碩不爲起，仲琰
憾之」諸字，方使事情承續明晰，不致於突兀。

舊李軌傳，先敘安修仁本與胡助軌舉事，其後梁碩勸防察諸胡，碩與
修仁由是有隙。由是二字遙應前文，乃其下突接又軌子仲琰懷恨形於辭色，
則絕不知其何故，新書補之云，仲琰候碩不爲起，仲琰憾之，舊不如新。

又卷八十六〈長孫順德發疾〉條，先生論舊書無「順德喪息女感疾」句，致使下文
語皆無根。

舊長孫順德傳，順德發疾，太宗鄙之，謂房玄齡曰，順德無慷慨之節，
多兒女之情，此疾何足問也。新書云，順德喪息女感疾，舊無此句，則下
文語皆無根，舊不如新。

又卷九十二〈舊周利貞傳太略〉條，舊書太略，而新書則甚詳備。

舊酷吏周利貞傳，玄宗正位，利貞與薛季景、宋之問同賜死於桂州驛。
桂州新書作梧州，此傳舊書太略，而新書則甚詳備，描摹小人素行之醜，
及其枉殺諸功臣冤慘情狀，無不曲盡，實遠勝於舊書。

又卷九十〈杜悰常延接寒素〉條，舊書記悰無他才，常延接寒素，但先生引桐鄉馮
先生注李義山詩，知舊書此條記載不實，而新書言悰才不周用，出入將相，厚自奉
養，未嘗薦進幽隱，爲得其實。

舊杜悰傳，悰無他才，常延接寒素，甘食竊位而已，原本同。桐鄉馮
先生浩注李義山詩，據說家以駁舊書，此條之誤，甚精。新書則云，悰才
不周用，出入將相，厚自奉養，未嘗薦進幽隱，爲得其實，舊不如新。

又卷九十二〈魚朝恩傳新舊互異〉條，新書對於宦官魚朝恩恣橫之狀，描摹曲盡，
大半皆舊書所無。其資料采錄來源，乃新書擇取蘇鶚《杜陽雜編》卷上所記，故先
生言，新書好采小說，如此，采之有益，而舊書不采，故舊不如新。

宦者魚朝恩恣橫之狀，新書描摹曲盡，大半皆舊書所無，至如朝廷裁
決或不預，輒怒曰，天下事有不由我乎，養息令徽尚幼，服綠，與同列爭，
朝恩見帝，請得金紫，帝未答，有司已奉紫服於前，令徽稱謝，此皆出蘇

鷯杜陽雜編卷上（見商濬稗海），新書好采小說，如此種采之卻甚有益，舊書不采，使朝恩惡不著，固可恨，若其死也，新言帝與元載密謀，結其黨周皓，寒食內宴，朝恩乘小車入宮，皓與左右擒而縊殺之，情事如繪，必得其實，舊書寥寥數語，但云，寒食宴罷，詔留之，朝恩言頗悖慢，上不之責，朝恩還第自經卒，彼時朝恩聲勢尚張，既不之責，縱使還第，安肯遽自經，此全非情理，舊不如新。

又卷九十二〈黃巢傳二書詳略甚遠〉條：

> 黃巢傳，新書幾及六千字，而舊書只一千六百餘字，詳略相去甚遠，舊又全載閹人楊復光破賊收復京師露布，約七八百字，而新書但以楊復光獻捷行在一句了之，舊書遺漏巢事多矣，新於已斬王仙芝餘黨潰歸巢推巢為主之下，敘巢掠淮南敗於申州，又破考城，取濮州，掠襄邑、雍邱，寇葉陽、翟，窺東都，連敗，詣天平軍乞降，又叛去，轉寇浙東，破虔、吉、饒、信等州，趨建州，圍福州，然後陷桂管，寇廣州，然則巢未入廣州之前，有如許曲折，舊乃盡略去，直云，南陷湖、湘，遂據交、廣，其自廣疫死十三四而北歸瑜嶺也，所寇掠之地亦甚多，節次曲折，凡有數層，方及陷東都，而舊亦盡略去，但言犯湖、湘、江、浙，逼廣陵，渡淮，陷洛陽，破潼關，入京師矣，即此以觀，則舊書遺漏之多可知，宋無名氏平巢事蹟一卷（見陸烜奇晉齋叢書），載巢事頗詳，譔者當係宋初人，新書大半采之，事蹟考所無，則又別據。

新書〈黃巢傳〉幾近六千字，詳細敘述黃巢起兵事南征的路線，增加了該傳的史料價值。而舊書只一千六百餘字，二書之間詳略有別。舊書遺漏黃巢事多矣，而新書參據宋人所著之《平巢事蹟考》一卷，載黃巢事蹟頗詳，新書大半采之，至於事蹟考所無者，則新書又別有據，遂載巢事甚詳，此乃舊書所不及處。如趙甌北《廿二史箚記》卷十七〈新書增舊書處〉所云：

> 五代紛亂之時，唐之遺聞往事，既無人記述，殘編故籍，亦無人收藏。雖懸詔購求，而所得無幾，故舊唐書援據較少。至宋仁宗時，則太平已久，文事正興，人閒舊時記載，多出於世，故新唐書採取轉多。今第觀新書藝文志所載，如吳兢唐書補闕記、王彥威唐典、蔣乂大唐宰輔錄、凌煙功臣、秦府十八學士、史臣等傳、凌璠唐錄政要、南卓唐朝綱領圖、薛璠唐聖運圖、劉肅大唐新語、李肇國史補、林恩補國史等書，無慮數十百種，皆舊書所無者，知新書之文省於前，而事增於舊，有由然也。

誠如甌北論析，新書詳於舊書者，實因資料書籍甚於前代也。而宋祈在列傳部分所

增補，在客觀上而言，是時代所賜。宋祈修撰新書列傳時，宋代已歷太祖、太宗、真宗三代八十多年的恢復發展（西元960～1023），經濟文化日益發達，而唐代典籍紛紛出現，有些是舊書修撰時不曾所見，而成為新書增補材料之豐富泉源。故宋祈新書列傳部分與舊書列傳相異者有三：一為宋祈所增補新的傳有七目〈公主〉、〈蕃將〉、〈宗室宰相〉、〈藩鎮〉、〈奸臣〉、〈叛臣〉、〈逆臣〉等。其次，充實之舊書中傳的內容，再其次，調整了列傳的編類和位置。

在地理方面，《新唐書》優於《舊唐書》，如先生言「大約新書諸志表多能補舊之缺，而新地志尤遠勝於舊地志」（卷七十九〈天祐〉條），蓋新書〈地理志〉詳述唐朝地理沿革、州縣等第，記載了軍府設置、物產分布、水利興廢等情況，增補了不少舊志所無之資料。如卷七十九〈天祐〉條：

> 舊地志據天寶十一載地理，如京兆府下云，舊領縣十八，天寶領縣二十三，新地志不言據何年，則是據最後為定矣，故京兆府下雖列天寶元年戶口數，其領縣二十，卻非天寶，乃據最後，大約各府各州郡皆然，考此府之屬縣，比舊少櫟陽、盩厔、奉先三縣，櫟陽在華州華陰郡下，奉先在同州馮翊郡下，俱注天祐三年來屬，盩厔在鳳翔府扶風郡下，注天復元年來屬，其據最後甚明，舊志既自言唐末亂不可備書，故據天寶，而新書雖往往有意欲與舊書乖違，然漢元始王莽擅命，而班氏據之，前例可循，則天祐賊臣朱溫所建置，正與漢事類，新志自可通，惟漢戶口亦據元始，新志則戶口據天寶，建置據天祐為異，大約昭宗之世，分離乖隔，戶口版籍，都無足據，史家於此亦有不得已者，然則新志之例，敘各道疆域，則以開元十五道為正，敘戶口，則以天寶為正，敘州郡建置沿革，則以天祐為正，三者似屬多歧，其實乃苦心參酌所宜而定，大約新書諸志表多能補舊之缺，而新地志尤遠勝於舊地志。

新地志遠勝於舊地志，但《新唐書》地志之疵累，則又有實事欲求簡明，任意改削之弊。先生《商榷》卷八十〈新舊地理雜校誤〉條，即是考證比較新、舊地理，其中多涉於文字校正。又卷七十九〈羈縻州〉條，新志以省文好改舊書為目標，故於羈縻州改舊志各綴於每道之下為總聚於後，別立一目，反較舊書明淨。

> 羈縻州，舊志各綴於每道之下，殊嫌冗贅，新志改為總聚於後，別立一目，較為明淨。

新舊二書比較，新書有是有非，舊書亦有不及新書處，故二書比較，互有短長，如卷八十五〈新改舊有是有非〉條，先生辨析新書改舊書，不但增損改易其正文，其標目名號，位置先後，分合編類，亦移動十之七八，故平心而論，有是有非。如：

陳子昂舊入文苑，是也，新改列傳，非也。劉蕡舊入文苑，非也，新改列傳，是也。李巨川舊人文苑，非也，新改叛臣，是也。劉子元之孫滋舊別為傳，非也，新改附子元傳，是也。嚴挺之之子武舊附挺之，是也，新改為父子各自別傳，非也。陽城大有關繫，當入列傳，舊在隱逸，固係大謬，新改卓行，尚嫌偏隘，皆非也。張嘉貞與其子延賞相繼為宰相，而俱不得為賢，舊書因其事蹟頗多而各傳，固宜，新書因其皆無大功大罪而合傳，亦通，皆是也。子孫無大善而別傳，舊書此病已見呂夏卿直筆新例者，此不重出。邵氏經邦曰，新書韓愈、柳宗元不居文學，段秀實、顏真卿不列忠義，李淳風、呂才不歸方伎，皆非是。案，史例，其人其事大者著者為列傳，微而不著者別為文學、忠義等傳，韓、柳等入列傳，正史例也。

先生略舉諸例做為說明新改舊有是有非，如陳子昂舊書入文苑傳為是，新書入列傳為非。嚴挺之之子武舊附挺之為是，新書改為父子各自別傳為非。劉蕡舊書入文苑傳為非，新書改入列傳為是。李巨川舊書入文苑傳為非，新書改入叛臣為是。劉子元之孫滋舊書別為傳為非，新書改附子元傳為是。亦有新、舊二書皆非，如陽城當入列傳，舊書入隱逸，新書改入卓行皆非也。或張嘉貞與其子延賞相繼為宰相，而俱不得為賢。新、舊二書以見解不同，舊書因其事蹟頗多而各傳，新書因其皆無大功大罪而合傳，二者皆是也。又卷八十七〈薛收歷官〉條，先生論析新書刪去薛收文學館學士官職為非。行狀於判陝東上有上開府，汾陰男上有上柱國，新、舊皆略，又新、舊書皆失書收子元超之名，蓋唐人多以字行故耳。

舊薛收傳敘收歸唐授秦王府，主簿，判陝東道大行臺金部郎中天策府記室參軍，封汾陰縣男，兼文學館學士，卒贈定州刺史，又贈太常卿，新書刪去文學館學士，楊炯盈川集第十卷薛振行狀敘其父收亦有此一官，新刪，非，行狀於判陝東上有上開府，汾陰男上有上柱國，則新、舊皆略去，行狀有諡曰獻，新、舊皆刪，非，新、舊皆云收子元超，而行狀則云振字元超，唐人多以字行，新、舊遂失書其名，皆非。

又卷八十七〈薛元超歷官〉條，新、舊書皆有所刪，所刪處有不當

薛元超歷官，新、舊書略同，惟於拜東臺侍郎之上，舊有出為饒州刺史一節，楊炯作行狀亦有之，謂在饒凡六年始復入，而新書刪去，非是，又高宗幸洛陽，元超留侍太子監國，新、舊書皆有，而行狀於此又有兼戶部尚書，新、舊皆刪，亦非，新、舊言元超薦人，有任希古、高智周、郭正一、王義方、孟利貞、鄭祖元、鄧元挺、崔融，而行狀又有顧徹、沈百儀、賀覬、顏強學，新、舊書皆刪，亦非。

又卷八十七〈秦莊襄王四十八年〉條，此條先生以新、舊二書相校，發現莊襄當作昭襄，襄王皆脫一昭字，其誤同。

> 舊呂才傳，才駁祿命書不驗云，史記，秦莊襄王四十八年，始皇帝生，宋忠注云，因正月生，乃名政，依檢襄王四十八年歲在壬寅，計其崩時，不過五十。攷史記秦本紀及六國表，秦昭襄王之子爲孝文王，孝文王之子爲莊襄王，莊襄王之子即始皇帝，始皇帝於昭襄王四十八年壬寅生，乙卯即位，在位三十七年，辛卯崩，年五十，此文前云莊襄，當作昭襄，後云襄王，脫一昭字，新、舊誤同。

又如卷九十〈李寶臣傳異同〉、〈李元諒傳互異〉、卷九十一〈牛僧孺新舊互異〉、卷九十二〈王守澄傳新舊互異〉諸條，皆論新、舊二書記載內容有異，各有不盡善者。

新書好改舊書，往往求異於舊書，如新、舊志外官次序不同，新書不過顛倒其前後次第，而舊書敘次何嘗不妥，故此新、舊書敘外官敘次爲異耳。如卷八十一〈新舊志外官序次不同〉條：

> 新官志末卷，特標外官二字提行，自天下兵馬元帥以下，至防禦使一條止，皆使持節官，非守土之官，故多以使名者，如元帥都統招討總領兵馬，皆爲征伐而設，事平則罷不設，節度以下，則有觀察、團練、防禦、經略，凡五等，自西都、東都、北都牧以下，則皆有職守者，猶今所謂地方官，敘次甚明析，然舊官志於東宮官屬、王府官屬之後，繼以州縣官員四字標題，即詳載三府都督、州縣都護等官，然後載節度元帥招討防禦團練等使，新書不過取而顛倒其前後次第耳，究之如舊書敘次，亦何嘗不妥，新書往往求異於舊書，惟官志多同，而此篇則以敘次爲異。

又新、舊二書在諸臣或卒或薨書法上，並未相同，如舊紀於諸臣之卒，或書卒，或書薨，隨便書之，並無義例可循。新紀於臣之卒概書薨，爲畫一之筆法，然舊紀皆書其官，新則皆去之，此二書差異也。如卷七十〈諸臣或卒或薨〉條：

> 舊紀於諸臣之卒，或書卒，或書薨，隨便書之，無義例，新紀概書薨，爲畫一，然舊紀皆書其官，新則皆去之，舊是，新非也，新紀殺某人，或官或不官，或云有罪伏誅，或云伏誅，如貞觀十七年四月書漢王元昌、侯君集等伏誅，十九年五月書遼東道行軍總管張君乂有罪伏誅，十二月書殺劉洎，二十二年七月書殺華州刺史李君羨，其義例之參錯不一，皆不可解。

新舊二書比較互有短長，在傳記上亦有詳略，互有缺失，故二書可互相參看，可爲互補，如卷八十八〈郭知運傳互有詳略〉條，舊有新無，或舊無新有，其不足處，參較之下，可得史實全貌。

　　　郭知運傳，新、舊互有詳略，如以戰功累除左驍衛中郎將瀚海軍經略使，轉檢校伊州刺史，兼伊吾軍使，舊有新無，副郭虔瓘破突厥，舊書書其時曰開元二年春，新刪去，以破突厥功加雲麾將軍，擢右武衛將軍，新刪雲麾，又改武衛爲驍衛，吐蕃入寇，新有，彼將名曰坌達延乞力徐，舊無，以敗吐蕃功進階冠軍大將軍，兼臨洮軍使，又以功兼隴右經略使，營柳城，舊亦無冠軍大將軍、經略使二官，獨孤及毗陵集第六卷知運諡議書銜有之，不當刪去，卒年五十五，上元中，配饗太公廟，永泰初，諡曰威，舊亦皆無，威之諡，即獨孤及所議也，及集又附左司員外郎崔廈駁諡議，據禮，賜諡當在葬前，知運承恩詔葬向五十年，追請易名爲非禮，案，知運卒於開元九年，至永泰元年，凡四十五年，故曰向五十年，及又援引經傳以駁崔廈爲一篇，洋洋六百二三十字，雖近理，頗辭費，而崔廈以爲因知運之子英又位表端揆，附從者竊不中之禮，作無妄之求，其言卻侃直。

又卷八十九〈陸贄論裴延齡〉條，新、舊書皆有缺失，但二者相看，新書亦可補舊書之缺。

　　　裴延齡聚斂之臣，讒諂面諛之人也，陸贄論延齡姦蠹書，載文集奏議第七卷，長至五千九百餘字，舊書延齡傳雖刪節，所存猶不下二千三百字，此不獨關唐代興衰，實可備千秋鑑戒，載之豈嫌太繁乎，新書乃盡削去，僅存數語，非是，舊於延齡死後書贈太子少保，新作太子太傅，恐當從新，新并及永貞初度支言延齡列別庫分藏正物，無益而有吏文之煩，改歸左藏，又元和中有司追諡曰繆，此能補舊書之缺，亦佳。

又史家列傳之體，每人輒名字並舉，爲其常例，然《舊唐書》各傳亦舉其字，而其無字者則甚多。先生以《新唐書》考之，亦以碑證明，列舉其字以明新書必非妄造，亦可補舊書之不足。如卷八十四〈舊書各傳無字者多〉條，先生列舉舊書一百一十七人，舊書皆無字，以新書考之補其字，論新書必非妄造，此舊書不如新書。又有十三人，舊書皆無字，而新書則補之，由以字行者，或以字顯者，並當以新書爲正。又舊書有李嗣業、張嘉貞、郭子儀、劉允濟諸人，舊書皆無字，而新書所云，恐須商榷。又新、舊書各有字而不同，或鄉貫不同，先生以新、舊二史互爲對校，見其差異。

　　二書比較，瑕瑜互見，先生肯定舊書並不可廢，其論贊評斷精確，自足傳之久遠，只是文法排儷，稍嫌板實而已。然新贊盡黜舊文，駕空凌虛，自成偉議，欲以高情遠識，含誇前人。又新書史論好用嗚呼，故爲紆回頓挫俯仰揖讓之態，其末輒作複句如「可謂難哉」、「可不愼哉」等言語，有一唱三嘆，欲使讀者咀之有餘味，

悠然自得其意于言外，先生謂此爲欲求勝舊書使然，然而以平心觀之，舊書自有勝處，非可盡廢。如卷七十〈新書盡黜舊書論贊〉條：

> 司馬氏於紀傳世家，每篇綴以評斷，此論體也，班氏因之，乃不稱論稱贊，范氏則每篇並用兩體，論無韻，贊有韻，而且整比其句，概作四言，范氏是也，以後史家多遵之，而舊唐亦然，宋人復班式，以散文呼贊舊論不過文法排儷，稍嫌板實，然評斷精確，自足傳之久遠，新贊盡黜舊文，駕空凌虛，自成偉議，欲以高情遠識，含跨前人，於高祖不說高祖美惡，而統言三百年大勢，此脫題文章也，太宗亦不甚著題，轉尚論三代諸君，高宗則借周幽王爲波湍，此題外生枝也，中宗、睿宗舊雖作一卷，然仍各論，新乃并中宗於武后，睿宗於玄宗，方共爲一贊，武后中宗則先泛說武后之入紀合春秋書法，而中宗直以駕空了之，睿宗玄宗則但說玄宗，而直略過睿宗，置之不議，其行文多入語助，好用鳴呼，故爲紆回頓挫俯仰揖讓之態，其末輒作複句云，可謂難哉，可不愼哉，層見疊出，一唱三嘆，欲使讀者咀之有餘味，悠然自得其意於言外，此皆宋人所以求勝舊書者也，窺其意，恨不得盡改舊書爲快，但紀傳實事有不能盡改者耳，一遇論贊，遂奮筆全易之，幸舊書未致泯滅，今日平心觀之，舊書何可廢邪。

> 舊贊雖於本事無益，然衍釋其義，諧之以韻，讀之覺文意顯暢，要自可存，毅然廢之，亦爲鹵莽。

又先生論舊志於前代沿革敘述甚詳，而新志惟舉唐之建置，於前代盡去之，又似太略。（卷七十九〈前代沿革〉條）又在卷八十一〈舊官志敘首〉條贊云：「此篇洗眉刷目，提綱挈領，最佳，六典、通典皆無之，惟見舊志，而新志一概刪去，非也。」皆說明新書之不足，而對舊書的一大肯定。是故，舊書之作，多本國史實錄，長慶以前之本紀列傳，確較新書爲詳贍，故司馬光修《通鑑》，悉據舊史，於新書無取（卷六十九〈通鑑取舊書〉條）。夫新書之長，即在於長慶以後舊書所不能詳者，悉加緝綴，大體略備，紀傳固然，而志表尤勝於舊書，列傳次之，本紀最下（卷六十九〈二書不分優劣〉條），故新書之可貴，不在改撰，而在補綴，故金靜庵云，清人沈炳震悟得新、舊二書之優劣短長，遂輯《唐書合鈔》二百六十卷，「本紀列傳悉用舊書，志表多用新書，而以他一書之異同，及可補闕遺者，分注於下，並爲宰相世系表作訂誤數卷，此折衷於新舊兩書之間，棄其短而取其長，最爲得作史之意者也〔註29〕。」顧炎武論「舊唐書雖頗涉繁蕪，然事蹟明白，首尾該贍，亦自可觀」，論「新唐書志，

〔註29〕同註21，頁124。

歐陽永叔所作，頗有裁斷，文亦明達。」〔註30〕皆是肯定新舊《唐書》必有可觀處。

五、《舊五代史》與《新五代史》比較

歐陽修《新五代史》是不滿薛居正的《舊五代史》而編寫的，薛史長處是材料較多，敘事較詳，其短處是文辭繁穢，議論平庸；而歐史注重書法褒貶，敘事比薛史簡略，故二書比較，如趙甌北《廿二史劄記》卷廿一〈歐史不專據薛史舊本〉條言：

> 薛史第據各朝實錄，故成之易，而記載或有沿襲失實之處。歐史博採群言，旁參互證，則真偽見而是非得其真，故所書事實，所紀日月，多有與舊史不合者，卷帙雖不足薛史之半，而訂正之功倍之。文直事核，所以為良史也。

二書所采用資料，何義門謂歐史多取小說，薛史本之實錄者皆多。采實錄中必多虛美，而各實錄亦多係五代之人所修，粉飾附會必多，如薛史以溫為舜司徒虎之後，又言生時廬舍有赤氣，熟寐化為赤蛇。又薛史所載機祥圖讖頗繁，皆得實錄所致，而歐史盡削去此類怪誕之說，采小說補入實錄所無，愈見生動。如歐史溫兄全昱傳，載其飲博取骰子擊盆，呼曰：「朱三，爾碭山一百姓，滅唐三百年社稷，將見汝赤族云云。」但梁太祖實錄全昱傳但言其朴野，常呼帝為三，諱博戲事，故薛史全昱傳亦不載博戲詆斥之語，而歐史采小說補入最妙。又歐史〈萇從簡傳〉載其好食人肉，所至潛捕小兒為食，此等當出小說所載，其事必真，薛史無之。（卷九十三〈歐史喜采小說薛史多本實錄〉條）又論南漢事，因歐史旁采小說以益之，故較薛史據實錄所述為詳。如卷九十七〈南漢事歐詳薛略〉條：

> 僭偽諸國，皆歐詳薛略，蓋薛據實錄，實錄所無，不復搜采增補，歐則旁采小說以益之，南漢世家載劉鋹信任閹人龔澄樞，澄樞託左道蠱，鋹亂政致亡，其事甚備，而薛史皆不及。

先生論五代實錄，皆無識者所為，不但為尊者諱，即臣子亦多諱飾（卷九十三〈歐史喜采小說薛史多本實錄〉條）。儘管五代時期戰火頻仍，但歷朝實錄保存完好，都是編撰五代史之有利條件。但參加修史諸臣，多數是歷仕數代之前朝舊臣，因而在輿論上不得有所保留，並為自己行為加點掩飾，如對馮道的評價，「鬱有古人之風」、「深得大臣之體」、「事四朝、相六帝可得為忠乎」（《舊五代史》卷一二六〈馮道傳〉）前後不協調的評價，大體最能體現薛居正等人之複雜心態。又如對霍彥威、王晏球之評論，稱其：「才之良者，在秦亦良，在虞亦良也。故彥威而下，昔為梁臣，不虧

〔註30〕同註26，頁111～112。

亮節，泊歸唐祚，亦無醜聲。」（《舊五代史》卷六四）反映出薛居正等所編的《舊
五代史》思想是複雜的，故先生論薛史采實錄，亦多諱飾，故多曲筆，誠然也。如
卷九十五〈朱宣誘汴亡卒〉條：

> 朱宣傳敘宣救梁太祖，破秦宗權，後太祖欲并吞諸鎮，即馳檄言宣誘
> 其軍卒亡以東，因攻滅之，此所謂欲加之罪何患無詞，以德為怨而反噬之
> 者也，薛史則竟實敘宣誘汴卒，以為果有其事，薛史不如歐史遠甚，薛史
> 稱梁為我，又為王師，皆本梁實錄，故多曲筆。歐史於此事先見梁本紀云，
> 朱宣、朱瑾兵助汴，已破宗權東歸，王移檄兗鄆，誣其誘汴亡卒以東，乃
> 發兵攻之，尤為明顯。

薛史據梁實錄敘朱宣傳，所載非實情，如甌北《廿二史箚記》卷二十一〈薛史書法
迴護處〉條，所論與先生同。

> 梁太祖紀，朱宣、朱瑾救汴，後帝（即朱溫）以其有力於己，厚禮而
> 歸之。宣、瑾以帝軍士勇悍，懸金帛誘之，軍士利其貨，赴之者眾，帝乃
> 移檄讓之，瑾等來使不遜，乃命朱珍侵曹伐濮，案通鑑考異及五代史補。
> 朱溫常患兵力不足，敬翔說令麾下士詐為叛逃，即奏於唐帝，并告四鄰，
> 以追叛為名，可以拓地廣眾，溫大喜，從之，是兗鄆本無誘兵之事，特溫
> 託詞以為兵端也，而薛史云云，是真謂宣、瑾以誘兵啟釁矣。

薛史皆本梁實錄，故多曲筆，而歐史於此事敘述，方為得實。然而亦有各實錄互異，
薛史擇善從之，而歐史亦同於薛史，如唐愍帝出亡，遇晉高祖，從官沙宋榮等欲刺
高祖，高祖親將陳暉扞之。見歐史王宏贄傳，薛史閔帝本紀同，通鑑第二百七十九
卷亦同（卷九十三〈歐史喜采小說薛史多本實錄〉條）。故先生論「大多實錄與小說，
互有短長，去取之際，貴攷核斟酌，不可偏執」，然則「采小說未必皆非，依實錄未
必皆是」。

　　薛史文筆不逮歐史，在文字上，薛史不如歐史簡潔，但在史料之完整性上，資
料比較豐富，薛史多據實錄，故敘事較詳，如卷九十五〈李存進互異〉條

> 歐史李存進傳與薛史尤多異，予得存進墓碑搨本，立於同光二年，判
> 官呂夢奇譔，參軍梁邕書并篆額，顧寧人云，今在太原縣，錢（大昕）辨
> 歐史，存進本姓孫，名重進，當太祖（即克用）攻破朔州，得之，即賜姓
> 名，養為子，碑則存進從克用破黃巢，直至景福二年始賜姓名，補右廂義
> 兒第一院軍使，上距破朔州甚遠，歐史存進歷慈、沁二州刺史，碑則太祖
> 時權知汾、石二州，莊宗時真授石州刺史，再知汾州，又授慈州刺史，又
> 權知沁州，實未真授沁州刺史，通鑑載存進為天雄都巡案使，碑則為天雄

軍都部署巡檢使，又碑言存進字光嗣，年六十八，歐史失之。予攷薛史載
賜姓名之年，正與碑合，與通鑑不同者，薛誤亦與通鑑同，字光嗣，薛史
亦漏，年六十八，薛史作六十六，要之薛史敘事詳明，大略則與碑同。
先生論薛史與歐史李存進傳多異，然以薛史敘事較詳，蓋歐史專重書法，薛史專重
敘事，二者相異。蓋歐史不惟文筆潔淨，直追《史記》，亦以《春秋》書法，寓褒貶
於紀傳之中。如卷九十四〈新史意在別立體裁〉條，說明歐史以薛史爲平鈍，欲法
《史記》，意在別立體裁，決破藩籬。歐史不專據薛史舊本，在體例上薛、歐二史體
例不同，如甌北卷二十一〈薛歐二史體例不同〉條云：

> 薛史梁祖紀，開首即以帝稱之，歐史則先稱朱溫，賜名後稱全忠，封
> 王後稱王，僭位後始稱帝，蓋薛則仿宋、齊、梁、陳書之例，歐則仿史記
> 之例也，薛史於各國僭大號者，立僭僞傳，其不僭號而自傳子孫者，立世
> 襲傳，歐則概列爲世家，亦仿史記也，薛史凡除官自宰相至於刺史皆書於
> 本紀，幾同腐爛朝報，歐史則但書除拜宰相及樞密使，其餘不書，以省繁
> 冗也，五代革易頻仍，惟梁、唐、創業各三十餘年，故其臣有始終在一朝
> 者，其他未有不歷仕數朝，薛史則以死於某朝者，即入於某朝傳內，如張
> 全義、朱友謙、袁象先等事蹟，多在梁朝，而編入唐書，楊思權佐唐廢帝
> 篡位，而編入晉書，馮道歷唐、晉、漢、周皆爲相，而編入周書，歐史則
> 以專仕一朝者係於某朝，其歷仕數朝者，則另爲雜傳，以敘其歷宦之蹟，
> 此又創例之最得者。

歐史仿《春秋》之議論褒貶，又學《史記》之編纂方式，本紀十二卷，注重書法褒
貶，敘事要比薛史簡略得多，以省繁冗。如薛史自宰相至於刺史皆書於本紀，體例
雜矣，莫怪甌北先生譏其「腐爛朝報」。再者五代沿革，有其臣始終在一朝者，亦有
歷仕數朝，故薛史則以死於某朝者，即入於某朝傳內，而歐史則以專仕一朝者係於
某朝，其歷仕數朝者，則另爲雜傳，故此敘歷宦之蹟，爲創例之最得者，歐史在列
傳中創立不少類傳，如〈死節〉、〈死事〉、〈一行〉、〈唐六臣〉、〈義兒〉、〈伶官〉等
傳，多爲前史所未備，用以表彰節義和貶斥奸邪，這正符合於《春秋》褒貶之微意。
又卷九十五〈重貴降表出亡事〉條，論薛史少帝紀末歷敘出亡以後繁猥事，殊爲失
體，不如歐史裁翦頗工，且歐史所增字句亦比薛史語氣較爲完備。

> 薛史於晉少帝紀載其上契丹主降表，太煩，非體，歐改入晉家入高祖
> 皇后李氏傳，爲得之。且薛史只有帝降表，而歐并全載李后降表，亦爲可
> 喜，契丹國志所載與歐同，又歐目少帝爲出帝，於紀末只用契丹滅晉一句
> 結束其出亡以後事，亦別見於高祖皇后李氏之下，裁翦頗工。薛史少帝紀

末歷敍出亡以後繁猥事，殊爲失體。不如歐史，薛史末段言周顯德初，人
自塞北至者，言帝無恙，歐用之，而添一句云，後不知所終，亦覺比薛語
氣爲完備。

又卷九十四〈追尊四代〉條，先生以薛史追尊四代文字之敍述，論薛史用筆駿鈍，
全無作意，誠爲不及歐公。

歐史梁祖紀篇首但言其父誠，及即位則突敍追尊四代事，言外見本係
微賤群盜，高曾之名，恐皆是貴後白譔出，用筆超妙之至，且其敍事則云，
高祖黯，謚曰宣元，廟號肅祖，祖妣范氏，謚曰宣僖云云。宣元之下省去
皇帝兩字，宣僖之下去皇后兩字，其例亦歐陽公所特創，當是惡溫而立此
例。故爲簡忽之詞。乃復抑唐莊宗、明宗、晉高祖、漢高祖、周太祖之追
尊其祖父者皆用此例，若薛史則於紀首先實敍四代之名高祖黯以下云云，
及即位敍追尊四代，則云，高祖嫣州府君上謚曰宣元皇帝，廟號肅祖，太
廟第一室，陵號興極陵，祖妣高平縣君范氏追謚宣僖皇后云云，用筆駿鈍，
全無作意，誠不及歐公，嫣州當是在唐所贈，黯爲嫣州刺史，高平縣君亦
然，其曾祖稱宣惠王，祖稱武元王，父稱文明王，祖妣皆某國夫人，此皆
唐所追謚追贈，而母獨稱晉國太夫人，多一太字者，疑因溫貴獨母尚在故
耳，其不稱名而稱爵稱謚，乃實錄體。薛史沿襲實錄元文，歐公則并其陵
名等盡削之。

先生論薛史係爲官修，歐史則爲私譔，不料其歐史後出，反爲獨行，官書遂廢。
明成祖時，輯永樂大典，悉採薛史入錄，惟已割裂淆亂，非其篇第之舊。清乾隆中，
開四庫館，求薛史已不可得，館臣邵晉涵就大典中甄錄排纂，其闕遺者，則採冊府
元龜等書之微引薛史者補之，設無大典，則薛史亡矣。薛史多據實錄敍事頗爲詳備，
故詳贍過於歐史，然識見斷制則不及歐（卷九十三〈薛係官書歐係私修〉條）而歐
史後出，亦有可補薛史之闕遺，雖歐史善於改舊、刪削舊文，然二史亦可互相參看，
以備不足。如卷九十四〈李克用救王處存〉條所云：

前言新唐書不應以李克用入沙陀傳，然敍事尚詳，約四千一二百字，
薛史遂以克用入本紀更詳贍，約一萬一百餘字，歐史附敍於莊宗紀，約不
過三千字，刪去者幾四之三，如光啓元年，幽鎮李可舉伐易定王處存，克
用救之，今定州曲陽縣北嶽廟內有克用題名（平州黃華蕃作恆山石墨攷，
所載凡三十一種，深澤王燈灼摹搨贈予十餘通）。即克用親率兵過此，與
處同禱於廟而題者，顧寧人、朱錫鬯各有攷證，皆確切，此事雖非甚要，
然處存固與克用共敗黃巢扶王室者，可舉因河朔諸鎮同惡相濟，惟易定爲

> 朝廷所有，忌而欲滅之，則克用此事，亦為忠義，而歐史不載其餘削去者，
> 薛史復出，學者自能參觀，未暇備陳。

歐史刪削薛史李克用本紀，自一萬一百餘字，刪去者幾四之三，僅存約不過三千字。其所刪者史事，先生以為當以薛史互為參看。又卷九十七〈北漢劉氏歐詳薛略〉條，說明歐史詳薛史反略。

> 薛史能敘降王終事，歐無，然北漢劉氏事，則歐史為詳，而薛史反略，
> 不但因薛史成時劉氏未亡之故也。即其敘劉崇，不過六七百字，歐史則一千
> 五百餘字，詳略已懸殊，至崇子承鈞，及承鈞之養子繼恩、繼元，相繼襲位，
> 而薛史承鈞只一句，繼恩、繼元并其名不見，歐史則敘至一千九八百字，詳
> 略相去甚遠，且薛史成於開寶七年，繼元在位已七年，而竟不書，薛居正但
> 就史官已錄者鈔撮成書，其餘概不添補，嘆史裁愜人意者千古罕見。

北漢劉氏事，歐氏所敘較薛史詳，薛史敘劉崇不過六七百字，歐氏則一千五百餘字，詳略已明。又劉崇子及承鈞之養子繼恩、繼元相繼襲位，而薛史承鈞只一句，繼恩、繼元并其名不見，而歐史則敘至一千八九百字，故北漢劉事，則歐史為詳，薛史反略。

歐史欲摹仿聖經筆法，故特改薛史舊文，此正歐公之病（卷九十四〈一歲兩祀南郊正祀又在正月〉條）是歐史好於改舊、或刪削、或因襲、或增補，故薛、歐二史詳略不同，如卷九十五〈梁諸王互有詳略〉條：

> 歐公梁家人傳與薛史宗室諸王傳互有詳略，然太祖八子，其封號事
> 蹟，頗有歐詳而薛史反略者。如第三子友璋，歐敘其初為壽州團練使，直
> 至末帝時，為武寧節度使，頗備，薛史於本傳及末帝紀中皆不載。

歐史梁諸王傳所記較薛史所載宗室諸王傳為詳，如太祖第三子事，歐史詳敘其初為壽州團練使，直至末帝時為武寧節度使，頗詳。然而薛史於本傳及末帝紀中皆不載。

以上總體言之，新、舊五代史各有短長，互有詳略，因歐史在薛史之後，又是私撰，所據材料亦較薛史豐富，亦無須避諱舊臣立場，加上歐公為一代文豪，其文筆簡淨，卷帙雖不及薛史之半，而訂正之功倍之，故歐史後出轉精，文直事核，誠為良史〔註31〕。在文字上，薛史紀傳中多處引錄實錄和疏奏文章，雖是冗長，卻保留不少價值之史料，故薛史文字雖不如歐史簡淨，但在史料之完整性上，卻又在歐史之上。故司馬光修《資治通鑑》徵引《舊五代史》極多（《商榷》卷六十九〈通鑑取舊書〉條）。故比較薛、歐二史其異同，薛史之體，略仿《三國志》、《南史》、《北史》之例合而為一，以五代相承，順序遞述，尤近於南、北史，具有通史之一體也

〔註31〕同註 9，頁 366。

〔註32〕。歐史私撰，欲仿《史記》、《春秋》議論褒貶，故歐史專重書法，薛史專重敘事。薛史全採用各朝實錄，歐史多取小說。薛史文章不逮歐史，然敘事較詳。歐史後出可補薛史之闕逸者，故清代以二史不可偏廢，遂並列於正史。

第三節　從小學考證入手

先生以小學爲史學考據方法，是受到治經方法的影響，正文字、辨音讀、釋訓詁、通傳注，加上匯輯大量資料，可說，先生是以治經之法治史，視小學爲工具，以此釐清疑文晦義，明典章制度、地理沿革及天文曆法等問題。

語言學及文字學是史學家研究歷史的最大工具、以及最大資本，歷史研究往往透過語言、文字的知識，而能有進一步的瞭解，因此史學家往往同時是一位出色的語言學家和文字學家〔註33〕。先生對文字校勘、音韻學及訓詁方法十分重視，指出：「小學有二，首文字，次聲音」、「聲音文字，學之門也」（卷八十二〈唐以前音學諸書〉條），從其《商榷》中窺知先生常引《說文》解文字訓釋，見《蛾術編》說字門繼說錄門後之編排，可見先生對小學之看重。如卷六十七〈通古今〉條，先生直云識字與讀書之關係。

> 兒子諸生嗣穤曰，隋書經籍志敘首云，經籍也者，其爲用大矣，不疾而速，不術（當作行）而至，今之所以知古，後之所以知今，其斯之謂也。案，許氏說文自序云，文字者，經藝之本，王政之始，前人所以垂後，後人所以識古，故曰本立而道生，隋書本此。北史江式傳，延昌三年，式表曰，文字者，六籍之宗，王教之始，前人所以垂今，今人所以識古。又高允傳，允答景穆帝曰，史籍帝王之實錄，將來之炯戒，今之所以觀往，後之所以知今，語亦同。韓昌黎詩，人不通古今、馬牛而襟裾，欲通古今，賴有字，亦賴有史，故字不可不識，史不可不讀（續漢書百官志，博士掌通古今，學以通古今爲要，故將設一官，妙選其人以掌之）。

欲通古今，賴有字，亦賴有史，故字不可不識，史不可不通，道明識字與讀書、讀史之密切關係。並言，文字乃經藝之本，故文字是治經之重要方法、工具，因此通過小學的考證方法，顯現歷史眞象。先生從小學文字、音韻、訓詁入手，窺全書之旨，通全篇之義，故小學成爲考據史學的重要方法之一，「未通小學，不可說五經、

〔註32〕同註21，頁125。
〔註33〕杜維運《史學方法論》（台北：三民書局，1991年），頁176。

史漢」（卷二十五〈終陽〉條）。

先生在《商榷》卷二十五〈終陽〉條，評論班固《漢書・董仲舒傳》中有作佐字，乃後人改，非班固本文，取《說文》無佐字為例。

> 又手也，ナ十手也，右手口相助也，左手相左助也，周易泰卦以左右民鄭注，尚書皋陶謨左右有民馬注，皆以左右為助，俗乃別作佐佑，此文上下二佐字，皆當作左，作佐者後人改，非班氏本文，未通小學，不可說五經、史、漢。

未通小學，不可說五經、史、漢，又「尚書古文是予專門之業，而小學則尤其切要者」（卷二十二〈三蒼以下諸家〉條）由此知研經從小學入手。又先生特重《說文》推崇許慎「凡論文字必以許慎為正，班雖在許之前，曾續揚雄訓纂，亦是小學家，不專是史家，但究係史才長，小學短，攷之不審，不如許氏確也。」以此推崇許慎小學之地位（卷二十二〈試學童六體首古文誤〉條），因此《說文》是治經訓詁門徑，小學的淵藪，故謂「欲讀書必先求識字，欲識字必先通說文」，從《說文》入手，「以考字書之來歷，然後將五百四十部，詳加研究，則文字明矣。若從玉篇、廣韻、集韻、類篇問津、豈不茫無畔岸哉。」（卷二十二〈三蒼以下諸家〉條）

卷九〈嫛〉條，先生釋「嫛」字之義，依《說文》引《楚辭・離騷》及王逸注文，加上《漢書・陳平傳》文，說明嫛為姊妹之通稱。

> 高后紀，呂祿過其姑呂嬃，師古曰，嬃、呂后妹。案，呂嬃、樊噲妻也，說文賈侍中說，楚人謂姊為嬃。離騷，女嬃之嬋媛，王逸注，女嬃、屈原姊也。陳平傳，高帝命平斬噲，道中計曰，噲、呂后女弟女須夫，則其為呂后妹甚明，蓋姊妹通稱。

又卷二十七〈筦路〉條，先生引《說文》釋「莞」字，為艸下完，又音官，以此證明《漢書》作竹下完為非。

> 疏廣以公羊春秋授琅邪筦路，路為御史中丞，師古曰，筦亦管字也，宋引蕭該音義云，艸下完音完，又音官，今漢書本卻作竹下完，風俗通姓字篇有莞、管二姓，云，莞蘇，楚大夫，見呂氏春秋，漢有莞路為御史中丞，即此是也，又有管姓，漢有管號為西河太守，莞路是艸下完，非竹下完及竹下官，莞見說文卷一下艸部，莞、管見卷五上竹部，蕭說是。

又卷四十八〈羊皇后母蔡氏〉條，引《說文》訓釋衙字：

> 后妃列傳，景獻羊皇后泰山南城人，父衙，上黨太守，母陳留蔡氏，漢左中郎將邕之女也，案，邕女文姬，初適衛仲道，後歸董祀，此司馬師之妻之母，則羊衙之妻，別是一人，非文姬，惜其名不傳，衙乃羊祜之父，

　　祐傳云，父衢，上黨太守，祐、蔡邕外孫，景獻皇后同產弟，衢字今俗人
　　以為即道字，攷說文卷二下辵部，道、所行道也，从辵从首，行部無衢字，
　　此字不知何從而來。

先生藉《說文》考釋人名「羊衢」之衢字，今俗人以為即「道」字，但先生依《說
文》卷二下辵部，道，所行道也，从辵从首，非「衢」字。且《說文》行部無「衢」
字，此字不知何從而來，存疑。

又卷六十〈以僧為名〉條，引《說文》訓釋僧字：

　　甚矣南朝人之佞佛也，即如僧字，說文卷八上人部無，新附云，浮屠
　　道人也，僧既浮屠之稱，何得用為名，今散見各傳者，不可枚舉，而王氏
　　尤覺糾紛，如王僧達、王僧祐、王僧綽、王僧虔，此王導之一族，如王僧
　　孺，則王肅之八代孫，又是一族，如王僧辨、王僧智，則王神念之子，不
　　知其所自出，又是一族，實非一宗，而皆以僧為名（殷鈞傳有宋尚書僕射
　　琅邪王僧朗，至於侯景傳有王僧貴，則不足論），遂致讀者易於混亂，幾
　　疑為兄弟行者，至此卻思李延壽於國史中作家傳反覺不為無功，為之失笑。

先生以《說文》考釋「僧」字，知《說文》卷八上人部無此字，並論唐陸龜蒙《小
名錄》采各書中所載，南朝人小名用僧名佛名亦多，故有父子同名僧者，殆如羲之、
獻之之類，未暇詳攷。

又卷六十四〈文字淆訛〉條：

　　文字最易淆訛，漢人碑刻字體已有不正者，至六朝，愈亂矣，張敬兒
　　傳，始其母於田中臥，夢犬子有角舐之，已而有娠，生敬兒，故初名狗兒，
　　宋明帝嫌名鄙，改為敬兒。案說文，敬從苟，讀若急，自急敕也，非苟，
　　即此可見六朝人不識字。今南史及各書中所用誤字，不可勝摘，姑隨便舉
　　之，如以介為個（南史王宏之傳，介轉為个，个轉為個，此字今唐人九經
　　疏中頗有之），投為透（此字用之甚多，隨舉其一，如南史趙倫之傳，為
　　丹陽尹，嚴酷，曹局不堪命，或透水而死。監版作投，此校者以為傳寫之
　　誤而改之，不知乃李延壽本誤也），繼為係（此字亦用之甚多，隨舉其一，
　　如南史顏竣傳，坐死免者相係，是也），樵為蕘，寶為琇，藩為蕃（說文
　　卷一下艸部，藩、屏也，蕃、艸茂也），渡為度（說文卷十一上水部，渡、
　　濟也。卷三下又部，度、法制也），此類甚多，難以枚舉，略出數字，以
　　例其餘，凡此有用流俗妄造字者，有本有其字不可通用而誤通者，又如地
　　名，則溢城為盆城，采石為採石（王羲之採菊帖已用此字），人名，則羊
　　侃為偘（說文卷八上侃從人從信者從水，無偘字），徐世標為檦，亦皆誤，

又以得官赴任爲述職，與孟子諸侯朝於天子曰述職文同義異，皆謬，至於
羊玄保傳，竹木雜果爲林苁，苁字宋書無，南史添此，李延壽之不識字而
強作解事，若餒爲餧，攷說文卷五下食部云，餧、飢也，一曰魚敗曰餒，
不知何人改從妥，而論語魚餒，孟子無是餒也，則餒矣，皆變爲餧，宋書
袁湛弟豹傳仍作餒，又年爲秊攷秊、穀熟也，從禾千聲，隸變作年，而宋
書孔季恭等傳論仍作季，又倒爲到，古無倒字，說文人部在新附，而南齊
書竟陵王子良傳仍作到，潔爲絜，古無潔字，說文水部在新附，而南史仍
作絜，仗爲杖，仗字說文新附亦無，而南史仍作杖，則六朝與唐人猶存古，
宜分別觀之。

文字易淆訛，自漢碑刻字體已是如此，至六朝，愈爲嚴重，先生考證此文字現象，
以《說文》做爲考釋依據，舉證說明。如釋樵、蕉，藩、蕃，渡、度，寶、珤，投、
透，繼、係，介、個等字，說明本有其字，不可通用而誤通者。如地名溢爲盆，采
爲採，人名侃爲偘，標爲櫋皆誤。又雜果林苁之苁字《宋書》無，南史所添。若餒
爲餧，從妥爲後人妄改。又倒爲到，潔爲絜，仗爲杖，年爲 等字，皆是六朝人不
識字之誤，《南史》及各書中所用誤字，不可勝摘。

又卷七十七〈簿〉條：

> 新禮樂志說皇后親蠶之儀云，尚功以桑授蠶母，蠶母切之，以授婕妤
> 食蠶，灑一簿止。案毛詩豳風八月萑葦傳云，萑葦可以爲曲，月令季春說
> 養蠶事云，具曲植遽筐，注云，曲，簿也。疏，方言云，宋、魏、陳、江、
> 淮之閒謂之曲，關西謂之薄，然則此字本作薄，傳寫誤爲簿，說文卷五上
> 竹部，簿，局戲也，與此無涉，乃又轉誤爲簿，說文無此字，今俗又別造
> 蠶薄之字爲箔，說文新附亦無。

先生引毛詩豳風八月萑葦傳云，萑葦可以爲曲，「曲」字乃薄，先生云《說文》卷五
上竹部，簿，局戲也，故「簿」字與萑葦可以爲「曲」之義無涉。因簿字轉誤爲簿，
乃是筆誤，《說文》並無此「簿」字。

又卷七十七〈緣紙〉條：

> 新禮樂記凶禮篇說始死浴尸之儀云，沐巾一，浴巾二，用緣若紙，攷
> 說文卷十三上系部，紙，散絲也，匹卦切，無緣字，玉篇亦無，而有繪字，
> 音髻，絲結，說文新附亦不收。

考「緣」字，《說文》卷十三上系部無「緣」字，《玉篇》亦無，而有「繪」字，音髻。

又卷八十二〈餒〉條：

> 新食貨志，凶荒潰散，餒死相食，說文卷五下食部，餒，飢也，俗誤

作餒，說文無此字，已見前六十八卷。

「餧」字乃「餒」之俗誤字，考《說文》卷五下食部云，餒，飢也。魚敗曰餒，至於改从妥，乃後人所妄改。

又卷八十二〈澹〉條：

> 商賈錢每緡稅二十，竹木茶漆稅十之一，以澹當平本錢，澹舊作充，俗作贍，在說文卷六下貝部新附。

「澹」字舊作充，俗作贍字，《說文》有贍字。

又卷八十二〈釽〉條：

> 輓夫繫二釽於胸，而繩多絕，說文十四上金部新附，釽，裂也，从金瓜，普擊切，與此文義不合，且董衝唐書釋音第五卷音攻乎切，則从瓜不从爪，然此字他書未見有用者，董氏亦但釋其音，不解其義也，詳攷之新書此條，實采白張鷟朝野僉載第二卷，彼詳述楊務廉於陝州三門，鑿山燒石，施棧道，牽船運米，蓋小人立苛法，徒病民而無利於國，其害如此，此新書之采小說而有益者，舊書則無釽，乃俗字，張鷟用之，而新書仍之。

舊書無釽字，新書依張鷟《朝野僉載》用之，考《說文》十四上金部釽，裂也，與此義不合。

又卷九十一〈羼名〉條：

> 新薛存誠傳，瓊林庫廣籍工徒，存誠曰，此姦人羼名以避征役，不可許，董衝釋音第十七卷云，羼，初限切，說文曰，羊相廁，案在說文卷四上羴部。

「羼」字，董衝《釋音》第十七卷云，初限切，先生引《說文》羊相廁，則釋其義。

又卷九十五〈骰子〉條：

> 廣王全昱傳有骰子，又董昌臨民訟，擲骰子以決勝負，見吳越錢鏐世家。案，廣韻，骰子，博陸采具，出聲譜，案其意，當為从骨投省聲，說文卷四下骨部本無此字，新附亦無，而溫庭筠詩，玲瓏骰子拋紅豆，入骨相思知不知，則此物以骨為之。

「骰」字，《說文》卷四下骨部本無此字，《新附》亦無，而溫庭筠詩有「玲瓏骰子拋紅豆，入骨相思知不知」句，則知「骰子」以骨為之。

先生又引《說文》作為考證地理文字部分，諸例如下：

卷十八〈地理雜辨〉一：

> 湖陵禹貢浮於泗淮，通於河，水在南，泗淮當作淮泗，河當作菏，見說文水部所引，當從之。今尚書亦作河，誤與班志同，賴說文引得存古。

卷十九〈地理雜辨〉二：

沛郡説文卷六下邑部云，悁沛郡从邑市聲。

即裴説文卷十二，上手部作掫云捽也，从手即聲。

縣説文作鄡云鉅鹿縣。

勃海郡，説文卷六下邑部云，郣，郣海地，从邑孛聲，一曰地之起者曰郣。

椑説文稗，手別也，从禾卑聲，琅邪有稗縣，此作椑誤。

邰鄉説文邑部云郚東海縣。

厹猶注厹音，仇説文卷十四下厹部人刀切，二音不同。

繒説文卷六籓下邑部作鄫，注云，姒姓國在東海。

卷二十〈地理雜辨〉三：

黝，師古曰音伊，字本作黟音同，按黝水經注卷四十漸江水篇引之，正作黝。説文卷十一上水部，漸字注同，又卷十上黑部云，黝黑木也，从黑多聲。

丹陽有黝縣，若從幼安得有伊音，直傳寫誤耳。

桂陽郡耒陽，耒説文作枤。

益州郡弄棟，説文卷六上木部作梇，云梇木也，从木弄聲，益州有梇棟縣。

牂柯郡談指，指南監作拒，説文十二上手部，拒搚也，从手臣聲，章刃切。

巴郡墊江孟康音重疊之疊，續志同説文卷八上，衣部云褺重衣也，从衣執聲。巴郡有褺江縣，从土非。

朐通典一百七十五卷，州郡篇同説文卷四下，肉部有朐字無朐字，不知何時復譌朐，朐讀爲蠢。閆徐氏援入新附注云，蟲名，漢中地下濕多此蟲，因以爲名，恐係後人妄造。

冀説文卷十上，馬部作驥，天水有驥縣。

西河有觟氏縣，古氏與是通，見洪範後案，又禹貢桓是即桓氏。

樂浪郡東暆，説文卷七上日部云暆，日行暆暆也，樂浪有東暆縣讀若配。

南海郡中宿有湟浦官，官即關也，管叔墨子作關叔，説文卷十一上水部云，湟水出桂陽縣，盧聚山湟浦關爲桂水。

鬱林郡説文卷五下鬯部云鬱，芳艸也，遠方鬱人所貢，鬱今鬱林郡也，从臼缶冖鬯彡其飾也。

麊泠馬援傳注引越志同，但説文卷七上米部云麊潰米也，从米尼聲。交趾有麊泠縣，武移切，應劭音彌與説文合，从鹿非聲，傳寫誤也。

卷二十一〈地理雜辨〉四：

> 驕故邾國，說文卷六下邑部云，鄒魯縣古邾國，从邑芻聲。史記孟子
> 鄒人又有鄒忌、鄒衍、驕奭古字通。

卷三十三〈郡國雜辨證〉：

> 河南尹穀城水出瀍字，說文水部無，新附亦無，今禹貢洛瀍前後漢皆
> 有此，漢俗字，或出魏晉，古當只作廛。

聲音文字，隨時而變，此勢之所必至，為此，先生認為治史者既要洞察此變化之趨向，更應探本朔源，從通曉許慎之《說文》入手，能通《說文》方能得其門而入，則可與言學矣。

先生除了以《說文》訓解文字，亦參引其他典籍，如卷十一〈疇人〉條，先生引《尚書‧洪範》訓疇字，鄭康成及偽孔傳皆訓疇為類，及引《易》否九四「疇離祉」九家注云，疇者類也。

> 疇人子弟，李奇曰，同類之人，俱明厤者也，如淳曰，家業世世相傳
> 為疇，師古是如說。案，尚書洪範九疇，鄭康成及偽孔傳皆訓疇為類，易
> 否九四，疇離祉，九家注云，疇者類也，然則李奇是，如淳非，程大昌演
> 繁露乃云，古字假借，疇人及籌人，以算數而名，尤謬也，樂官亦曰疇人，
> 則不必定屬治筭數者矣。

又卷十二〈若干〉條，先生引應劭、顏師古注《漢書‧食貨志》言「若干」之義，引〈百官公卿表〉顏師古所注，及引《禮記‧曲禮》疏云，古謂數為若干，以此說明，凡數之不可知而約略舉之，或其文太繁而撮舉之者曰若干。

> 凡數之不可知而約略舉之，或其文太繁而撮舉之者，曰若干，今人猶
> 然，食貨志下篇，輕錢百加若干，應劭曰，輕則以錢足之若干枚也，師古
> 曰，若干且設數之言也，干猶箇也，謂當如此箇數，百官公卿表下篇卷首
> 標題師古注，亦用此二字，曲禮下篇，問天子之年，對曰，始服衣若干尺
> 矣。疏云，古謂數為若干，儀禮鄉射大射數射筭云，若干純，若干奇，若
> 如也，干求也，事本不定，當如此求之。

又卷二十四〈爽〉條，先生釋「爽」字，引《漢書‧賈誼傳》「下數被其殃，上數爽其憂」，其「爽」字當是有猛烈、是甚之義。

> 賈誼傳，下數被其殃，上數爽其憂。沈彤曰，爽、甚也，謂下疑上則
> 必反，而上必甚其憂也，爽有猛烈意，是甚之義，如淳曰，忒也，與上文
> 不貫。

又卷四十九〈赦日在職者〉條，此赦日當作赦日，說明日、日字之結構有異，日從口上開，日從〇中實。

> 　　倫僭即帝位，大赦郡縣，二千石令長赦日在職者皆封侯，赦日當作赦
> 日，日從口上開，日從○中實，俗謬以狹長爲日，闊扁爲日，故混。

又卷十二〈飢〉字條，先生說明饑飢二字可通用，但二字仍有差別，穀不熟曰饑，
人無食曰飢。

> 　　小飢收百石，中飢七十石，大飢三十石，何校，飢俱改饑，蔡虛齋云，
> 飢饑不同，穀不熟曰饑，人無食曰飢，亦可通用，但有饑饉無饑渴。

先生從《說文》入門，又援引諸書訓釋，倡明文字，考訂史實。先生以文字證
經考史，重視文字的源流及發展變化，論許慎《說文》或取古文或取大篆，或取小
篆，以意參酌之，並非專取史籀（卷二十二〈史籀十五篇〉條）。論述西漢試學童以
秦八體而非六體（卷二十二〈試學童六體首古文誤〉條）。說明李斯作蒼頡七章、趙
高作爰歷六章、胡毋敬作博學七章、漢興閭里書師合蒼頡、爰歷、博學三篇，斷六
十字以爲一章，凡五十五章，爲倉頡篇。司馬相如作凡將篇，史游作急救篇，李長
作元尚篇，皆蒼頡中正字也。故先生云，三蒼以下諸家盡亡，急救雖存，非其要旨，
而《說文》遂爲小學之冠，故言，欲識字必先通《說文》。文字屢遷易隨時而變，最
易淆訛，漢人碑刻字體已有不正，沿至六朝愈亂（卷六十四〈文字淆訛〉條），又後
人習讀以意刊改，更須經過釐正，故《說文》要之從史篇溯源而上，兼取古文，又
復下參秦篆，會通古今，既精且博，所收之字，比揚雄甚多，況諸家盡亡之後，欲
求識字，舍此奚適邪！（卷二十二〈三蒼以下諸家〉條）。

先生除了重視文字，亦注重音韻之重要性，卷八十二〈唐以前音學諸書〉條云：

> 　　小學有二，首文字，次聲音，論其根本，聲音原在文字之前，論其作
> 用，必以文字爲主，聲音反在所緩。蓋二者皆易變亂，但文字實，聲音虛，
> 既從實處捉定，聲音雖變不怕。……聲音文字學之門也，得其門者或寡矣。
> 雖然，苟得其門，又何求焉，終身以之，惟是爲務，其他概謝曰，我弗知
> 之，此高門中一司閽之老蒼頭耳，門戶之事，熟諳極矣，行立坐臥，不離
> 乎門，其所造詣，鈴下而止，不敢擅自升堂階，況敢窺房奧乎？予于此等
> 姑舍是。

聲音爲文字學之門，因此先生以音韻來考史，欲得其貌，如卷十三〈木寓〉條：

> 　　木寓龍一駟，李奇曰，寓奇也，寄生龍形於木也，顧氏云，古文偶寓
> 通用，木寓木偶也，史記武紀作木偶馬，李奇注非。案，封禪書，此文之
> 上敘秦事，有木禺龍木禺車馬，索隱亦以禺音偶，謂偶其形於木，此志之
> 下文又有寓車一乘，寓馬四匹，又有以木寓馬代駒，又有寓龍馬，顧說是，
> 後書劉表傳論言，表猶木禺之於人，李賢注，如刻木爲人，是與偶同矣，

而其下文又引李奇注，自歧其說。

先生以禺言偶，即以禺音偶，古文偶寓通用，故木寓即木偶也。又卷六十四〈芮芮蠕蠕〉條：

> 宋書索虜傳，即魏也，南史則尊魏，故於外國中無魏，宋書敍魏事至泰豫元年狹石鎮主白虎公等攻圍義陽事，此已在宋末，此後魏方盛強，宋書以宋爲斷，不及其後之事，故其下即綴以芮芮，以芮芮即居魏之故地故也，南史則於北方特立蠕蠕一傳，蠕蠕即芮芮，其本號自爲柔然，魏人改稱爲蠕蠕。周、隋多作茹茹，宋、齊、梁則作芮芮，蓋皆取其音近，赫連勃勃、宋書朱超石、傅弘之、鄭鮮之、索虜諸傳皆作佛佛，意同。

先生言蠕蠕即芮芮，魏人稱蠕蠕，周、隋多作茹茹，宋、齊、梁則作芮芮，皆取其音近，如赫連勃勃作佛佛意同。又卷二十五〈從讀縱〉條，先生引師古注《漢書》、張守節《史記正義》及陸德明之《經典釋文》云，「將數十騎從」從讀爲縱音。

> 李廣傳，將數十騎從，張晏曰，放從遊獵也，師古曰，張讀縱，非。直言將數十騎自隨也。案，史記，將騎數十縱，從字應如張解，禮記曲禮篇，從不可從，陸氏釋文云，從、足用反，放縱也，是也。

又卷二十七〈嗽〉條，分析嗽、吮皆爲古音：

> 佞幸傳，文帝並癰，鄧通爲嗽吮之。師古曰，嗽山角反，吮自兗反，嗽字今吳中尚有山角反之音，呼若束，常熟呼角爲祿，皆古音也。

先生言：「聲音文字學之門也，得其門者或寡矣，雖然苟得其門，又何求焉，終身以之，惟是爲務，其他概謝曰，我弗知，此高門中一司闇之老蒼頭耳。門戶之事，熟諳極矣，行立坐臥，不離乎門，其所造詣，鈴下而止，不敢擅自升堂階，況敢窺房奧乎？」（卷八十二〈唐以前音學諸書〉條）蓋先生以小學爲治學工具，爲治經、考史之法，故小學能引領入門，其目標亦非僅止於門戶而不前，積極目地在於登堂入室，考訂史實，發明眞相。再者，先生自謙言於聲音之道無深解，故於其所不知，而有所保留，又不喜系風捕影，此乃治理學問之務實態度，故於其所不知，蓋闕如也。

第四節　考釋避諱

在宗法社會裏，尊長之名與帝王之名，有所避諱。前人在起名、說話、作文章時，須迴避與帝王相同之名，而迂迴地運用別的方式來表達，不但諱字必須避諱，連與諱字同音的字也要迴避。而廣泛的避諱則牽涉至改前代或同期的人名、地名、

書名、或是職官，因而此種語言文字的變化情形，給予後人在閱讀、研究古代文史著作時，避諱學就成了不可少的知識〔註34〕。

先生《商榷》一書，對於文字的校勘及史實、輿地的考證，除了運用歸納、比較、小學諸法外，尚且利用了避諱學，來對史實進行探察，以便究竟眞象之所在。如先生於卷二〈高祖紀不書諱〉條所云：「夫史以紀實也，帝王之尊，當時爲臣子者，固不敢書其名字，若史而不書，後何觀焉。」史以紀實爲要務，自司馬遷、班固以漢臣故，除高祖外，餘帝則諱與字皆不書，故「其餘各史，則皆書諱某字某，沈約曾仕宋，而宋書亦皆書諱」。由於書諱以致史實遭受曲折、朦蔽，先生在此問題上，於《商榷》條文中，糾舉了數例，加以辨正，以還史實原貌。

先生論避諱之例，「秦莊襄王名楚，本諱楚字，故于破楚虜王後，除去楚名，而爲郡也。」（卷四〈滅楚名爲楚郡〉條）秦始皇之父莊襄王名楚，秦代改「楚」爲「荊」，《史記・秦始皇本紀》「二十三年，秦王復召王剪使將擊荊。」，此擊荊即是擊楚，即如先生言避諱故，而改楚爲荊。史書避諱之例，《南史》已極紛繁，《北史》尤盛〔註35〕。如：

卷六十八〈避諱之例〉條所論：

> 避諱之例，南史已極糾紛，北史尤盛。如以虎爲武（見魏高宗文成帝興光元年紀武頭、龍頭，本虎頭），又以爲豹（見魏高祖孝文帝太和三年紀，薛豹，本虎子），淵爲泉（見高宗文成興安二年紀，天泉池，本天淵池），又以爲深（見崔浩傳，字伯深，本伯淵），世爲代（蘇綽之子咸傳，代族貴賤，本世族），民爲人（見高宗文成帝太安四年紀，宰人，本宰民）。又有因人名犯諱改稱其字者，如劉延明本劉昺，而稱延明（見本傳）。李鷓弟仁曜，據魏書亦本名昺，而稱仁曜（見序傳）。鄧彥海本鄧淵，而稱彥海（見天興元年本紀），長孫承業本長孫稚，因高宗治之嫌名稱承業（見魏肅宗孝明帝正光年紀）。又有二名犯諱去一字者，如韓擒虎爲韓擒（見隋唐祖開皇八年、九年紀），蕭淵明爲蕭明（見齊文宣帝天保六年紀，北齊書問），王世積，隋煬帝時人，隋書有傳，而北史爲王積（見高熲傳）。又有不改其字而直稱爲諱者，如李虎直稱爲李諱（見周文帝紀，周書則作

〔註34〕沈錫倫《語言文字的避諱、禁忌與委婉表現》（臺灣商務印書館，1996年），頁3。
〔註35〕同註34，頁4。論帝王具有至高無上的地位，臣子平民不得僭稱其名，於是帝王名號所用之字，舉國皆須改字迴避，這叫「恭代」。從廣義的角度來說，帝王之尊長也是子民應該避名的。其間尤以漢、唐、宋、清，國諱數量之多，範圍之廣泛，不甚舉。

虎，令狐德棻同是唐人，彼乃校者改）。又有以一字而改爲二字者，如趙
剛之子仲卿傳，仲卿爲政猛，時人謂之猛獸，此隋書諱改也。而北史又改
云，時人謂之於菟。又有改之而即自明言之者，如李煥傳，始平太守景，
下云名犯太祖元皇帝諱，是景本名昺，張齎傳，本名犯廟諱，是齎本名淵，
例之不一如此，校者每改從本字或添一字，如王雅傳仍云子世積，而改之
未盡者亦多，至前代之君，史家例無諱，隋煬帝名廣，北史不諱，而李德
林傳獨以廣爲諱，尤謬。

先生分析十七史中避諱現象，有因人名犯諱改稱其字、有二名犯諱去一字、有一字
改爲二字、或後代校書者改之未盡者，所呈現之紛貌。如以虎爲武，見魏高宗文成
帝興光年元紀，武頭、龍頭本虎頭。又以虎爲豹，見魏高祖孝文帝太和三年紀，薛
豹子本虎子。以淵爲泉，見高宗文成帝興安二年紀，天泉池本天淵池。又以淵爲深，
見崔浩傳字伯深，本伯淵。以世爲代，蘇綽之子威傳，代族貴賤，本世族。以民爲
人，見高宗文成帝太安四年紀，宰人本宰民。

《南史》、《北史》與《梁書》、《陳書》皆唐人所修，應避唐諱，如：

卷六十四〈避諱〉條：

> 南史北史與梁、陳書皆唐人修，應避唐諱，乃十干丙字，梁、陳書皆
> 改作景，而南史不諱，又虎字南史亦屢見，此皆後人校者所改，若諸葛長
> 民之爲長人，宋孝武帝小字道民之爲道人，褚淵仍稱其字彥回，劉秉仍稱
> 其字彥節，庾炳之仍稱其字仲文，宗炳之亦仍稱其字少文（獨江秉之不稱
> 其字，仍書其名，北史秉作康，則是康之，南史作秉者，或後人依宋書之
> 誤而改之），與夫虎之爲獸爲彪爲武，韓擒虎去虎字但稱擒（見恩倖傳），
> 淵之爲深，梁貞陽侯淵明去淵字但稱明，文學賈淵不稱名，稱其字希鏡、
> 官名治中從事去治字，但稱中從事，此類甚多，不可枚舉。則改之未盡者，
> 竊謂凡延壽之所諱，後人當悉仍其舊。而於逐條下注明某字避唐某帝諱
> 改，本當作某，如此方合。今則北史多仍舊，而南史所改者十之七八，不
> 改者尚有二三，既失延壽本來面目，又自亂其例，皆非也。至如宋書後廢
> 帝江皇后傳云，北中郎長史智淵孫女，又如劉穆之傳云，小字道民，又如
> 諸葛長民，又如朱齡石傳有黃虎，此類非一。乃沈約原文。唐人竟未及校
> 改，若謂唐人已改，宋人又改從本字。則如梁書武帝紀有獸鮌，有王天獸。
> 有龍驤獸步，有陳獸牙，有胡獸牙，實皆虎字，宋人何不改之，可見宋、
> 齊各書。唐人、宋人皆未細校。

道民之爲道人，長民之爲長人，皆爲避諱李世民。如《舊記》載太宗爲皇太子時，

令曰，依禮二名不偏諱。但近代兩字兼避，廢闕已多，有違經典。其官號人名，公私文籍，有世民兩字不連續者，並不須諱。高宗即位，有司奏亦云，先帝二名，禮不偏諱，然太宗雖有是令，終唐世未嘗行。」（卷七十〈世民不偏諱〉條）故唐太宗時，官府有「民部」，不避唐太宗諱，但唐高宗初年才改稱「戶部」，乃是避諱唐太宗名。如「南史，賁爲左戶尙書，南齊作左民，此江左制也。觀宋、齊二書百官志可見，作戶者避唐諱而改。」（卷六十〈左戶尙書〉條）戶者避唐諱而改，即是避唐太宗之名。李世勣因避諱唐太宗，亦改稱李勣〔註36〕。

又「虎」字，唐人多改，如以虎爲武、爲豹，是爲了避諱唐太祖名虎，故改虎字爲武、爲豹。如先生論「唐人諱虎，改爲獸，或改爲武」，「梁書作神獸，其實乃神虎門也。」見於卷六十三〈神獸門〉條：

> 張弘策傳，東昏餘黨孫文明等，夜燒神獸門。案，此事梁書弘策傳亦作神獸，南史與梁書王茂傳並同。梁武帝紀則南史作神武，梁書作神獸，其實乃神虎門也。梁書武紀，天監七年，作神龍仁獸闕於端門，獸本虎，既有仁虎闕，則亦當有神虎門，故知也。唐人諱虎，改爲獸，或改爲武，但南史、梁書皆成於唐人，當下筆時，已自改，若宋書則修於南齊，南齊書則成於梁代，當時本作虎，而唐人有未及改者，故仍舊作虎。亦或有唐人已改，趙宋人校者又復改從本字作虎，所以參差不齊，如梁武紀及王茂、張宏策傳，皆唐人下筆時本自諱改。又如南史后妃傳梁武帝丁貴嬪傳，太子定位，有司奏宮僚施敬，同吏禮詣神獸門奉牋致謁，梁書后妃傳同。又如南史陶弘景傳云，永明十年，脫朝服挂神武門云云，此事梁書所無，南史必別有據。此皆是唐人下筆時改，其實當作虎。至於南史宋武帝紀，性簡易，嘗著連齒木屐出神武門逍遙，宋書則作神虎門。又南史宋文帝子江夏文獻王義恭傳，孝武入討劭，疑義恭異志，使入尙書下省，分諸子並入神獸門外侍中下省，宋書亦作神虎門。宋書傅亮傳，永初元年，由中書令入直中書省，專典詔命。以亮任總國權，聽於省見客，神虎門外每旦車常數百兩，南史則作神獸門。此皆南史諱改而宋書本文則唐人未及改。又如南齊書第九卷禮志，晉中朝元會，設臥騎倒騎顚騎，自東華門馳往神虎門，

〔註36〕同註34，頁7，唐太宗李世民，唐代改「世」爲「代」，或「系」，改「民」爲「人」。如成書於戰國的《世本》至唐代改爲《系本》。唐以前「世代」稱「世」不稱「代」，自唐以降稱「代」沿用至今。柳宗元〈封建論〉三代即三世，杜甫〈自京赴奉先縣詠懷五百字〉「平人固騷屑」之「平人」即「平民」，白居易〈杜陵叟〉「帝心側隱知人弊」之「人弊」即「民弊」。唐高宗以改「民」爲「戶」。

此南齊書本文，唐人未及改，抑或皆唐人已改，趙宋人仍改從本字也。若宋書鄭鮮之傳，高祖嘗於內殿宴飲，朝貴畢至，惟不召鮮之，俄而外啓鮮之詣神獸門求啓事，此則宋書本作虎，唐人校而改之者。

《梁書》及《南史》神虎門皆作神獸門，乃唐人避諱唐太祖名，而改爲獸，或改爲虎。但《宋書》則修於南齊，當時本作虎，而唐人未及改者，故仍舊作虎。亦或有唐人已改，趙宋人校者又復改從本字作虎，所以名稱參差不齊。又如《南齊書》同《宋書》乃唐人未及改，抑或唐人已改，趙宋人仍改從本字，其情況如同《宋書》，故史文中有神獸門或神虎門，皆稱參差不一。又虎字《南史》屢見，此皆後人校者所改。

以淵爲泉，乃唐人避諱唐高祖李淵名故，如：

卷三十一〈鄧泉〉條：

　　興平二年，李傕、郭汜等殺光祿勳鄧泉。案，五行志作鄧淵，此作泉者，唐人避諱改。

卷四十四〈公孫文懿〉條：

　　青龍四年，遼東太守公孫文懿反。案，公孫淵稱字，避唐諱。

卷六十四〈淵明改深明〉條：

　　陶潛、字淵明，或云字深明，名元亮，此南史文，乃校書者改，其謬不可勝言。宋書則云，陶潛、字淵明，或云淵明字元亮，其上周續之傳云，續之入廬山，時劉遺民遁跡廬山，陶淵明亦不應徵命，謂之尋陽三隱，然則本字淵明，後以字行，故又字元亮，甚顯白。李延壽避諱改深明，并續之傳亦改深明，後之校南史者，既改爲字淵明矣，此下兩句，延壽原本必是或云深明字元亮，乃又妄改如右，展轉惑人，校者之謬至此。

鄧淵作鄧泉、公孫淵稱公孫文懿、陶淵明字深明，皆是唐人避諱改〔註37〕。又某字避唐某帝諱改，如「舊志，左散騎常侍下注有明慶二年，起居郎下注有明慶中，疑皆當作顯慶，避中宗諱改。」（卷八十一〈明慶〉條），明慶當作顯慶，乃避中宗而諱改。舊書爲後晉劉　所修，多避唐諱，「凡丙皆作景，新書則不諱。近本舊書亦作丙者，因聞人氏原本係後人所改，惟則天皇后紀一卷作丙者，是其原文，周不避唐諱，故存之以著其實。」（卷七十〈舊書避唐諱〉條）先生論劉　以唐爲本朝，故避其諱，而亦有不諱者，此乃後人所改，則諱者乃改之未盡耳。（卷八十四〈舊書避唐諱〉條）唐人校史書，因避諱而改字，宋人校前代史書亦然，如：

〔註37〕同註34，頁 7。唐高帝李淵，唐代亦有改「淵」爲「水」，西魏長淵縣至唐改爲長水縣（今河南洛寧）

卷六十一〈敷演鏡暘〉條：

> 宋書張卲傳，子敷、演、敬，有名於世。又卲兄偉之子憒傳亦云，憒少與從兄敷、演、敬齊名。考南齊書第四十一卷憒之子融傳云，張氏知名，前有敷、演、鏡、憒。後有充、融、卷、稷。南史三十二卷融傳與南齊同，敬皆作鏡。案。宋史太祖本紀，太祖本姓趙氏，諱匡胤，祖名敬。此當爲宋人校者避諱而改。

宋太祖趙匡胤祖名敬，宋人校史書者則以敬爲鏡，乃因避諱而改。又宋太祖趙匡胤，宋人爲避「匡」字諱，而有所改。如歐公避宋太祖諱而闕筆矣，故先生卷九十五〈李斥威〉條中言：

> 吳縝五代史纂誤卷中舉李存孝傳，求救於幽州李斥威，斥威兵至，而駁之云。案，王鎔傳乃是李匡威，作斥則非也。今汲古閣正作匡，歐公避宋太祖諱闕筆耳，縝之駁妄矣。予嘗購得宋板春秋繁露，解洪範爲天下王，采深察名號篇云，深察王號大意中有五科，皇科、方科、斥科、黃科、往科，獨斥字積疑莫釋。質之盧學士文弨，以爲匡字闕筆，予爲拊掌稱快，學士當千載下能識宋事，縝生長北宋，乃不知廟諱邪。又如新唐書藩鎮傳，李匡威與弟匡籌，并新五代史梁太祖紀趙匡凝，唐臣傳史匡翰，職方攷匡國軍、匡義軍之類，皆不闕筆，此皆後人所改。在當時本闕筆作匡，久之而傳寫之誤，遂變爲斥，朱子注論語，稱趙匡之字曰伯循，宋人避諱，本無定例。

王鎔傳李匡威，「匡」字作「斥」字乃爲避諱故，如歐公避宋太祖諱而闕筆，若匡字不闕筆，乃是後人所改。又朱子注《論語》稱趙匡之字曰伯循，亦是爲避諱故。宋刻本《論語‧憲問篇》把「一匡天下」，改刻爲「一正天下」。江西盧山，古稱匡盧，亦稱匡山，亦是爲避諱故〔註38〕。又《南齊書》凡順字皆改爲從，此蕭子顯避諱改也。如：

卷六十二〈齊書諱南史直書〉條：先生云：

> 南齊書凡順字皆改爲從，此蕭子顯避諱改也。考齊、梁書本紀皆以梁武帝之父名順之，此當是梁武帝之祖，疑亦誤，予別有辨，而梁之應諱順字則無疑。子顯、齊高帝之孫而仕於梁，書成於梁朝，故諱之。此皆子顯原文，如二十二卷豫章文獻王嶷傳，宋從帝，下注，北雍本作順，宋本諱。

〔註38〕同註34，頁8，宋人爲避「匡」字諱，江西盧山，古稱匡盧。開寶中，匡盧改稱康盧，匡山改稱康山。

其下又一見，亦作從帝，其下載疑上武帝啟有侍幸□宅，下注，順之宋本諱，此乃幸蕭順之宅，故子顯直用墨圍耳。四十卷魚復侯子響傳蕭順之，則作□，而其下注一順字，又加一圈，云，宋本諱，凡此南史皆直書。

《南齊書》凡順字皆改，此乃蕭子顯為齊高帝之孫而仕於梁，書成於梁朝，避諱梁武帝之父名順之故。又「北齊人稱周文帝，不稱其名為宇文泰，而每稱其小字曰宇文黑獺者，以高歡之高祖名泰也。趙彥深名隱，乃不稱其名而稱字者，以高歡之六世祖名隱也。惟竇泰與歡皆側陋起事，親暱而有功，竟未追改其名。」（卷六十八〈齊人避諱〉條）不稱名而稱其字，亦是為避諱故也。

先生論嫌名之諱始於隋，至唐益重〔註39〕，如卷六十二〈齊諱嫌名〉條：

> 齊文惠太子長懋傳，在宋末，轉秘書丞，以與宣帝諱同不就，南齊書同。案，宣帝、高帝道成之父，長懋之曾祖也，宣帝諱承之，丞其嫌名耳，然此事在宋本非功令。考南齊書百官志，太常光祿勳衛尉廷尉大司農少府皆有丞，尚書有左右丞，皆不諱。而州郡志南琅琊郡有承縣，則并正名亦不諱矣，范蔚宗為太子詹事，以父名泰，辭不拜，當時習尚如此，非定制，若隋文帝父名忠，而官名有中字者皆改為內，則嫌名之諱始於隋，至唐益重。

蓋嫌名在宋本非功令，如《南齊書・百官志》中論太常光祿勳衛尉廷尉大司農少府皆有丞，尚書有左右丞，皆不諱。〈州郡志〉南琅琊郡有承縣，則并正名亦不諱。范蔚宗為太子詹事，以父名泰，辭不拜，乃當時習尚如此，並非定制。因此，先生遂論「嫌名之諱，始於隋，至唐益重」，故如隋文帝父名「忠」，而官名中有「中」字者，皆改為「內」。如隋代官府「中書省」改為「內史省」，官職「中書令」改為「內史令」，隋煬帝時「內史」又改為「內書」，「中常侍」改為「內常侍」。

家諱又稱為私諱，是古人用來迴避本家族尊長名所用的行文習慣。如南朝宋范曄父名泰，范曄著《後漢書》為郭泰立傳時，改稱為「郭太」。如《商榷》卷三十七〈鄭公業〉條：

> 王允傳，允與司隸校尉黃琬、尚書鄭公業等謀共誅董卓。此鄭泰而稱其字為公業者，蔚宗父名泰，故諱之。太本傳篇首一見其名，以不沒其實，而仍改泰為太，其餘俱稱字，郭泰傳同。

鄭泰稱其字為公業，不直稱名，乃是蔚宗父名泰，故諱之。又卷八十九〈蕭復父諱更官名〉條，先生更進一層說明家諱嫌名。

〔註39〕同註34，頁17。所謂「嫌名」是指與避諱的字同音或近音，如《禮記・曲禮上》「禮不諱嫌名」，鄭玄注「嫌名，謂音色相近，若禹與雨，丘與區也。」蓋避諱的進一步深化就成為嫌名。

新蕭瑀附復傳，進復戶部尚書統軍長史，舊制謂行軍長史，德宗以復父諱更之。玫復父名衡，非行也。此云父諱，乃諱嫌名耳，以人臣家諱嫌名，至爲改官名，無理甚矣。

蕭復父名衡非行，德宗以復父諱而更改官名「行軍長史」爲「統軍長史」。先生以此爲人臣家諱嫌名，至爲改官名，甚爲無理。先生自注云「賈曾傳父言忠，曾擢中書舍人，以父嫌名不拜。馮宿傳父子華，宿出爲華州刺史，避諱不拜。新五代史雜傳劉　傳，唐明宗崩，太常卿崔居儉以故事當爲禮儀使，居儉辭以祖諱蠡，唐人風氣相沿如此。」蓋賈曾父名忠與「中書舍人」之「中」音同而避諱不拜官職。馮宿父名「華」與「華州刺史」之「華」音同而不拜官職。崔居儉祖名蠡以音同「禮儀使」之「禮」亦辭其官職，以此說明家諱嫌名至唐風氣益盛。錢大昕《十駕齋養新錄》卷六居官避家諱亦有如是說：

唐律職制篇諸府號官稱，犯祖父名而昌榮居之者徒一年，疏義云府有正號，官有名稱，府號者假若父名衛，不得於諸衛任官，或祖名安不得任長安縣職之類官稱者，或父名軍不得作將軍，或祖名卿不得居卿任之類，皆須自言不得輒受。

避諱作爲一種語言文化現象，亦是一份可貴的歷史資料，如鄭樵《通志總序》言，正說明此文化現象。

禮言臨文不諱，謂私諱不可施之於公也，若廟諱則無所不避。自漢至唐，史官皆避諱，惟新唐書無所避。臣今所修準舊史例，間有不得而避者，如謚法之類，改易本字，則其義不行，故亦準唐舊。（漢景帝名啓，改啓爲開。安帝名慶，改慶爲賀。唐太祖名虎，改虎爲武。高祖名淵，改淵爲水。若章懷太子注後漢書，則濯龍淵不得而諱，杜佑作通典，則虎賁不得而諱。）

先生於史料校正，用力極深，統整十七史中所呈現避諱現象，作一概述，故卷六十八論〈避諱之例〉云，有因人名犯諱，遂改稱其字，有二名犯諱去一字者，有不改其字而直稱爲諱者，又有以一字而改爲二字者，又有前代之君，史家例無諱，但校者改之不盡遂呈現紛雜面貌，先生揭諸史書中之避諱現象，在於廓清史書之實貌，亦是做爲一個史學家，應有的直書精神。

第五章　重視文獻學的功用

　　目錄、校讎、版本及辨偽在整個文獻工作歷史長流中，有著極密切關係，自漢代劉向、劉歆進行圖書整理工作，即廣收異本、校勘文字，並對群書進行分類、編寫敘錄、編制書目，因而校讎、目錄、版本三者，齊一發展，故可言，它是一而三的各體發展，亦是三合一的整體研究內容。先生目錄學思想中，涵蓋著目錄學體制、群籍分布，卷帙分合，故目錄學、校勘學、版本學三者，有著密切關係。如《商榷》卷一第一條便是關於《史記》卷數，《漢書‧藝文志》載一百三十篇，無卷數，至《隋書‧經籍志》始以一篇爲一卷，則分一百三十卷，裴駰《集解》則分爲八十卷。但至先生時所見裴駰《集解》已分爲一百三十卷，故先生言：「八十卷之舊，不可復見，不知其分卷若何？」

> 目錄之學，學中第一緊要事，必從此問塗，方能得其門而入，然此事
> 非苦學精究，質之良師，未易明也。自宋之晁公武，下迄明之焦弱侯一輩
> 人，皆學識未高，未足剖斷古書之眞僞是非，辨其本之佳惡，校其訛謬也。

由此段話看來，先生舉凡目錄是包含版本、辨偽及校勘三者在內的，先生認爲一個高明的學者，當懂得鑑別版本好壞及校勘字句的訛謬，故對晁公武以下諸人，評斷其學識不足。先生一部十七史，從目錄學角度出發，深知欲成爲一個好學者，必精明此道，並以校勘爲內容，因此掌握了古籍目錄知識是校勘工作必要條件，尤是版本之辨別，是校勘者首要必需掌握明白的，故明悉版本學之知識，才能做好校勘工作。

第一節　目錄與治學

　　先生不僅是清代乾嘉學派之經學家、史學家，亦是一位重視目錄學之學者。先生明確地指出「目錄之學」，把目錄學作爲一專門學問來探討、研究，並發表了獨到

之精論。並於《商榷》及《蛾術篇》中，涉及了目錄學之領域，包括分類、校勘、版本、考證等問題之論述。同時，先生對目錄學之發展，在當時必起了推波助瀾之成效〔註1〕，如姚名達先生所言：「目錄學之成詞，始見於清乾隆間王鳴盛之十七史商榷」〔註2〕，張舜徽亦指出先生「爲學次第，強調從講求目錄入手，程序秩然不混」〔註3〕，皆給予極高評價。先生十分重視目錄學的功用，並賦予極高意義及地位，綜觀先生之目錄學思想，大致表現幾項重點。

一、研究學問之嚮導及指示讀書門徑

先生肯定目錄學在學術中之重要地位及揭示對讀書的指導作用，《商榷》卷一即開宗明義地指出：

> 目錄之學，學中第一緊要事，必從此問塗，方能得其門而入。（卷一〈史記集解分八十卷〉條）

又：

> 凡讀書最切要者，目錄之學，目錄明，方可讀書，不明，終是亂讀。（卷七〈漢書敘例〉條）

目錄學是治學門徑，通過目錄，方能瞭解圖書之內容、篇卷、作者、版本、函冊、提要等概況，更可進一步考證圖書之眞僞、存佚、篇卷之分合完缺、書名之異同及版刻源流。加上我國典籍浩翰，學術萬端，注疏繁夥，版本眾多，因此許多目錄學家在編寫目錄時，寫序及提要，並辨類例、詳版本、明性質之優劣得失，皆是治學之助，如汪辟疆所言：

> 學術萬端，詎能便徧識？亡書軼籍，無補觀摹，故必有目錄爲之指示其途徑，分別其後先，使學者得此一篇，而後從事於四部之書，不難識其指歸，辨其緩急，此目錄學之本旨也〔註4〕。

故讀書必須運用目錄，目錄爲治學者提要鉤元，指示其涉學之徑，無怪乎史書之藝文志、經籍志、或《四庫全書總目提要》，或陳振孫之《書錄解題》、晁公武之《郡

〔註1〕王繼祥之〈古籍目錄〉見於《古籍知識手冊》（山東教育出版社，1988年），頁136。中談到，北宋仁宗時，蘇象先在其所著之《蘇魏公譚訓》卷四中言：「祖父謂王原叔，固論政事，仲至侍側，原叔令檢書史，指出曰：『此兒有目錄之學。』」此乃目錄學最早之記載，南宋鄭樵《通志》有校讎略理論著作出現，至清代，隨考據學之發展，加上金榜、王鳴盛、姚振宗，朱一心等學者之提倡，使目錄學一時成爲顯學。

〔註2〕姚名達《中國目錄學史》敘論篇（臺灣商務印書館，1988年），頁5。

〔註3〕張舜徽《中國文獻學》（台北：木鐸出版社，1988年），頁132。

〔註4〕汪辟疆《目錄學研究》（台北：文史哲出版社，1990年），頁3。

齋讀書志》、龍啓瑞之《經籍舉要》、張之洞之《書目答問》皆是最實用之目錄，對後學者啓發群矇，爲用至宏，正如：「目錄是開放人類知識結晶的鑰匙，假設沒有鑰匙，吾人就不容易得門而入〔註5〕。」

先生以目錄學爲讀書治學門徑，與早年治理經學有至深淵源，尤其是《尚書後案》的寫作，歷經三十餘年而成，這是一部對《尚書》全面進行注疏整理的著作，由於當時有關漢儒《尚書》之傳注已經亡佚，故先生「遍觀群書，搜羅鄭注，惜已殘缺，聊取馬、王傳疏益之，又作案以釋鄭義。」（王鳴盛《尚書後案·序》）這其中，經其搜集凡有徵引鄭玄、馬融、王肅等注者之書，遍及經史子集達一百三十一部，可謂「蒐羅極博」〔註6〕。由於在蒐集群書過程中，先生不能不對書籍目錄給予研究，因此對於《漢書·藝文志》、《隋書·經籍志》、《舊唐書·經籍志》、《新唐書·藝文志》等作了研究，尤以《漢書·藝文志》爲先生所推重。如卷二十二〈漢書·藝文志考證〉條，先生友人金榜言：

　　　　不通漢藝文志，不可以讀天下書，藝文志者，學問之眉目，著述之門
　　戶也，修撰經術甚深，故能爲此言，予深嘆服。

先生論：

　　　　此志以經爲要，考得漢人傳經原流，說經家法明析，且分別其是非美
　　惡，俾後學識取途徑，方盡其能事。

從「學問之眉目」、「著述之門戶」、「後學識取途徑」諸語，以見先生在目錄學上的認識，是十分肯定《漢書·藝文志》在治學、讀書上的指導作用，及從經學的角度上評價《漢書·藝文志》，「以經爲要，考得漢人傳經原流，說經家法明析」的重要性，以此判定先生的目錄學思想淵源來自《漢書·藝文志》是毫無疑問的。

《漢書·藝文志》保存了漢以前的圖書面貌，也是我國現存最早的圖書分類法，是部非常珍貴的歷史文獻，先生大力宣揚，實際上就是申述了自己重視目錄學的觀點。先生還身體力行，《蛾術篇》之著作，第一門說錄，全以藝文志爲根本（卷二十二〈三蒼以下諸家〉條），繼之說字、說地、說制、說人、說物、說集、說刻、說通、說系的編排方式，充分體現了按類編排的目錄學思想。南宋鄭樵認爲「類例分，則百家九流，各有條理」（《通志·校讎略》）即是先生體認明類例的重要性，故具體地呈現在《蛾術篇》著作。

先生對圖書的源流、版本、辨僞、內容等，在《商榷》書中，皆作了簡要概述。

〔註5〕同註2。
〔註6〕梁啓超《中國近三百年學術史》（台灣中華書局，1978年），頁182。

《商榷》一百卷，又分有子目標題，亦是目錄學的具體作法，《蛾術篇》體例亦同，并依經、史、子、集等順序排列，在地方志、叢書等評論上，從其發展源流入手，具見學術發展脈絡。

二、提倡圖書四部分類法

先生探討目錄之學，以學問言，《漢書‧藝文志》為其根本，若以目錄體制言，必以《隋書‧經籍志》為主，故對四部圖書分類法，給予極高的評價。如：
卷六十七〈經史子集四部〉條：先生所論：

> 隋經籍志分經史子集四部，案四部之名起晉秘書監荀勗中經簿，一甲部，紀六藝及小學等書；二乙部，有古諸子家近世子家、兵書、兵家、術數；三丙部有史記、舊事、皇覽部、雜事；四丁部有詩賦圖讚、汲冢書……

先生認為四部分類法優於劉歆《七略》六分法、王儉《七志》及阮孝緒《七錄》七分法，因其七分法「皆雜亂繁碎」，惟「荀勗稍近理」，然荀勗甲乙丙丁四分法，亦不如直名經、史、子、集，故《隋志》依用而改移之，自後唐宋以下為目者，皆不能違。先生大加稱贊《隋書‧經籍志》經、史、子、集四部分類法，糾正了荀勗子部立在史部之前四分法，「自後唐宋以下為目者，皆不能違」（卷六十七〈經史子集四部〉條），亦是「唐人所作簿錄之體，致是始定」（卷九十九〈正史編年二體〉條），充分肯定《隋書‧經籍志》在目錄學上發展的重要性。

三、重視目錄學在學術發展中之特質

我國傳統目錄學之特色，在於注重辨彰學術，考鏡源流並揭示圖書內容對讀書的指導作用。古籍借著通過目錄、小序、提要、分類、及一家一派師承授受之學，有助於讀者推委溯源，通過目錄以助了解各種學術演變發展過程。因此「辨章學術，考鏡源流，本史家志藝文之天職，溺其職者，則非良史」[註7]。故自劉向《別錄》、劉歆《七略》起，「條其篇目，撮其指意」（班固《漢書‧藝文志》）即是講重學術思想發展及闡明學術之淵源流別。及後，王儉《七志》、阮孝緒《七錄》無不如此，如南宋鄭樵所提出「類例分，則百家九流，各有條理」明類例的主張（《通志‧校讎略》），而先生繼承此一目錄學傳統，并加以發展，如：
卷六十二〈陸澄議置諸經學〉條：

> 自商瞿至田何其間五傳，年未為遠，無訛雜之失，秦所不焚，無崩壞

〔註7〕汪辟疆《目錄與目錄學》（台北：文史哲出版社，1990 年），頁 5。

之弊，雖有異家之學，同以象數爲宗，數百年後，乃有王弼。

先生在《南齊書・陸澄傳》引陸澄議置諸經學論《易》一段話，闡明易學發展概況，並於此大爲讚嘆「此數言者，於目錄之學精絕矣」，可見先生極爲重視目錄學的發展源流。先生透過目錄學知識博觀互校，條別類例，在此基礎下，辨章學術，考鏡源流，如《蛾術篇》說錄十四卷，考南北學派不同（卷二），考劉焯、劉炫會通南北，漢學亡半其罪甚大（卷二），考古書多亡於永嘉（卷二），考采集群書引用古學（卷二），考朱子所定古本宋元已亂，不始於明（卷三），考尚書古今文（卷四），考群書所引尚書逸文可疑者及誤者（卷四），考宋以後史學有五（卷十），考合刻叢書（卷十四）等，於學術盛衰之源，遞遷之跡，流別之異，分合之別等，先生無不費心研討，故知辨章學術，考鏡源流，是目錄學的功用，亦是史學的實證方法，先生於此用力極深，故先生對每一部書之來歷流傳及注家情況，頗爲重視，如《商榷》卷七〈漢書敍例〉條，先生對《漢書》注本在顏師古前流傳情況作了說明，「據敍例注漢書者，師古以前凡五種」，故知顏師古之《敍例》是份重要目錄學資料。

先生注重書籍之來歷及注家源流，故《商榷》在寫作體例上，在每一史開頭，開場就談目錄，即在寫作順序和編卷安排上，充分體現出目錄學思想，無怪乎《清儒學案》評云：「及學術遞變多心得焉」（卷七十七西莊學案）。如《商榷》每一史開頭，即先談目錄，如：

《史記》：史記集解分八十卷，索隱、正義皆單行，遷字子長，子長遊蹤，史記所本，史記創立體制，十篇有錄無書，褚先生補史記，徐廣音義，裴注所本，裴注下半部簡略，索隱改補皆非。

《漢書》：漢書敍例，許愼注漢書，劉之遴所校漢書，監版用劉之同本，史漢煩簡，刊誤補遺。

《後漢書》：范氏後漢書用司馬彪志補，劉昭李賢注，刊誤補遺。

《三國志》：陳壽史皆實錄，裴松之注。

《晉書》：晉書唐人改修諸家盡廢，何超晉書音義。

《南史》合宋、齊、梁、陳書：沈約宋書，蕭子顯齊書，姚思廉梁、陳二書，新唐書過譽南、北史，各書目南、北史目皆宋人添。

《北史》合魏、齊、周、隋書：魏收魏書，李百藥北齊書，令狐德棻等周、隋二書，隋書志，目錄宜補杜銓。

新、舊《唐書》：趙瑩修舊唐書，舊唐書各種本不同宜擇善而從，通鑑取舊書，宋歐修書不同時，歐宋不采唐史料諸書辨，二書不分優劣，竇苹董衝新唐書注，新唐書糾謬，舊書目錄脫誤，新書目錄脫誤。

　　新、舊《五代史》：開寶五年薛居正監修，薛係官書歐係私譔，五代史纂誤，斷代為史錯綜非是，歐法春秋，帝紀書名，歐史喜采小說薛史多本實錄。

　　從以上條目內容上看來，可歸納出幾點端倪，以見先生目錄學之內涵。

　　1、敘述有關史家之生平事跡，作者情況。

　　2、敘述有關史家之史料來源去取、體例篇卷安排及內容繁簡等編纂問題。

　　3、敘述有關史書之刊刻經過、流布情況及各本源流異同及優劣概況。

　　4、敘述有關後人之撰注、改補、校勘、考訂等情況。

　　由以上四點內容說明先生目錄學之內涵〔註8〕，《十七史商榷》換言之，亦是十七史目錄之學，如《蛾術編》卷十三〈十七史〉條上言：「蓋史學至宋而彙成十七史，實為一大結束，通鑑與綱目皆十七史也。自宋至明初言史者，但以十七為備，以宋史等別為一類。」又悉知先生一生研究史學以正史為主，故《商榷》一書研究史書以正史為內容，另外先生晚年所著成之《蛾術編》也正是以此目錄學思想內涵所轉移著作而成。

第二節　版本之辨別

　　先生談目錄是包含版本範疇與辨別版本優劣的，如卷一〈史記集解分八十卷〉，先生即對《史記》版本、卷數作一番討論：

> 　　有某氏者藏書最稱奧博，自誇其家藏宋刻開元本史記升老子於列傳首，居伯夷上，又自誇集諸家宋版史記，共成一書，凡一百三十卷，小大長短咸備。因李沂公取桐絲精者雜綴為一琴，名百衲琴，故亦戲名此為百衲史記，但百衲本既分一百三十卷，而開元本分卷若干，其為仍裴駰之舊乎？抑已改之乎？

先生《商榷》序言亦提及精校書，須購借善本，因此校書，先要廣羅異本，找到比較好的本子，作為校勘主要依據，所以善本是重要的。如張之洞《輶軒語》云：「讀書宜求善本」，張舜徽先生云：「讀書而必講求版本，包括每頁幾行，每行多少字，都要弄清楚；這對校讎異同，勘正訛誤，有著很大作用〔註9〕。」朱彝尊先生《曝書亭集》卷三十五江村銷夏錄序亦云：

〔註8〕參閱林文錡〈王鳴盛目錄學探微——兼議乾嘉之際「目錄」、「校讎」之爭〉，《社會科學戰線》，1988年第2期，頁328～332。

〔註9〕張舜徽《中國古代史籍校讀法》（台北：里仁書局，1988年），頁89。

　　　　昔之善讀書者，匪直晰其文義音釋而已，其于簡策之尺寸必詳焉。鄭
　　康成曰：易、書、詩、禮、樂、春秋，策皆二尺四寸；孝經謙半之；論語，
　　八寸策也，三分居一，又謙焉。服虔傳春秋，稱古文篆書，一簡八字，而
　　說書者，謂每行一十三字，括蒼鮑氏，以之定正武成；諸暨胡氏，以之定
　　正洪範。

誠如朱氏所言，古人用簡策時，尚記每卷字數，此對於校讀古書大有助益。因此善
讀書者，非徒識文義音釋，亦需有校讀古書之基本認知。版本學的興盛，梁啓超在
《中國近三百年學術史》論清代學術變遷與政治的影響，將清代學術成就歸納爲十
三項，包含了經書箋釋、史料之蒐補鑑別、辨僞書、輯佚書、校勘、文字訓詁、音
韻、算學、地理、金石、方志之編纂、類書之編纂、叢書之校刻等，皆取得很大成
就，尤其是在乾嘉學術風潮之下，學者爲迴避文網嚴密之現實，多埋首於考據，故
乾嘉歷史考據學派諸多學者〔註10〕，從校刻經書擴及史籍諸子，從經義訓釋延展至
文字音韻、名物訓詁、歷史地理、天文曆算等皆納入考據範疇，考據自須精良善本，
以作輔證，因而「版本之學，爲考據先河，一字千斤，於經史尤關重要。」（葉德輝
《書林餘話》卷下）考據學的發展刺激了版本學的興盛，加上明清兩代雕版印刷蓬
勃發展，造就了雄厚的版本圖書基礎。

　　清代考據學之發達，使學者明悉圖書版本之重要性，也與當時官方刻書對民間
刻書產生深遠影響〔註11〕。同時許多書肆主人亦精通版本目錄之學，甚者，讀書考
據，以便與名人往還者，不知凡幾。據《琉璃廠小志・概述・海王村人物》云：

　　　　至書肆主人，於目錄之學，尤終身習之者也。光緒初，寶森堂之李雨
　　亭、善成堂之饒某，其後又有李蘭甫、譚篤生諸人，言及各朝書版、書式、
　　著者、刻者、歷歷如數家珍，士大夫萬不能及焉。

除了官刻、民間刻書如此蓬勃發展，相互影響至巨，許多學者亦爭先刻書，力糾誤
本弊病，加上清代私人藏書頗盛，使刻書成爲宣揚善本，交換圖書，藏書重要手段

〔註10〕曹之《中國古籍版本學》（台北：洪葉文化事業有限公司，1994年），頁95第三章論
　　　　清代版本學興盛之因，在於乾嘉學派知名學者有惠棟、江聲、余蕭客、戴震、段玉
　　　　裁、王念孫、王引之、錢大昕等六十餘人。
〔註11〕同註2，第十章，論清代刻書情況，「清代康熙、雍正、乾隆三朝經濟繁榮，國力強
　　　　盛，爲刻書提供了雄厚的財力。清政府在大興文字獄、對百姓殘酷的壓迫和民族迫
　　　　害的同時，又把刻書作爲籠絡知識份子的一種手段。因此，清代官方刻書也取得一
　　　　定成績。」官刻有武英殿刻書、國子監刻書、官書局刻書等，皆有豐富的成績。此
　　　　官方大規模地組織編書刻書，對民間刻書產生深遠影響。

〔註12〕。如清代刻書家張海鵬言〔註13〕：

> 藏書不如讀書，讀書不如刻書。讀書只以爲己，刻書可以澤人，上以壽
> 作者之精神，下以惠後來之沾溉，其道不更廣耶？（《藏書紀事詩》卷六）

說明刻書不在爲己，而是在造福更廣大人群，先生著作《商榷》其序亦說明，「讀書校書之所得標舉之，以詒後人，初未嘗別出新意，卓然自著爲一書也。」又「予任其勞，而使後人受其逸；予居其難，而使後人樂其易，不亦善乎。」其著書旨趣與刻書目的，有著同一目標，皆在嘉惠後人。

先生自辭官後便定居蘇州，除了問學友人多居於此，清季書商亦多集於上海、蘇州一帶，況且掃葉山房遠在明末買下毛氏汲古閣十七史書版〔註14〕，在松江開設掃葉山房，不久遷至蘇州閶門內。其他在蘇州的尚有校經山房、杭州的西泠印社、上海的著易堂、文瑞樓、江左書林等書店，皆甚著名〔註15〕。先生居於此人文薈萃之地，加上掃葉山房有毛版十七史之刻印，在此外緣因素之下，取書、閱書較易，必然促進先生對版本之重視。

先生選擇海虞毛晉汲古閣刻本爲考證的本文，是推重其價值，同時亦搜集眾本作爲校勘依據，如先生論：

> 宋之晁公武，下迄明之焦弱侯一輩人，皆學識未高，未足剖斷古書之
> 眞僞是非辨其本之佳惡，校其僞謬也。（卷一〈史記集解分八十卷條〉）

因此，辨別版本之優劣，是讀書、校書的必要條件，今依其校勘內容可知先生所採用的校本，是經過一翻選擇的，如：

《史記》：採用明監本、震澤王氏本、莆田柯氏校本（見卷一〈索隱正義皆單行〉

〔註12〕同註2，第十章頁376，論清代家刻代表人物有周亮工、朱彝尊、徐乾學、黃叔琳、盧見曾、盧文弨、袁枚、鮑廷博、吳騫、孫星衍、張敦仁、張海鵬、黃丕烈、阮元、梁章鉅、孔繼涵、秦恩復、金山錢氏、蔣光煦、伍崇曜、汪士鐘、胡克家、繆荃孫、王先謙、劉喜海、黎庶昌、葉德輝、羅振玉等人。

〔註13〕同註2，頁369，張海鵬（1775～1816）字若雲，號子瑜，江蘇常熟人，著名藏書家。

〔註14〕據鄭德懋、顧湘撰〈汲古閣書版存亡攷〉所載，見於葉德輝《書林清話》卷七頁393。明毛晉死後版片流落四方，《十三經注疏》版片歸常熟小東門外東倉街席氏，《十七史》版片歸蘇州掃葉山房，《三唐人文集》、《六十家詞》版片歸常熟小東門賢橋邵氏，《八唐人詩》版片歸山東照趙秋谷，《陸放翁全集》版片歸常熟張氏，《十元人集》版片歸蕪錫華氏，《詩詞雜俎》、《詞苑英華》版片歸揚州商家。尚有部分版片是燒掉的，卷七載有：「毛子晉有一孫，性嗜茗飲，購得洞庭山碧羅春茶，虞山玉蟹泉水，獨患無美薪，因顧《四唐人集》版而嘆曰：『以此作薪煮茶其味當培佳也』遂按日劈燒之。」

〔註15〕嚴文郁《中國書籍簡史》（臺灣商務印書館，1995年），頁193，引自王漢章〈刊引總述〉《中國近代出版史料二編》頁365。

條）

《漢書》：採用明南監版（見卷七〈漢書敘例〉條）、宋本（見卷七〈監版用劉之同本〉）、何義門校本（見卷十二〈食貨志校誤〉條）、吳興凌稚隆本（見卷八〈高祖得天下不改元〉條）、王侍御評本（見卷十〈張晏所識〉條）

《後漢書》：採用監本（見卷二十一〈馬勉稱皇帝〉條）、何義門校本（見卷二十二〈郡國太守刺史治所〉條）。

《三國志》：採用宋本、元修本（見卷四十〈紹使人說太祖〉條）

《晉書》：採用元版（見卷四十四〈大雩〉條）

《南史》合、宋、齊、梁、陳四書：採用監版（見卷五十五〈西貴〉條）、南雍本（見卷五十九〈武陵王贊薨〉條）、北雍本（見卷六十〈虞祭明堂〉條）、何義門校本（見卷六十一〈戚斗〉條）

《北史》合、魏、北齊、周、隋四書：採用南雍本（卷六十八〈崎〉條）

《舊唐書》：汲古閣本無，先生採用聞人詮本（又稱為原本），近本，葉石君、張石民校本，錢敏求鈔本（見卷六十九〈趙瑩修舊唐書〉條）。

《舊五代史》：汲古閣本無，先生採用四庫館新輯傳鈔本（見卷九十三〈薛係官書歐係私撰〉條）。

《新五代史》：採用南雍本（見卷九十五〈守魏固揚劉自鄆襲汴〉條）、一本（見卷九十八〈歐史脫文誤字〉條）。

先生選定汲古閣十七史作為校勘底本，亦選擇有校勘價值的善本作為對校本和參校本，尚且廣泛搜集其它校勘資料，大大地充實了校勘的內容及價值，形成一個版本系統。如胡適先生言：「故用善本對校是校勘學的靈魂，是校勘學的唯一途徑。」、「校勘之學並無不靠善本」〔註16〕。先生搜集各史版本有多有寡，有的僅一種異本，則可作兩本對校，有的版本較多較複雜，先生則考察版本源流演變，並斷其版本優劣做為參校，如：

卷五〈正義改列傳之次〉條：

常熟毛氏刻集解及索隱，皆伯夷列傳第一，老子韓非列傳第三，此元本也，而震澤王氏刻以老子莊子居伯夷傳之前，同為一卷，居第一，申不害韓非為一卷，居第三，蓋正義本也。開元二十三年，奉敕升老子，莊子因老而類升，張守節從之，若監本老子伯夷同傳第一，莊子韓非同傳第三，則又是後人所定。

〔註16〕胡適〈校勘學方法論〉《中國圖書文獻學論集》（台北：明文書局，1986 年），頁 417。

先生對於《史記》之汲古閣本、正義本（震澤王氏本）、監本三者做了一番辨別。在卷七〈監版用劉之同本〉條，先生對《漢書》刊刻流布情況及版本之間差異做了一番考證，辨明自張泌、余靖、宋祁、劉之同、南監本到汲古閣本之間演變過程。

> 前明嘉靖初，南京國子監祭酒甬川張邦奇修補監中十七史舊版，并添入宋、遼、金、元十一年七月成，其漢書所據建安書坊劉之同版也。蓋自師古注後，傳本不一，宋仁宗景祐二年，秘書丞余靖爲刊誤，備列先儒姓名二十五人，師古所列二十三人外，添師古及張泌也。泌江南人，歸宋，太祖時，收僞國圖籍，召京朝官校對，皆題名卷末，今藝文志末附校一段，不稱臣泌、張良、司馬相如、東方朔、揚雄四傳末各附校一段，則稱臣泌，似泌等語皆附各卷末矣。而賈誼傳中臣泌語，則又插入顏注，不別附卷末，蓋傳寫參錯。宋史三百二十卷余靖傳云，字安道，韶州曲江人，爲秘書丞，建言班固漢書舛謬，命與王洙并校司馬遷、范蔚宗二史書。奏擢集賢校理，與校例合。余靖之後，又有宋景文祁校本，凡用十六本參對而成，建安版即用宋景文本爲正，又別采入諸家辨論，凡十四家，刻於寧宗慶元中，即冠師古敘例於前，又附余靖、宋祁原校所采先儒姓名書目。之同又稱景文所據爲十五家，案其目實十六。殆因江南本原係宋平江南所得，而舍人院本即江南本之藏舍人院者，一本二目，故併稱之，之同所采三劉刊誤，出劉敞與其弟攽其子奉世撰，宋史三百十九卷敞傳云，字原父，臨江新喻人，不言有←此書，惟攽傳云，字貢父，遼史學作東漢刊誤爲人所稱。司馬光修資治通鑑，專職漢史，奉世傳云，字仲馮精漢書學而已。其實兩漢皆有三劉評論，雖與宋祁同時，而祁卻未采，今書已亡，賴之同采之得存，毛氏汲古閣版於顏注外，僅存泌等五條，其餘盡去之，不如監版所據之建安版爲該備。

先生在此辨悉《漢書》刊刻流布情況，亦對於校史所用之汲古閣底本，有所評議。指出「今人家漢書多常熟毛氏汲古閣刻本，字密行多，篇帙縮減，誠簡便可喜，予亦用之。但前明南監版有顏師古敘例，此削去不存，則來歷不明」（卷七〈漢書敘例〉條）又「毛氏汲古閣版于顏注外，僅存臣泌等五條，其餘盡去之，不如監版所據之建安版爲該備。」（卷七〈監版用劉之同本〉條）汲古閣本號稱精善，但脫誤缺失處亦有，故先生於此發其先聲，持其公允之論，議其汲古閣不足處，在對版本之間差異情況，更能明辨其細微。

卷六十九〈舊唐書各種本不同宜擇善而從〉條，先生考辨《舊唐書》聞人詮本、朱倬本、至樂樓鈔本、葉石君、張石民校本，並提出《舊唐書》各種版本不同，宜

擇善而從之見解。

　　　劉昫等既修唐書，後宋命宋祁等改修為新唐書，而鬌書稱舊唐書，久之遂廢。明嘉靖十七年，聞人詮等重刻成，序稱弭節姑蘇，窮搜力索，吳令朱子得列傳於光祿張氏，長洲賀子得紀志於守漢公遺籍，俱出宋時模版云云，觀此則聞人氏據宋版。文氏徵明序云，是書嘗刻於越州，卷後有教授朱倬明，倬仵秦檜出爲越州教授，當是紹興初年云云，而其下又有聞人公得舊刻數冊，徧訪斷簡校閱就緒云云，繹其文則聞人所據，乃別一宋版，非朱倬本也。錢敏求（名藝，常熟人）藏有至樂樓鈔本，不言出於何人，葉石君（名萬，一名樹蓮，吳縣洞庭山人，徙居常熟，諸生，本朝康熙初卒，年八十）借得以校聞人本，多有不同。張石民又借得石君校本，以校近沈詹事等考定刊本，石民跋稱葉氏所據鈔本，係影宋鈔，每卷末有校勘人名（有右文林郎充西浙東路提舉鹽茶司幹辦公事霍文昭、薛之勤等名），末卷有朱倬名，然則至樂樓鈔本，即是紹興本，此本既與聞人本不同，則知聞人本乃別據一宋刻，而非朱倬本益明。但鈔本亦不全僅得其半，鈔本闕者，葉校亦闕，石民既用硃筆臨寫，葉校又於聞人本與近本不同者，用黃筆注逐條之旁，竊謂校書之道，貴擇善而從，徇今而媢陋，泥古而迂癖，皆病也。聞人本與鈔本各據宋版，未見鈔本必是，聞人必非，近本改易聞人本處，亦有可從。觀葉、張兩家，大都榮古虐今，意見稍偏，予從阮薑（名學，濬山陽人，雍正癸丑進士，官編修）借石民本，從李禹定（名大，夏吳縣人）借聞人本，雠勘近本，以己意裁取，不盡從葉、張，彼校善者從也，但稱校本，不標孰爲葉孰爲張，聞人本則稱原本。

先生以「校書之道，貴擇善而從，徇今而媢陋，泥古而迂癖」原則下，對於聞人詮本、朱倬本、錢敏求鈔本、近本、葉石君、張石民校本等眾本中，理出原本、校本、近本等三條線索，作爲三本參校，而不固執於某本是或某本爲非，而能通達靈活參校。也以此擇善而從態度，以汲古閣爲底本與他本參校中，指出汲古閣本訛誤之處，並非妄從。

　　先生除了採用以上各史版本做對校、參校，甚而「購借善本，再三雠勘」（《商榷》序文），即是蒐集群籍版本以校史文。先生平生藏書、求書，積極地求得好版本，並辨別其中優劣，如卷八十二〈唐人文集〉條，先生云：「今世宋元集數見不鮮，唐人集則寥寥矣。……」「予訪求數十年，又有友人張德榮，吳翌鳳相助，所得頗博」，故《商榷》一書，引書至博，如先生所藏賈誼《新書》、係宋淳祐八年刻本，先生以此校正《史記·始皇本紀》，自是最爲可靠（卷二〈始皇本紀贊後人所亂〉條）。又

嘗購得宋版《春秋繁露》，以解《尚書‧洪範》爲天下，王采其深察名號篇文（卷九十五〈李斥威〉條）。又所藏宋刻《張子壽曲江集》以助校勘新、舊《唐書》論張九齡辭起復事（卷八十八〈張九齡辭起復事〉條）。又校《三國志》田疇字子泰，右北平無終人文，先生所據從友人朱奐文游借得宋紹熙壬子冬《贛川曾集》刻本，知田疇字或作子泰，或作子春，宋人已不能定（卷四十〈田疇字〉條）。又校勘陶潛卒時年六十三，先生所見陶集，係宋版紹熙壬子《贛川曾集》所刊，此即宋版《陶集》（卷五十一〈潛年六十三〉條）。又先生據王琯之《古今逸史》本刻《華陽國志》校勘《三國志》（卷四十一〈益德〉條）。又《古今逸史》有甘肅蘭州刻本（卷四十一〈益德〉條）。另外，先生《商榷》書中尙引用《通鑑釋文》祕鈔本，《建康實錄》宋刻本、《金樓子》鈔本、《騎省文集》，《東皋子》寫本等，均不易獲致，先生用來校勘史書，皆得不錯成果。

第三節　校勘之運用

　　從《商榷》序言，知本書是以校勘爲目的，而全文二千餘條，校勘幾占一千條。

　　　　十七史者，上起史記，下迄五代史……海虞毛氏汲古閣，所刻行世已久，而從未有全校之一周者。予爲改訛文，補脫文，去衍文……二紀以來，獨處一室，覃思史事，既校始讀，亦隨讀隨校，購借善本，再三讎勘。

先生把校書看成是讀書的前提，如《商榷》序言：

　　　　好著書不如多讀書，欲讀書必先精校書，校之未精而遽讀，恐讀亦多誤矣。讀之不勤，而輕著恐且多妄矣。

又卷一〈史記集解分八十卷〉條：

　　　　如某但可云能藏書，未敢許爲能校書，能讀書也。

校書、藏書首須要有豐富學識涵養，欲有豐富學識，亦必先明白書籍版本之來源及優劣，才不致妄讀、亂讀。先生對讀書、校書有此愼審態度，是符合實事求是之原則，如同顏之推言〔註17〕：

　　　　校定書籍，亦何容易，自揚雄、劉向，方稱此職耳。觀天下書未遍，不得妄下雌黃。

顏氏說明校書非易，而讀書不精，知識狹隘之人，著手校書，恐多錯誤。顧炎武《日知錄》卷十八〈別字〉、〈勘書〉二條，亦同此見解。

〔註17〕《顏氏家訓‧勉學》第八（台北：錦繡出版社，1992年），頁98。

〈別字〉條云：

> 山東人刻金石錄，於李易安後序紹興二年，原默歲，壯月朔，不知壯月之出於爾雅，而改爲牡丹。凡萬曆以來所刻之書，多牡丹之類也。

〈勘書〉條云：

> 凡勘書必用能讀書之人。偶見焦氏易林舊刻，有曰環緒倚鉏，乃環堵之誤；注云緒，疑當作珮。井煙水刊，乃木刊之誤；注云，刊，疑當作利，失之遠矣。幸其出於前人，雖不讀書，而猶遵守本文，不敢輕改。苟如近世之人，據臆改之，則文益晦，義益舛而傳之後日，雖有善讀書者，亦茫然無可尋求矣。然則今之坊刻，不擇其人，而委之雛勘，豈不爲大害乎。

凡勘書必用能讀書之人〔註18〕，先生重視校勘對圖書的重要性，主張讀書必先校書，乃因圖書流傳日久，經過翻刻、散佚，不免產生一些錯訛衍脫或刪削竄改等問題，如卷七十六〈甲子多誤〉條，先生所論：

> 或本目誤，或因傳鈔而誤，書經三寫，烏焉成馬，史文繁重，學者罕窺，況肯校其誤乎？宜乎仍訛踵謬如此。

古籍文字訛誤，因素頗多，比如脫簡錯簡，後人又據以傳鈔，以致造成文字段段殘缺錯亂。或因刻版時用字型號不清，經過翻刻傳鈔，便出現條目訛爲子目，不是目錄的變成目錄，正文訛爲小注，小注訛爲正文等顛倒錯亂情形。或因字形相近而誤，或因聲近而誤，而使文字妄改、妄添、妄刪等弊端，如此便造成古書文句許多錯誤，歸納起來可分爲脫、誤、衍、倒等四種情況，故文字之校勘工作，就是要糾正此四種流弊，以恢復古書原貌〔註19〕。

先生亦強調文字與讀史的重要性，「欲通古今，賴有字，亦賴有史，故字不可不識，史不可不讀。」（卷六十七〈通古今〉條）文字是通過對歷史瞭解的關鍵性，要做好校勘工作，不能不掌握文字知識，因古籍中文字因字形字音而誤者甚多，往往諸本不一，熟是熟非，莫衷一是，故校正誤字，需要文字知識〔註20〕。因此，先生

〔註18〕張舜徽《中國古代史籍校讀法》（台北：里仁書局，1988年），頁155，云：「顧氏這兩條記載，真足令人發噱！一般讀書太少的人，腦子裏只有牡丹、水利這一類的字眼。而不知八月爲牡，見于爾雅釋天；隨山刊木，見于尚書·禹貢。刊是斫伐的意思。當他們遇著壯月、木刊等辭時，便只得改從習見的名詞，和原文意義大乖，替書籍帶來損害，可知著手校書，也不是完全不讀書的人所易爲力的。至於遇著比較更爲隱僻的文字、艱澀的辭句，如果讀書不多，更無從剖析疑滯，審定書本傳寫的錯誤。」

〔註19〕許凌雲《讀史入門》（北京出版社，1989年），頁388。

〔註20〕張治江〈古籍校勘〉《古籍知識手冊，1988年》頁199一文引趙仲邑《校勘學史略》，說明校正文字，需要文字知識，如《尚書·大誥》：「『天休于宁王興伐小邦問』其中

特重文字、音韻、訓詁方法，考證旁見推敲，以見古書之眞貌，顯現歷史眞相，所以校勘文字是史學研究重點，亦是考證史料的原形方法〔註21〕。先生透過文字校勘使十七史重整一統，故衍文、訛字、脫文、刪削等缺失，可賴加以糾正。

清代學者對古籍之整理校注補正，勝於前代各期，尤其乾嘉時期學者，於精力多集中在考據上，埋首於學術中，對古書進行校勘及整理工作，取得很大的成績，當時如顧千里、孫星衍、張敦仁、黃丕烈、胡克家、秦思復、吳才鼎諸人，都是喜歡校書和刻書的知名人士，甚有些學者，於終身忠於校書，並將其生平最得意校本，彙刻在一起，供後人參考，亦有用力精邃在群經諸史校勘的，皆取得很大成就〔註22〕，如朱一新《無邪堂答問》卷二有云：

> 校讎之學，所以可貴，非專以審訂文字異同爲校讎也，而國朝諸儒，
> 則於此獨有偏勝，其風盛於乾嘉以後。

清代校勘家，較過去任何時期都要多，先生在此風潮下，亦以一生治經功力校勘於十七史上，以一己之心力全校十七史一周，用心之深不小。先生在校勘中，主要在讀書中發現疑義，除以正史爲主，並多方廣集搜羅書目，做爲輔助校勘之方，如序言：

> 偏霸雜史，稗官野乘，山經地志，譜牒薄錄，以暨諸子百家小説筆記，
> 詩文別集，釋老異教，旁及於鐘鼎尊彝之欵識，山林冢墓祠廟伽藍碑碣斷
> 闕之文，盡取以供佐證，參伍錯綜，比物連頴，以互相檢照。

校書工作先決問題，在於多儲副本，特別是較好、較早本子，應加廣搜博採，作爲校勘依據〔註23〕。而後運用本校、對校、他校、理校諸法，尋求毛版十七史中之衍，

『宁』爲『文』字之誤。文的古字寫作𡨚，見（河南洛陽土出的西周成王時的保卣
器文）與小篆中的顫形相似，漢代經師不識古字之『文』字，遂誤以爲『宁』字。」
〔註21〕杜維運《史學方法論》（台北：三民書局，1991年），頁175。杜先生論文字學是史
學家的最大資本（亦即最大工具）。
〔註22〕同註2，頁139。第二編關於校書中敍及，清乾嘉學者們喜歡校書和刻書，尤以顧千
里最負盛名，當時諸家校刊古書，都爭迎顧氏爲助，像孫星衍所刻宋本《説文》、《古
文苑》、《唐律疏義》；張敦仁所刻撫州本《禮記》、嚴州單疏本《儀禮》、《鹽鐵論》；
黃丕烈所刻《國語》、《國策》；胡克家所刻宋本《文選》、元本《通鑑》；秦思復所刻
揚子《法言》、《駱賓王集》、《呂衡州集》；吳鼒所刻《晏子》、《韓非子》等，都是由
顧氏參加校勘，替他們設計雕印的，每書刻畢，顧氏又綜合全書中校訂語，寫成《考
異》或《校勘記》，附刊於後，給予讀書者極大方便，這功績是不可湮沒的。
〔註23〕同註2，頁100。第二編分論上，關於校書應廣搜博採，作爲校勘依據，如劉向受詔
校書時，每書所用本子，是極其廣泛的，如〈戰國策敍錄〉、〈晏子敍錄〉、〈孫卿子
敍錄〉、〈管子敍錄〉、〈韓非子敍錄〉、〈列子敍錄〉、〈鄧析子敍錄〉等篇，每篇都記
載了校書經過和所用公私收藏的各種本子，當時公私收藏比較好的本子，大都集中
爲劉向校勘之用了。

脫，訛等諸疑義，而加以去取，定其是非，校勘不僅議定文字，還見事實之眞僞，糾正傳寫之誤，考訂史家之失。

一、本史互校

本史互校，即是以本書前後互證，而抉摘其異同，則知其中之繆誤。吳縝之《新唐書糾繆》，汪輝祖之《元史本證》，即用此法。此法於未得祖本或別本以前，最宜用之〔註24〕。先生本史互校，是以史書中之紀志表傳或上下史文互校，《商榷》多用此法。如：

卷九〈青翟〉條：

> 景紀元年，遣御史大夫青翟與匈奴和親，文穎曰，姓嚴，諱青翟，臣瓚曰，此陶青也。莊青翟，武帝時人，此紀誤。師古曰，後人妄增翟字。案百官表正作陶青。

先生以《漢書》卷五〈景帝紀〉與卷十九〈百官公卿表〉互爲參看，知開封侯陶青爲御史大夫，武疆侯莊青翟則爲武帝時人，在此〈景帝紀〉遣御史大夫至代與匈奴和親，則爲陶青明確，並非莊青翟，故如師古所言，翟字乃後人妄增。

又卷十一〈有稅有賦〉條：

> 刑法志，因井田而制軍賦，有稅有租。案下文即云，稅以足食，賦以足兵。師古曰，稅田稅，賦發斂財也，則合作有稅有賦。又食貨志前一段語意與此正同，亦云，有賦有稅，若作租，租即稅也，不可通也。

先生以《漢書》〈刑法志〉、〈食貨志〉兩志互校，說明有賦有稅語意相同。〈刑法志〉「因井田而制軍賦。……有稅有租，稅以足食，賦以足兵」師古曰：「稅者，田租也，賦謂發斂財也。」〈食貨志〉作：「有賦有稅。稅謂公田什一及工商衡虞之入也。賦共車馬甲兵士徒之役，充實府庫賜予之用。」故作有賦有稅，於兩志合，若作租即稅，則似未妥切。

又卷十二〈賈鼂董論食貨〉條：

> 食貨志載賈誼、鼂錯、董仲舒奏議，三人本傳俱不重出，足見禮志直因無可敘述，聊采論奏，敷衍成篇。

《漢書・食貨志》載賈誼、鼂錯、董仲舒等三人奏議，〈禮樂志〉因「今海內更始，

〔註24〕陳垣校定《元典章》（中研院史語所集刊，1933年，收錄於《中國圖書文獻學論集》）（台北：明文書局，1986年），頁420，所用校書法有四：一爲對校法二爲本校法三爲他校法四爲理校法，今分析《十七史商榷》所用校勘法，依此四端。

民人歸本，戶口歲息，平其刑辟，牧以賢良，至於家給，既庶且富，則須庠序禮樂之教化矣。今幸有前聖遺制之威儀，誠可法眾而補備之，經紀可因緣而存著也。孔子曰：『殷因於夏禮，所損益，可知也。其或繼周者，百世可知也。』今大漢繼周，久曠大儀，未有立禮成樂，故取賈誼、仲舒、王吉、劉向之徒所爲發憤而增嘆也。」故〈禮樂志〉亦可見賈誼、仲舒二人之論奏，但其三人本傳亦不錄此奏議之文，故先生以〈食貨志〉、〈禮樂志〉、〈賈誼傳〉、〈爰盎鼂錯傳〉及〈董仲舒傳〉互爲校正，三者載錄輕重互見，互補不足。

又卷三十〈二月壬辰〉條：

> 和紀云，章和二年二月壬辰，即皇帝位。案章紀，章帝以正月壬辰崩，而此紀，和帝即位在二月壬辰，二者書目必有一誤。

先生以《後漢書》〈和帝紀〉及〈章帝紀〉做爲互校，知和帝即位二者書目必有一誤。

又卷三十一〈琅邪王遵〉條：

> 永和三年，琅邪王遵薨，按本傳及安帝紀遵俱作尊。

先生以紀、傳互校，〈安帝紀〉遵俱作尊，〈王遵〉本傳作遵，二者文字有異。

又卷三十一〈帝弟顧〉條：

> 桓帝紀建和二年封帝。弟顧爲平原王，按顧本傳作碩。

先生以〈桓帝紀〉與〈王顧〉本傳互校，顧字本傳作碩字。

又卷三十一〈中山王暢無子〉條：

> 熹平三年三月，中山王暢薨，無子，國除。按中山王本傳云暢薨，子節王稚嗣，紀傳不同。

先生以〈靈帝紀〉與〈中山王〉本傳互校，紀作王暢無子。本傳云，子節王稚嗣，二者不同。

又卷三十一〈河間王建孫〉條：

> 熹平四年封河間王建孫佗爲任城王，按任城王傳以佗爲建之子非孫，紀傳不同。

先生以〈靈帝紀〉與〈任城王傳〉互校，紀作佗爲王建孫，傳以佗爲子，非孫。

又卷三十一〈安平王續〉條：

> 中平元年，鉅鹿人張角反，安平人執其王應之。注，安平王續。案，本傳作績。

先生以〈靈帝紀〉與〈安平王續〉本傳互校，續字本傳作績。

又卷三十一〈改姓薄〉條：

> 桓帝鄧皇后，后少孤母改嫁梁紀，紀，梁冀妻孫壽之舅也。后隨母冒

姓梁氏及立爲后，帝惡梁氏，改姓爲薄。按五行志薄作亳。

先生以〈鄧皇后紀〉與〈五行志〉互校，〈五行志〉薄作亳。

又卷三十一〈舞陽長公主〉條：

　　　　世祖光武皇帝長女義王，建武十五年，封舞陽長公主，適延陵鄉侯
　　太僕梁松。注，松，梁統之子。其傳云，尚光武女舞陰公主。又鄧訓傳，
　　舞陰公主子梁扈有罪，訓與交通，此云舞陽，誤也。案章德竇皇后傳亦
　　作舞陰。

先生以〈皇后紀〉第十記載光武皇帝長女「皇女義王，建武十五年封舞陽長公主，
適延陵鄉侯太僕梁松。」但〈梁統列傳〉記統之子梁松文「松字伯孫少爲郎，尚光
武女舞陰長公主，在遷虎賁中郎將。」〈鄧訓傳〉云「舞陰公主子梁扈有罪，訓坐私
與扈通書，徵免歸閭里。」先生以此三文紀、傳互校舞陽爲誤。

又卷四十一〈郭循傳〉條：

　　　　費禕傳，延熙十六年，歲首大會，魏降人郭循在坐，禕歡飲沈醉，爲
　　循手刃所害。案魏書三少帝紀齊王芳嘉平五年作郭修，本書張嶷傳及吳書
　　諸葛恪傳，注引志林並同，惟費禕傳作循，明是傳爲誤。

先生以《三國志》中之〈費禕傳〉、〈魏書三少帝紀〉、〈張嶷傳〉、〈諸葛恪傳〉等互
校，作循爲誤，當是作修字。

又卷四十四〈王祥薨年〉條：

　　　　泰始四年夏四月戊戌，太保睢陵公王祥薨。案祥本傳薨於泰始五年，
　　此紀乃在四年四月互異。

先生引《晉書》之〈世祖武帝紀〉與〈王祥列傳〉，紀與傳互校，知王祥薨，紀乃在
四年四月，傳記於五年，二者互異。《晉書斠注》云：「案祥本傳云泰始五年薨，魏
志呂虔傳注引王隱，晉書亦云泰始四年，年八十九薨，是本傳誤也。」

又卷四十四〈段勿塵〉條：

　　　　太安二年封鮮卑段勿塵爲遼西公，案段匹磾本傳及王浚傳皆作務，勿
　　塵本紀誤。

先生互校〈晉惠帝紀〉及〈段匹磾列傳〉、〈王浚列傳〉，知二傳作務勿塵爲是，本紀
作段勿塵爲誤。《晉書斠注》卷四〈晉惠帝〉注文「王浚、段匹磾傳均作務勿塵。」

又卷四十四〈韓雅〉條：

　　　　永興二年，隴西太守韓雅攻秦州，刺史張輔殺之。案隴西太守韓雅，
　　張軌傳作東羌校尉韓稚。

先生以〈晉惠帝紀〉、〈張軌傳〉互校，紀作韓雅，張軌傳作韓稚，二者不同。〈張軌

傳〉文「張氏遂霸河西，永嘉初會東羌校尉韓稚殺秦州刺史張輔。」《晉書斠注》卷八十六注文云：「案惠帝紀作隴西太守，韓雅事在永興二年六月，與此異。皇甫重張輔傳均作隴西太守韓雅。職官志有護羌校尉、無東羌校尉。」〈張輔傳〉文作韓雅：「召隴西太守韓雅會議未決。⋯⋯」案張軌、張輔兩傳皆作韓稚與〈晉惠帝紀〉作韓雅異。

又卷四十五〈王龕〉條：

> 穆帝紀永和五年二月，征北大將軍褚裒使部將王龕北伐。案王龕褚裒傳做徐龕。

先生以《晉書·穆帝紀》及〈褚裒傳〉作互校，王龕、徐龕，紀傳稱呼有異。錢大昕《廿二史考異》卷十八〈穆帝紀〉條云：「褚裒傳作徐龕，按太山太守徐龕先已為石勒所殺，當從紀。」《晉書斠注·穆帝紀》卷八注云「案魏書司馬叡傳作督護王龕，足證非徐龕也。」又〈褚裒傳〉下注云：「御覽四百八十七晉中興書曰，裒遣督護王堪迎流民。案龕與堪古通，何書作亡堪與本紀合，此傳誤王為徐也。」先生以紀、傳互校，知王龕、徐龕紀傳不同，錢大昕及《晉書斠注》持相同論見，皆以傳做徐龕為誤。

又卷四十五〈桓謙魏隱司馬逸〉條：

> 安帝紀隆安三年十一月甲寅，妖賊孫恩陷會稽，吳國內史桓謙，臨海太守新蔡王崇，義興太守魏隱並委官而遁，吳興太守謝邈，永嘉太守司馬逸皆遇害。案孫恩傳桓謙作桓謹，魏隱作魏鄢，司馬逸作謝逸。

先生以《晉書·安帝紀》及〈孫恩傳〉互校，桓謙作桓謹，魏隱作魏鄢，司馬逸作謝逸，紀、傳所記名字有異。《晉書斠注》卷一百〈孫恩傳〉注云「案謹當從安帝紀劉牢之傳及魏書司馬叡傳作謙」即是桓謹當作桓謙。又卷十〈安帝紀〉注「孫恩傳桓謙誤作桓謹，魏隱作魏儁，謝琰傳作魏鄢，世說賞譽篇下注魏氏譜曰，隱字安時會稽上虞人歷義興太守御史中丞。」《廿二史攷異》卷二十二云：「孫恩傳作魏傳，傳與鄢通，本紀作魏隱，隱、傳聲亦相近。」

又卷四十六〈日食紀志互異〉條：

> 武帝泰始十年正月乙未，日有食之，天文志有武帝失載。太康六年八月景戌朔，日有食之，武帝紀有天文志失載。成帝咸和元年十月乙未朔，日有食之，天文志有武帝紀失載。咸康八年正月乙未朔，日有食之，成帝紀作己未，孝武帝太元元年十一月，己巳朔日有食之，本紀有，天文志失載。太元四年閏月己酉朔，日有食之，本紀作十二月，皆紀、志互異。

先生以〈世祖武帝紀〉、〈顯宗成帝紀〉、〈孝武帝紀〉等記日食與〈天文志〉互校，

知其紀、志互異情況，若紀有志無，或紀無志有，相互校者，可補其失載處，或紀、志所載各異。

如卷四十六〈庚申〉條：

> 天文志永熙元年四月庚申帝崩，案惠帝所改永熙元年，即武帝太熙元年，但武、惠二帝紀俱作己酉帝崩，與志不同。

〈天文志〉記世祖武帝崩於永熙元年四月庚申，但〈世祖武帝紀〉及〈孝惠帝紀〉皆作己酉，日期所載紀、志各異。

又卷四十六〈章帝置吳郡〉條：

> 晉書十四卷地理志敍首云，後漢章帝置吳郡。案後漢書分會稽爲吳郡，在順帝永建四年，此言章帝非也，乃其下文第十五卷敍述揚州沿革，則又云後漢順帝分會稽立吳郡一篇，之中自相矛盾。

先生以《晉書‧地理志》十四卷及十五卷上下文互校，見其漢章帝置吳郡，又漢順帝分會稽立吳郡之語自相矛盾。吳郡爲漢順帝時所置，《晉書斠注》卷十五下注，順帝時人周嘉上書請分浙江以西爲吳郡，東爲會稽郡。

又卷四十八〈太安元年立羊后〉條：

> 惠帝羊皇后泰山南城人，賈后既廢，孫秀議立后，后外祖孫旂與秀合族，又諸子自結於秀，故以太安元年立爲皇后。愚案據帝紀羊后以永康元年十一月立，五行志亦作永康元年。考永康之後改永寧，孫秀之誅在永寧永元，其明年方改元太安，豈得如此傳所云，當以本紀及五行志爲正。

先生引〈惠帝紀〉永康元年十一月甲子立皇后羊氏（《晉書》卷四），〈惠羊皇后傳〉「孫秀議立后，后外祖孫旂與秀合族，又諸子自結於秀，故以太安元年立爲皇后。」（《晉書》卷三十一）帝紀與后傳所記不同，但《晉書斠注》卷三十一〈惠羊皇后傳〉注云：「案太安初孫秀已誅，安得議立后乎。案惠帝永康元年十一月甲子立皇后羊氏，五行志同。御覽一百三十八引臧榮諸晉書亦云，永康元年立爲皇后，此作太安元年誤也。」《晉書斠注》引《御覽》所論與先生同。

又卷四十八〈章太妃稱夫人〉條：

> 章太妃周氏以選入成帝公，生哀帝及海西公，始拜爲貴人。哀帝即位，詔有司議貴人位號太尉，桓溫議宜稱夫人，尚書僕射江彪議應曰，太夫人。案禮志桓溫議宜稱太夫人，江彪議可言皇太夫人。

先生於此條引〈章太妃傳〉與〈禮志〉對校參看，知二者於尊號章太妃說法不一，按《晉書斠注》卷三十二〈章太妃傳〉引《廿二史考異》卷二十一言〈禮志〉「桓溫議宜稱太夫人，江彪謂可言皇太夫人與傳不同，當從志。」

又卷四十八〈永興三年〉條：

> 穆帝何皇后升平元年立爲皇后，無子，哀帝即位，稱穆皇后。桓元篡
> 位，降爲零陽縣君，與安帝俱西至巴陵，劉裕建義后還京都，永興三年崩，
> 在位凡四十八年。案永興當作元興，自穆帝升平元年至安帝元興三年正四
> 十八年。

〈安帝紀〉記桓玄篡位在元興二年，三年秋七月戊申永安皇后何氏崩，八月葬章皇
后于永平陵。因此安帝年號元興，並非永興，況桓玄篡位事件如史冊歷歷記明在元
興二年，若字作永興，直爲誤明矣。〈穆章何皇后傳〉於永興三年崩，年六十六，在
位凡四十八年，可證傳誤，當以帝紀爲是。

又卷四十八〈興寧二年〉條：

> 哀帝王皇后興寧二年崩，帝紀崩在三年。

先生以〈哀帝紀〉與〈哀靖王皇后傳〉互校，知其所記崩年互異。

又卷四十八〈太和元年〉條：

> 廢帝海西公庾皇后太和六年崩，帝紀崩在元年。

先生以〈廢帝海西公紀〉與〈孝庾皇后傳〉互校，紀作庾皇后崩於太和元年五月，而
庾皇后傳卻作太和元年，二者有異。《晉書斠注》卷三十二〈廢帝孝庾皇后傳〉下注云
「御覽一百五十一引晉中興書作太和元年崩。宋書禮志三亦云泰和元年五月海西夫人
薨。案海西公紀皇后庾氏崩于元年五月與何書宋志合，是本傳誤也」可資參考。

又卷四十八〈石苞薨年〉條：

> 石苞傳泰始八年薨，武帝紀則云泰始九年二月癸巳薨。

先生以〈石苞傳〉與〈武帝紀〉互校，知石苞薨年，紀、傳所記不同。

又卷四十八〈王佑賈充裴秀〉條：

> 羊祜傳泰始初爲尚書右僕射衛將軍，時王佑、賈充、裴秀皆前朝名望，
> 祜每讓不處其右。案王佑乃嶠之父，爲楊駿腹心，此非前朝名望也，疑爲
> 王沈之誤。效王沈傳，羊祜、荀勗、賈充、裴秀等皆與沈諮謀。賈充傳，
> 充與裴秀、王沈、羊祜、荀勗同受腹心之任，則爲沈無疑。

先生引〈羊祜傳〉、〈王沈傳〉及〈賈充傳〉三者互校，知其羊祜、王沈、賈充、荀
勗、裴秀等諸人，其時皆爲名望，亦同受腹心之任，故王沈非王佑，〈羊祜傳〉作王
佑，恐爲字誤所致。

又卷四十八〈陳騫薨年〉條：

> 陳騫以元康二年薨，年八十一見本傳，帝紀則在太康二年十一月，元
> 康乃惠帝年號，爲何至此，當從紀。

先生以〈陳騫傳〉與〈武帝紀〉互校，知太康爲武帝年號，元康乃惠帝年號，而陳騫薨年，本傳作元康二年，錢大昕《廿二史考異》卷二十一言，「案本紀騫以太康二年十一月薨，元康惠帝年號，騫不及事惠帝也。」其說，陳騫薨年當從〈武帝紀〉爲是。

又卷四十八〈王渾長子尙〉條：

> 王渾傳前既云，以功封次子尙爲關內侯，末又云，長子尙早亡，次子濟嗣，自相矛盾。

先生以〈王渾傳〉上下文互校，知其說王渾子之名，前後矛盾。長子尙早亡，以功封次子者，絕不是王尙。

又卷五十〈重出王導語〉條：

> 丁潭傳王導謂孔敬康有公才而無公望，丁世康有公望而無公才，已見前虞潭之兄子騵傳中，重出可厭。

《晉書斠注》卷七十六〈虞騵傳〉有王導語，謂騵曰：「孔愉有公才而無公望，丁潭有公望而無公才。」案此二語亦見卷七十八〈丁潭傳〉，先生以此二傳互校，見其重出之語，殊覺不妥。

又卷五十〈語在郊祀志〉條：

> 司馬彪傳泰始初，武帝親祠南郊，彪上疏定議語在郊祀者。案晉書無郊祀志，但有禮志，亦不載彪南郊議。

《晉書》無〈郊祀志〉，但有〈禮志〉，先生以〈司馬彪傳〉同〈禮志〉互校，知其司馬彪上疏定議語〈禮志〉不載。

又卷五十一〈徐龕李菟〉條：

> 外戚褚裒傳，裒除征討大都督青、揚、徐、兗、豫五州諸軍事，裒率眾逕進彭城，光遣督護徐龕伐沛，龕軍次代陂，爲石遵將軍李菟所敗。案，徐龕、穆帝紀作王龕，李菟，穆帝紀作李農。

〈穆帝紀〉徐龕作王龕，〈穆帝紀〉及〈載記〉李菟作李農，先生以〈穆帝紀〉及外戚〈褚裒傳〉互校，知其徐龕、李菟二人名字，紀、傳所記互異。

又卷五十一〈韓晃李湯〉條：

> 蘇峻傳前言峻死後，其將立峻之弟逸爲主，逸與韓晃等并力來攻，溫嶠等選精銳攻賊營於陣，斬晃，其下文又敍峻之餘黨張健與韓晃等輕軍俱走，督護李閎率銳兵追之，及於巖山，健等不敢下山，惟晃獨出，乃斬之，竊攷此篇中韓晃名凡九見，乃數行之中，前云斬晃，後又云晃走，自相矛盾，誠爲笑端，又其敍峻之弟逸爲李湯所執，斬於車騎府。李湯，本紀作

李陽。

先生以〈蘇峻傳〉中敘及韓晃凡數見，但上下文言韓晃事自相矛盾，如上文敘韓晃被溫嶠等選精銳將來攻所斬，下文卻云，馬雄、韓晃等輕軍俱走。又〈蘇峻傳〉中逸爲李湯所執，但〈成帝紀〉李湯作李陽，二者不同。

先生以本史互校，如傳與傳、紀與傳、紀與志、志與志、傳與志之間互校，或上下文互校，以明是否記載矛盾，以證得其史實眞象。此法之運用，先生就以卷八十五考證唐節鎮治所建置，介紹讀史法云：「欲讀各傳，則先記明某使治在某地，以此考其行事，而當日情勢如在目前，此因志以通傳也。及讀各傳，即其行事以考，則某治在某地，一一可知，此又因傳以證志也。」先生此語，可謂經驗之談，讀史賴得此法。

二、兩史對校

對校法，即以同書之祖本或別本對讀，遇不同之處，則注於其旁。劉向《別錄》所謂「一人持本，一人讀書，若怨家相對者」即此法也。此法最簡便、最穩當，純屬機械法。其主旨在校異同、不校是非，故其短處在不負責任，雖祖本或別本有訛，亦照式錄之；而其長處則在不參己見，得此校本，可知祖本或別本之本來面目。故凡校一書，必須先用對校法，然後再用其他校法〔註25〕。胡適言此對校法還有許多功用，「如闕文，如錯簡，如倒葉，如不經見的人名地名或不經見的古字俗字，均非對校無從猜想。故用善本對校是校勘學的靈魂，是校勘學的唯一途徑。」〔註26〕胡適肯定對校法之使用，故稱此是「校勘學的靈魂」。先生《商榷》遍校十七史，對校法之運用亦甚全面。如：

卷十二〈食貨志校誤〉條：

> 食貨下卷，自武帝以前皆取史記平準元文，但史記誤字、脫字、衍字甚多，皆當以食貨爲正，間亦有平準不誤，而食貨誤者，如更令民鑄莢錢，當從平準。……

此條文所言，正是兩史對校，故先生以史、漢、前、後《漢書》，《晉書》、《三國志》，《晉書》、《宋書》，《南》、《北》史八書，兩《唐書》，兩《五代史》做兩兩對校，頗得利用史書編纂內容重疊特點，解決諸多版本所不能解決之問題。另外，先生用毛本十七史爲底本，再以其他版本互作爲對校，亦糾正了毛氏十七史諸多錯誤。

〔註25〕同註8。
〔註26〕胡適〈校勘學方法論〉《中國圖書文獻學論集》（台北：明文書局，1986年），頁412。

（一）兩史對校：

卷六〈張恢先〉條：

> 史記鼂錯傳，學申商刑名於軹張恢先所。徐廣曰，先即先生，漢書則
> 先直作生。師古曰，軹縣之儒生，姓張名恢，而此傳末有鄧公，則漢書作
> 鄧先，師古曰，鄧先猶云鄧先生也。又匈奴傳，匈奴見漢使非中貴人，其
> 儒先。裴駰曰，先，先生也，漢書先亦作生，以先生爲先，古有此語，班
> 氏改先爲生，以其亦可單稱生也。貢禹傳，天子報禹曰，朕以生有伯夷之
> 廉、史魚之直。師古曰，生謂先生也。

先生以《史記‧鼂錯傳》同《漢書‧爰盎鼂錯傳》、〈匈奴傳〉、〈貢禹傳〉等對校，
知漢代先即先生也，《史記鼂錯傳》作先，《漢書》則先直做生，或做先，裴駰曰，
以先生爲先，古有此語，故漢代先生可稱爲先，或單稱生。

又卷六〈鼂翁壹〉條：

> 史記韓長孺傳、匈奴傳，俱有鼂翁壹。漢書于韓傳作鼂壹，于匈奴傳
> 則仍作鼂翁壹。蓋壹者其名，翁者老稱。方言，周、晉、秦、隴謂父爲翁，
> 故可省。

先生以《史記》、《漢書》之〈韓長孺傳〉及〈匈奴傳〉對校，其鼂壹翁稱法，《漢書》
之〈韓長孺傳〉稱鼂翁，〈匈奴傳〉則作鼂翁壹，而《史記》則統稱爲鼂翁壹。蓋據
《方言》所考，父爲翁，故可省稱。

又卷八〈兩增句〉條：

> 史記高祖紀，秦二世元年秋，陳勝等起蘄，至陳而王，號張楚，下即
> 緊接諸郡縣多殺長吏以應涉，然後繼以沛令欲以沛應涉，以便入高祖事。
> 漢書則於涉爲王下添入遣武臣、張耳、陳餘略趙地，武臣自立爲趙王二句，
> 橫互其間，文勢隔閡後在補趙王武臣爲其將所殺，與上相應，實皆冗句。
> 又史記敘雍齒與豐子弟叛高祖，高祖怨之，下即云，聞東陽寧君秦嘉立景
> 駒爲楚王，乃往從之，亦緊相承接。漢書乃於怨之下刪去聞字，增入張耳
> 立趙後趙歇爲趙王一句，橫互其中，使上下語脈隔斷，而上文怨雍齒與豐
> 子弟叛之之語，亦爲贅疣無著，兩處增句皆非是，亦正相類。

《漢書》敘事明贍，是踵取《史記》原文，再加以鋪排，故其文字優處較《史記》
記事詳贍，然過度鋪陳之文缺失互見。先生以《漢書‧高帝紀》敘高祖起義前，陳
涉起蘄，至陳，自立爲楚王，下文添增「遣武臣、張耳、陳餘略趙地。八月，武臣
自立爲趙王。」再接「郡縣多殺長吏以應涉」之文字，又爲其說明「郡縣多殺長吏
以應涉」補入「趙王武臣爲其將所殺」之文，故先生論此增添之文，橫互其間，文

勢隔閡，實乃冗句，不如《史記》中所敘，較為簡明。另一增添之文，《漢書》在敘「沛公還之沛，怨雍齒與豐子弟畔之」下，刪去《史記》「聞東陽寧君，秦嘉立景駒為楚王，乃往從之」之文，補入「張耳等立趙後趙歇為趙王」一句，其弊亦是冗句，故先生評論《漢書》此處兩增句亦為贅疣無著，皆非是。

又卷十三〈寬舒〉條：

> 使黃、錘史寬舒受其方，孟康曰，二人皆方士。案史記封禪書徐廣注云，錘縣、黃縣皆在東萊，此說得之。黃、錘之史，其名寬舒，觀下文寬舒凡五見，而絕不見所為黃錘者，孟康說謬甚。

《史記‧封禪書》記「天子以為化去不死，而使黃錘史寬舒受其方。求蓬萊安期生莫能得，而海上燕、齊怪迂之方士多更來研神事矣。」徐廣注「錘縣、黃縣皆在東萊。」即依徐廣言，黃、錘為地名，其地在東萊，而並非人名。先生以《史記》徐廣說為是，更以下文證得寬舒名凡五見，但並無黃錘文字出現，「有司與太史公、祠官寬舒議……」、「於是天子遂東，始五后土祠汾陰脽丘，如寬舒等議。」、「上遂郊雍，至隴西，西登崆峒，幸甘泉。令祠官寬舒等具太一祠壇……」、「太史公、祠官寬舒等曰……」、「寬舒之祠官以歲時故禮……」以此對校《漢書‧郊祀志》孟康言「二人皆方士也」之誤。

又卷十三〈益延壽〉條：

> 甘泉則作益壽延壽館，師古曰，益壽、延壽二館名。案，黃長睿云，史記作益延壽館，而近歲雍、耀間耕夫有得古瓦，其首作益延壽三字，瓦徑尺，字畫奇古，即此，館當時瓦也。又括地志云，延壽觀在雍州雲陽縣西北八十一里通天臺西八十步，正今耀州地也，然則當地以史記為正。漢郊祀志誤衍一壽字耳，師古云二館，非也。

《漢書‧郊祀志》載「公孫卿曰：『僊人可見，上往常遽，以故不見。今陛下可為館如緱氏城，置脯棗，神人宜可致。且僊人好樓居。』於是上令長安則作飛廉、杜館，甘泉則作益壽、延壽館，使卿持節設具而候神人。……」飛廉、杜館，師古曰：「飛廉館及桂館二名也。」故益壽、延壽，師古亦作二館名。先生以《史記‧封禪書》「甘泉則作益延壽館觀，使卿持節設具而候神人」來說明甘泉作益延壽觀而非益壽、延壽二館；再者先生以《括地志》證明益延壽觀之所在地及出土之古瓦，益以證得師古作二館之非。

又卷三十一〈涇陽〉條：

> 靈帝紀建寧元年，破羌將軍段熲破先零羌於涇陽。注，涇陽縣名，屬安定。案前志，涇陽屬安定。續志安定無涇陽。

《漢書·地理志》安定郡爲武帝元鼎三年置，縣有二十一，涇陽屬其一。《後漢書》續志安定郡並無涇陽縣，先生以前後志互作對校，比其異同。又先生於卷四十六〈晉地理辨證〉多用對校法，以《後漢書》、《漢書》同《晉書》對校，校其異同十五條。又卷四十七〈晉輿服辨證〉條，先生以《晉書》同《後漢書》對校其間文字異同有六條，以《宋書》對校有二條。

又卷四十七〈樂章闕文〉條：

> 晉書樂志所載郊廟樂章，亦見宋書，以相參校，小小互異處姑不論，其宗廟所用，於康帝之下，宋書有歌者宋穆帝一篇，亦曹毗造，其詞云，孝宗凤哲，休音允藏，如彼晨離，燿景扶桑，垂訓華幄，流潤八荒，幽贊玄妙，爰該典章，西平僭蜀，北靜舊疆，高猷遠暢，朝有遺芳，而晉書脫去。又傅玄所製改漢鼓吹曲爲二十二篇，内景龍飛一篇，武功巍之下，宋書有普被四海，萬邦望風，莫不來綏，聖德潛斷，先天弗違二十字，晉書脫去，今捕入，而其下文云，祥享世永長，尚不成文理，祥字上應尚有闕文。又元雲篇成湯隆顯命，伊摯來如飛之下，脫周文獵渭濱，遂載呂望歸，符合如影響三句，然後下接先天天不違云云。

先生以《晉書·樂志》同《宋書》相校，知《晉書·樂志》有闕文，可藉《宋書》所載補入。

又卷四十七〈閏月〉條：

> 五行志，惠帝元康五年閏月庚寅，武庫火，是後愍懷見殺，太子之應也。閏月，帝紀作十月，殺下宋書重殺字，此脫。

《晉書·五行志》記「惠帝元康五年，閏月，庚寅，武庫火。張華疑有亂先命固守，然後救火，是以累代異寶王莽頭孔子屐，漢高祖斷白蛇，劍及二百萬人，器械一時蕩盡，是後愍懷太子見殺之……」，《宋書·五行志》作「晉惠帝元康五年，閏月，庚寅，武庫火，張華疑有亂，先固守然後救災，是以累代異寶王莽頭孔子履，漢高斷白蛇劍及二百萬人器械一時蕩盡，是後愍懷見殺殺太子之罰也。……」先生以晉、宋二書之五行志互作對校、得其晉惠帝元康五年事所敘，二者之差異，《宋書》重殺字，故言《晉書》脫一殺字。

又卷四十七〈義熙小兒語〉條：

> 義熙二年，小兒相逢於道，輒舉其兩手曰，盧健健，次曰闞嘆闞嘆，末曰翁年老翁年老，當時莫知其所謂，其後盧龍内逼，盍川健健之謂也。既至查浦，屢剋期欲與官闞，闞嘆之應也。翁年老，群公有期頤之慶，知妖逆之徒自然消殄也。其時復有謠言曰，盧橙橙，逐水流，東風忽如

起，那得入石頭，盧龍果敗，不得入石頭也。此晉五行志文，其下提行另起云，昔溫嶠令郭景純卜巳與庾亮吉凶，景純云元吉，嶠語亮曰，吾等與國家同安危，而曰元吉，是事有成也，於是協同討滅王敦。宋書五行志則以昔溫嶠至討滅王敦一段在翁年老之上，晉書蓋因討滅王敦在明帝時，不當應義熙一謠，故於上段中刪去，移下別爲一條，然如此分爲二條，則後一條竟無所附麗矣，當以宋書爲是，宋書舉前筮以證後謠也，川健健，川當作盧。

先生以《晉書・五行志》及《宋書・五行志》對校義熙小兒語之文字。義熙二年，《宋志》作三年，其中與《晉志》差異者，在於昔溫譙至討滅王敦一段在翁年老之上，其文爲「義熙三年中小兒相逢於道，輒舉其兩手曰盧健健，次曰闡嘆闡嘆，末復曰，翁年老翁年老，當時莫知其所謂，其後盧龍內逼舟艦，蓋川健健之謂也，既至查浦屢剋期，欲與官闡闡嘆之應也。昔溫嶠令郭景純卜巳與庾亮吉凶，景純云元吉，嶠語亮，景純每筮，當是不敢盡言，吾等與國家同安危，而曰元吉事有成也，於是協同討滅王敦。翁年老群公有頤之慶，知妖逆之徒，自然消殄也，其時複有謠言曰，盧橙橙逐水流，東風忽如起，那得入石頭，盧龍果敗不得入石頭」。《宋志》將「昔溫嶠令郭景純……至協同討滅王敦」句置之「翁年老群公……盧龍果敗不得入石頭」之上；而《晉志》則置之於不得入石頭句之下，故先生以《晉志》所移不當，使其後一條無所附麗，當以《宋志》爲是。

又卷四十七〈王師南討〉條：

> 義熙六年五月壬申大風，拔北郊樹，是日盧循大艦漂沒，甲戌又風發屋折木，是冬王師南討。王師，宋書作三帥。帝紀秋七月輔國將軍王仲德、鹿川太守劉鐘、河間內史蒯恩追盧循、及三帥也。

先生以《晉書・五行志》、《宋書・五行志》對校《晉書・五行志》敘「義熙六年五月壬申大風，拔北郊樹，樹幾百年也。并吹琅琊揚州二射堂倒壞，是日盧循大艦漂沒，甲戌又風發屋折木，是冬王師南討。」王師二字，《晉志》作王師，《宋志》作三帥；先生又以《晉書・安帝紀》文字互爲對校，本紀作「七月庚申盧循遁走，甲子使輔國將軍王仲德、廣川太守劉鐘、河間內史蒯恩等帥眾追之。」等帥眾追之，則王仲德、劉鐘、蒯恩即三帥也。

又卷四十七〈荊襄地震〉條：

> 懷帝永嘉三年十月，荊、襄二州地震。宋書帝紀襄俱作湘。

《晉書・五行志》記「孝懷帝永嘉三年十月，荊襄二州地震」，襄字《晉書・懷帝紀》作湘，先生以《宋書》帝紀同《晉書》對校，按宋帝紀襄俱作湘。

又卷四十七〈桓溫專政〉條：

　　　　哀帝興寧二年三月，江陵地震，是時桓溫專政。宋書作專征。

《晉書・五行志》記「興寧二年三月庚寅，江陵地震，是時桓溫專政。」而《晉書・哀帝紀》及《宋志》均作二月，《宋志》專政作專征。又《宋志》此條作隆和二年與《晉志》不同。

又卷四十七〈大石山崩〉條：

　　　　武帝泰始三年三月戊午，大石山崩，帝紀作太山石。宋書作太行山。

《晉書・五行志》作「武帝泰始三年三月戊午大石山崩」，〈武帝紀〉作太山石，《宋書・五行志》作「戊子太行山崩」三者互相對校皆不同。

又卷五十四〈綏輿里〉條：

　　　　南史宋武帝紀，彭城縣綏輿里人。宋書但云綏里人，上文帝諱裕，字

　　　德輿，疑相涉致誤衍輿字。

先生以《南史》同《宋書》互作對校，武帝為何方人氏，兩者不一。又先生以《南史》、《宋書》武帝紀，敘其先世，二者校對，見其《宋書》所記二十一世孫為誤，當連前後并及身總言之，為二十二世方是。又武帝世貧賤，《宋書》歷敘先世名位，皆未必可信，而《南史》獨於曾祖之始渡江居京口，反削其名不書，又獨於皇考為添一字，為非也。

又卷五十四〈武帝文帝孝武帝明帝稱諱順帝稱名〉條：

　　　　宋書武帝紀，始稱高祖，後乃稱公，後又稱王，即眞後乃稱上，髣

　　　似陳壽魏武帝紀之例，其書檄詔策等皆稱劉諱，此沈約本文也。而其間亦

　　　多有直稱裕者，則是後人校者所改，改之未淨，故往往數行之中，忽諱忽

　　　裕，率率已甚。南史則概稱帝，即眞稱上。

　　　　南史宋武帝紀，封彭城公義隆為宜都王，宋同。乃宋於此下又書八月

　　　西中郎將。荊州刺史宜都王諱進號鎮西將軍，義隆即文帝也，故沈約稱諱，

　　　而忽稱諱忽稱義隆（如此甚多，不可枚舉）亦後人校者改之而未淨，與武

　　　帝忽稱諱忽稱裕同。

先生以《宋書・武帝紀》與《南史・宋武帝紀》二者互相對校，知其對宋武帝之稱呼，時而稱諱，此乃沈約本文；或直稱名者，則是後人校者所改，而改之未淨，故往往於數行之中，忽諱忽名，或忽諱忽稱義隆，顯此弊端。

又卷五十四〈全食一部〉條：

　　　　宋紀永初六月，封晉帝為零陵王，令食一郡，南史作全食一部。令字

　　　部字皆傳寫誤，當作全食一郡。

先生以《宋書・武帝紀》同《南史・宋武帝紀》互相校對，敘其永初元年，封晉帝為零陵王，《宋紀》作「令食一郡」，《南史》作「全食一郡」，先生以為令字，部字皆誤，當以「全食一郡」方是。

又卷五十四〈南海公義慶〉條：

> 南史宋武紀位南海公義慶為臨川王，宋作立南郡公義慶為臨川王，位字仍立而誤，其實當作封，南海當依宋作南郡。武帝之少帝道規封南郡，公無子以兄道憐之子義慶嗣襲其封也。

先生認為位、立皆非，當以封字為是，而《南史》作南海公倒不如以南郡為是。

又卷五十四〈宋紀誤闕〉條：

> 宋紀隆安三年十一月，妖賊孫恩作亂於會稽，晉朝衛將軍謝琰、前將軍劉牢之東討云云，衛將軍下注一闕字，連空三格，而南史採用此段，此處本無闕也。此注及空不知何等妄人所為。

先生以《宋書》隆安三年十一月，妖賊孫恩作亂於會稽，晉朝衛將軍下注文云闕，又連空三格，不知何人所為。觀《南史》此段並無此注及闕文，故先生言：「大約宋書、南齊書、旁注闕字者甚多，往往考之，則本無闕，兩書校者尤甚粗疏。」

又卷五十四〈刪改皆非〉條：

> 南史宋武帝紀征慕容超，姚興遣使聲言將涉淮左，帝笑曰，羌若能救，不有先聲，是自疆也。十月，張網修攻具成，設飛樓縣梯，木幔板屋，冠以牛皮，弓矢無所用之。案，是自疆也。宋書云是自張之辭耳，較為明析。
> 弓矢之上宋有城上火石四字，一經刪削，使句意全晦。

先生論：「南北史增改無多而其所以自表異者，則有兩法，一曰刪削，二曰遷移，夫合八史以成二文，不患其不備，惟患其太繁，故延壽一意刪削，每立一傳，不論其事之有無關係，應存應去，總之極力刊除，使所存無幾，以見其功，然後刪削雖多，仍其位置則面目猶未換也，於是大加遷移，合分顛倒，割截搭配，使之盡易，其故處觀者耳目一新，以此顯其更革之驗試，一一核實，而攷之刪削遷移皆不當，功安在乎其書，聊可附八書以行，幸得無廢足矣，不料耳食者反以為勝六書也。」（卷五十三〈新唐書過譽南北史〉條）。先生論李延壽之《南》、《北》二史，善於刪削、遷移，故論此宋武帝紀征慕容超事，亦患此刪削缺失，遂敘事不若《宋書》明白，且經過刪削「城上火石」四字，反使句意全晦。

又卷五十五〈百僚致敬〉條：

> 梁書宣德皇后令授高祖中書監督揚南徐二州諸軍事大司馬錄尚書驃騎大將軍揚州刺史，封建安郡公食邑萬戶，給班劍四十人，黃鉞侍中征討

諸軍事並如故，依晉武陵王遵承制故事，此下南史有百僚致敬一句，梁書無。觀其下文，宣德皇后臨朝，入居內殿，拜帝大司馬解承制之下，南與梁各有百僚致敬如前一句，則知上文一句不可少，南史爲得，若各書中都督某某幾州諸軍事某州刺史，南史一概改爲都督某州刺史，爲欲省此幾字，生出種種語病，使讀者不明，甚至都督揚南徐二州諸軍事一句，亦爲刪削，直作都督揚州刺史，尤屬大謬別見。

先生以《梁書》與《南史》對校此條，其對《南史》善於刪削之論，如同卷五十四〈刪削皆非〉條所論相同。先生以李延壽善於刪削，而使句意不清，爲欲省幾字，亦使生出種種語病。如卷五十五〈刪沈約去職句〉條，先生論《南史》刪沈約以母憂去職一句則非。

> 梁書於武帝紀，天監二年春正月乙卯，以尚書僕射沈約爲尚書左僕射，吏部尚書范雲爲尚書右僕射，夏五月丁巳，尚書右僕射范雲卒，六月甲午，以中書監王瑩爲尚書右僕射，冬十一月乙亥，尚書左僕射，沈約以母憂去職，三年春正月癸丑，以尚書右僕射王瑩爲尚書左僕射，太子詹事柳惔爲尚書右僕射，前尚書左僕射沈約爲鎮軍將軍。約之爲鎮軍將軍，乃其進號，南史刪去，似尚可，其刪去以母憂去職一句則非。

先生以《南史》刪去沈約爲鎮軍將軍，乃其進號，並非不可，但刪去沈約以母憂去職一句，頓使全句語焉不詳，不知沈約何以去職尚書左僕射，再接鎮軍將軍之職。

又卷五十九〈沈約重文人〉條：

> 一部尚書，以一傳獨爲一卷者，謝靈運之外，惟顏延之、袁淑、袁粲而已。二袁忠義，固當詳敘，顏、謝則惟重其文章。范蔚宗撰後漢書，而不得比顏、謝之獨占全卷，沈約重文人如此，抑古來史家作傳，載著述全篇者多矣，獨宋書靈運傳載其山居賦，乃并其自注載之，此尤例之特殊者，南史芟削僅存十之二，太略，末段附孟顗，亦覺不倫。

《南史》善刪削，於此條亦見，先生評沈約《宋書》重文人，故於謝靈運、顏延之及二袁皆一人獨爲一傳，尤其以謝靈運傳載其〈山居賦〉，並作自注，此爲特例者，但《南史》芟削僅存十之二，似顯太略，末段又附孟顗，似顯不妥。

又卷六十〈王晏傳刪非〉條：

> 王晏傳云，仕宋初爲建安國左常侍，稍至車騎，宋書作臨賀王國常侍員外郎，二者不同。南史於傳末一段追敘其爲員外郎時事，則前刪員外郎三字，使後文爲無根。

《南史》王晏傳，前文敘其「仕宋初爲建安國左常侍稍至車騎」文，文後突言「晏

之爲員外郎也」數字，至傳末又云「晏子德元有意尙位車騎長」，先生以此敘述前文刪員外郎三字，頗爲不當，突使前後文難以連貫。

又卷六十〈三年喪請用鄭氏〉條：

> 王淮之傳，武帝受命，拜黃門侍郎，永初中，奏曰，鄭玄注禮，三年之喪，二十七月而吉，古今學者，多謂得禮之宜，晉初用王肅議，詳禪共月，故二十五月而除，遂以爲制，江左以來，準晉朝施用，縉紳之士，多遵玄義，夫先王制禮，以大順群心，喪也寧戚者自前經，今大宋開泰，品物遂理，愚謂宜同即物情，以玄義爲制，朝野一禮，則家無殊俗，從之，此南史用宋書文，乃於本紀刪去此事，豈以紀傳不可重出邪，紀中事不與志傳重者無幾史家紀載之體應爾，不嫌重也，黜王扶鄭，自此永爲定制，禮之至大者，紀中豈可不載，李延壽任意刪削，舛謬之極。

王淮之傳論三年之喪事，以玄義爲制，朝野一禮，則家無殊俗，從之，則《南史》用《宋書》文。但先生論《南史》以爲紀傳不可重出，故此事於〈武帝紀〉中刪除，殊不知紀中事不與志傳重者無幾，論史家記載之體，不嫌重也。況此事爲禮之大者，紀中豈不載，此事乃李延壽又任意刪削之謬也。

又卷六十二〈邵陵王友〉條：

> 南史竟陵王子良傳，仕宋爲邵陵王友，時宋道衰謝，故不廢此官，南齊書則云，王名友，尋廢此官，二者正相反，不知南宋何據，諸王生名不宜諱，而友即其府中官屬，理應避，且南史刪去王名友三字，則不廢云云意不明。

因《南史》刪去王名友三字，致使文意不明，皆是李延壽任意刪削所致。

又卷六十三〈王茂歷官刪削不當〉條：

> 梁書王茂傳，自宋昇明起家之下至襄陽太守之上一大段，南史不載，而以三四句了之云，爲臺郎，累年不調，知齊將亡，求爲邊職，久之，爲雍州長史襄陽太守。今考梁書，茂之歷官，豈得言累年不調乎。雍州長史而改爲輔國，亦未詳，又高祖義師起，茂私於張宏策，勸迎和帝，此事南史亦無。若梁書云，性沈隱，不妄交遊，南史節去沈字妄字，幾不成句，此等不可勝摘，聊一附見之。

《梁書·王茂傳》同《南史·王茂傳》互作對校，其《南史》所刪《梁書》處有二，一爲《梁書》敘王茂「宋昇明末起家，奉朝請歷後行軍參軍司空，騎兵太尉中矣，參軍魏將李烏奴寇漢中，茂受詔西討，魏軍退還爲鎭南司馬，帶臨湘令入爲越騎校尉，魏寇兗州，茂時以寧朔將軍長史鎭援北境入爲前軍將軍，江夏王司馬又遷寧朔

將軍，江夏內史建武初魏圍司州，茂以郡明之師救焉，高祖率眾先登賢首山，魏將王肅、劉昶來戰，茂從高祖拒之，大破肅等魏軍退，茂還郡，仍遷輔國長史襄陽太守。」此段文字《南史》無。二為高祖義師起，茂私於張宏策勸迎和帝，此事《南史》亦無。又《梁書》論王茂「性沈穩，不妄交遊，身長八尺，潔白美容」《南史》書王茂「性隱，不交游，身長八尺，絜白美容儀」其差別在《南史》刪去「沈」、「妄」二字，使王茂之性情容貌特質，不易見出。又《梁書》並無王茂歷官累年不調，綜上得知，此《南史》王茂傳之謬誤疏失。

又卷五十四〈帝鎮石頭城〉條：

> 南史宋武帝紀元興三年討桓玄，三月庚申帝鎮石頭城。鎮字宋書同，通鑑則作屯，其實當作入。

先生以《南史》、《宋書》對校宋武帝紀元興三年討桓玄事，二書皆作帝鎮石頭城，先生以為當作入字為是。

又卷五十四〈尹元慶斬休茂〉條：

> 太明五年夏四月丙午，雍州刺史海陵王休茂殺司馬庚深之，舉兵反，參軍尹元慶起義斬之，傳首建鄴。案宋書孝武帝本紀作義成太守薛繼考討斬之。攷彼書於文五王海陵王休茂傳言，休茂反，義成太守薛繼考為休茂盡力攻城，殺傷甚眾。其日，參軍尹元慶起義，攻休茂，生禽之，將出中門斬首，繼考偽云立義，自乘驛還都，尋事泄伏誅。彼書紀傳自相矛盾矣，南史是也。延壽書間亦不無可取處，觀此可見。

《宋書‧孝武帝紀》作義成太守薛繼考斬休茂，而於〈海陵王休茂傳〉反成義成太守薛繼考為休茂盡力攻城，休茂是被參軍尹元慶起義殺之，故紀、傳所載自相矛盾，先生言此事記載，當以《南史》所書為是。

又卷五十四〈劉曠〉條：

> 南史宋前廢帝紀，景和元年十一月丁未，皇子生，少府劉曠之子也。宋書作劉勝，當是。

《南史》記宋前廢帝皇子生，少府劉曠之子，而《宋書》則作皇子生，少府劉勝之子，二書記名不同，先生以《宋書》為是。

又卷五十四〈商豎〉條：

> 南史宋文帝紀論，言泄袞袓，難結凶豎，宋書作商豎，謂商臣也。

《南史》作凶豎，《宋書》作商臣，二史不同。

又卷五十五〈太后執蒼梧王手〉條：

> 南史齊高帝紀，太后執蒼梧王手，太后，南齊誤作太祖，此南齊傳寫

之誤，非本文。

先生言《南齊書》此條傳寫太后誤爲太祖，但《南史》仍爲太后。

又卷五十五〈爾朱榮復據洛陽〉條：

> 梁書武紀大通二年十月，以魏北海王元顥爲魏王，遣東宮直閣將軍陳
> 慶之衛送還北，中大通元年五月，剋大梁，剋武牢城，魏主元子攸棄洛陽
> 走河北，元顥入洛陽，閏六月，魏爾朱榮攻殺元顥，復據洛陽，後據洛陽
> 四字，南史作京師反正。

《梁書》以復據洛陽四字與《南史》作京師反正四字不同，先生以爲此本梁人與元
顥通謀，欲取洛陽，使陳慶之帥兵，往與元顥共事，斯時元顥亦變爲梁臣，北魏出
奔，乃爾朱榮攻殺元顥，而洛陽復爲魏有，魏主還宮，故《梁書》書之「復據洛陽」。
而《南史》既作《梁書》當以梁爲主，而云：「京師反正」則與梁之立場不同。案李
延壽以北爲正，故此口氣措詞與梁不同。先生以此措詞評爲大不倫，當以《梁書》
爲得。

又卷五十九〈明帝所生沈美人〉條：

> 文帝元皇后袁氏傳云，明帝所生沈美人，嘗以非罪見責，應賜死。從
> 后昔所住徽音殿前度，此殿有五間，自后崩後常閉，美人至殿前，流涕大
> 言曰，今日無罪就死，后若有靈，當知之，殿戶應聲豁然開，職長者遽白
> 文帝，驚往視之，美人乃得釋。宋書敍此事則云，沈美人者太宗所幸也，
> 嘗以非罪見責云云，太宗即明帝，亦太祖文帝子，其時方爲皇子也，若美
> 人果係明帝所幸，則此時明帝應在別宮，所幸美人獲罪，應即是獲罪於明
> 帝。今此文所敍，則其獲罪賜死得釋皆出於文帝，而所居亦在文帝宮中，
> 安得以爲明帝所幸。宋書文九王傳，明帝之母沈婕好，即此美人也。南史
> 改作所生，極是。

沈美人爲明帝之母，非如《宋書》所云爲明帝所幸，蓋沈美人獲罪賜死得釋皆出於
文帝，所居亦在文帝宮中，並非明帝。先生以《南史》改作所生爲是，《宋書》作明
帝所幸爲非。

又卷五十九〈文帝路淑媛被酖〉條：

> 文帝路淑媛生孝武帝，孝武帝討元凶劭，即位，尊爲皇太后，宮中崇
> 憲，孝武帝崩子前廢帝即位，號太皇太后，明帝弒前廢帝自立，號崇憲太
> 后，明帝少失所生，爲太后所養，即位後，供奉禮儀，不異孝武帝時，此
> 宋書所載也。此下又歷敍其崩後尊崇之禮甚詳。據南史，太后欲毒死明帝，
> 爲明帝所覺，即以所賜毒酒酖殺之，而沈約不書。約每爲宋諱其惡，如此

非一，然孝武帝以義宣女爲夫人，諱而不書，惟見南史，乃前廢帝納文帝之女新蔡公主，則又詳書之，本紀與后妃傳屢見焉，或諱或不諱，其例不一，則又何說哉。

《梁書》爲沈約所修，故每爲宋諱其惡，如此條所述，太后本欲毒死明帝，反爲明帝所覺，即以所賜毒酒酖殺之，但沈約此事不書，反言明帝爲太后所養，即位後，供奉禮儀，不異孝武帝時。倒是《南史》無此累，反是直書其事見其史實眞象。案《宋書》凡衍脫誤不可勝摘（卷五十九〈袁皇后傳衍文誤字〉條），先生對《宋書》有此評論故藉《南史》與《宋書》之間互校，可知其原委得失，如先生言：「南史爲得其實，勝於本書，固知南史不可盡廢。」（卷五十九〈文帝路淑媛被酖〉條）

又卷五十九〈殷淑儀〉條，對《宋書》沈約之評論亦同。

> 孝武殷淑儀郡王義宣女也，義宣敗後，帝密取之，寵冠後宮，假姓殷氏云云。案義宣與文帝嫡兄弟，孝武帝、文帝之子與義宣之女乃從兄妹。沈約宋書后妃傳竟無殷淑儀傳，約歷事，齊、梁何必諱宋之大惡，南史爲勝。文帝子竟陵王誕傳，孝武遣車騎大將軍沈慶之討誕，誕自申於國無負，并言帝宮闈之醜，謂此事也。

沈約《宋書》后妃傳無殷淑儀傳，先生認爲沈約爲避諱故而不載，於史而言，乃是失實，故同《南史》對校，知此乃沈約之誤。

又卷五十九〈后妃無東昏潘妃〉條：

> 凡史家之例，皇后雖無事跡，必有傳。妃嬪則必有事者方作傳。南史后妃傳，齊東昏諸皇后之下應有潘妃傳。雖本紀已有，然宜分見於此，今竟無傳，何也，若於王茂傳又見潘妃事，則甚屬無謂，宜摘出別爲潘妃傳，入諸后傳之後，且如宋文帝潘淑妃、陳後主張貴妃，南史皆有傳，何以東昏潘妃獨無，詳略不得其平，論云，東昏喪道，哲婦傾城，論有而傳無，豈不偏枯失禮。南齊書本無潘妃傳，南史仍之，并論語亦皆鈔襲，而不能補其漏。

《南齊書》無潘妃傳，先生以《南史》校之，知其《南史》亦無潘妃傳，但見於王茂傳有潘妃事，故先生認爲當摘出，別爲潘妃傳方是。

又卷五十九〈謝玄語當從宋書〉條：

> 謝靈運傳，祖玄，晉車騎將軍，父瑍，生而不慧，靈運幼便穎悟，玄甚異之，謂親知曰，我乃生瑍，瑍兒何爲不反我。案宋書作瑍那得生靈運，考此語亦見晉謝玄傳，彼生字上有不字，宋書脫耳，疑唐本已如此。李延壽不解其意，故易之，但一經竄改，使妙語頓成鈍語。

《宋書》謝靈運傳：「祖玄晉車騎將軍，父瑍生而不慧，為祕書郎蚤亡，靈運幼便穎悟，玄甚異之，謂親知曰，我乃生瑍，瑍那得生靈運……」《南史》卷十九作「祖玄晉車騎將軍，父瑍生而不慧，位祕書郎早亡。靈運幼便穎悟，玄甚異之，謂親知曰，我乃生瑍，瑍兒何為不及我……」先生以《宋書》及《南史》對校此謝玄語，其異在於「瑍那得生靈運」、「瑍兒何為不及我」，先生又以《晉書》謝玄傳「子瑍嗣，祕書郎早亡，子靈運嗣，瑍少不惠，而靈運文藻豔逸，玄嘗稱曰，我尚生瑍，瑍那得不生靈運」三者對校而下，先生以《宋書》已脫「不」字，而李延壽不知其意又改易句子，使妙語頓成鈍語。

又卷六十〈王儉年四十八〉條：

> 永明七年，儉薨，年四十八。案齊書儉薨，年三十八，南史蓋誤以褚淵之年為王儉之年。淵、儉皆以宋世臣，為齊佐命，儉三十八，淵四十八，皆不壽。齊臺初建，淵啟高帝，引何曾自魏司徒為晉丞相之例，求為齊官，其無恥若此。淵子賁，以父失節，深執不同，終身愧恨之，而淵拜司徒，其從弟炤嘆曰，彥回少立名行，何意披猖至此，門戶不幸，乃復有今日之拜，使彥回作中書郎而死，不當是一名士邪，名德不昌，遂有期頤之壽，四十八而死，何云期頤，思之有味。

王儉、王淵之年，先生對校《齊書》與《南史》，見其《南史》記之誤，王儉薨之年當以《齊書》為是。

又卷六十〈文帝諱日〉條：

> 袁粲傳，宋孝武孝建元年，文帝諱日，群臣並於中興寺八關齋中食竟，粲與黃門郎張淹更進魚肉，令御史中丞王謙之糾奏免官。文帝諱日四字，宋書作世祖率三字，世祖即孝武也。粲後日能死忠，必不於君諱進肉，當從宋書。

《宋書・袁粲傳》孝武建元年文作「世祖率群臣，並於中興寺八關齋中食竟，愍孫別與黃門郎張淹更進魚肉食，尚書令何尚之奉法素謹密，以白世祖，世祖使御史中丞王謙之糾奏，並免官。」《南史・袁粲傳》則作「宋孝武即位稍遷，尚書吏部郎太子右衛率侍中，孝建元年，文帝諱日，群臣並於中興寺八關齋中食竟，愍孫別與黃門郎張淹更進魚肉食，尚書令何尚之奉法素謹密，以白孝武，孝武史御史中丞王謙之糾奏並免官。」兩史書之差異在於《南史》作「文帝諱日」四字，而《宋書》作「世祖率」三字，先生以《宋書》為是。

又卷六十一〈張邵張禕〉條：

> 南史張邵傳中邵字凡數十見，宋書四十六卷邵傳與南史並同，通鑑亦

同，惟宋書五十九卷張暢傳作張劭，而近人校南史者一概俱改作劭，未詳。
又南史張暢傳云，邵兄禕子，宋書五十九卷張暢傳亦作禕，而四十六卷則
作偉，通鑑第一百十九卷亦作偉，二者不同。禕承劉裕使酖故主晉恭帝，
於道自飲而卒，奇忠千古僅見，南史斷自劉宋始，以禕係晉臣，故僅附見
於暢傳，而不爲別立傳。

《南史》張邵傳，邵字作邵，凡數十見，《宋書》張邵傳邵自與《南史》同，但於五
十九卷卻作劭字。又禕字，《南史》張暢傳，邵兄禕子，禕字同《宋書》五十九卷張
暢傳亦作禕，但於四十九卷則作偉。蓋同一文字，於一書中書寫互異，以二史做對
校，更見其差異。

又卷六十一〈江湛五子〉條：

> 江湛傳，五子、恁、恕、憼、懸、法壽。宋書亦云五子，而落去憼字，
> 則似以法壽爲二人矣，誤也。

先生以《宋書》、《南史》對校，知《宋書》江湛五子缺一憼字，則似以法壽爲二人，
故脫文。

又卷六十二〈陸慧曉傳刪存皆非〉條：

> 南齊書陸慧曉傳云，會稽內史同郡張暢見慧曉童幼便嘉異之，張緒稱
> 之曰，江東裴、樂也，南史刪去張暢云云，卻以會稽內史冠於張緒之上，
> 大謬，又暢爲會稽太守，南齊書亦誤。

《南史》陸慧曉傳刪去張暢見慧曉童幼，便嘉異之數字，而直云「會稽內史同郡張
緒稱之曰江東裴樂也」文。蓋先生以《南史》此事所述刪去諸字，卻以會稽內史冠
於張緒之上，大謬。又張暢當爲會稽太守《南齊書》、《南史》皆言張暢爲會稽內史，
亦誤。

又卷六十三〈汋均口〉條：

> 馮道根傳，齊建武中，魏孝文攻陷南陽等五郡，明帝遣陳顯達爭之，
> 師入汋均口，汋當作沟，均字乃後人旁注沟字之音，而傳寫者誤入正文，
> 此篇凡三見，梁書誤同。

〈馮道根傳〉之文字「汋」字，先生以爲當是「沟」字，且均字爲本文沟字之音，
傳寫者誤入正文所致，故此誤《南史》、《梁書》皆同。

又卷六十三〈沈林子官輔國將軍〉條：

> 梁書約傳云，祖林子，宋征虜將軍，據約自序，林子官終輔國將軍，
> 征虜乃其追贈之號，此則梁書之誤，南史仍依自序，是。

沈約自序其祖林子官終輔國將軍，《南史》採之，而《梁書》沈約傳云，祖林子，宋

征虜將軍，征虜乃其追贈之號，此爲《梁書》之誤。

又卷六十三〈沈璞不襲父爵〉條：

> 南史敘約之祖林子，以佐命功封漢壽縣伯，及卒後贈官追諡之下，竟直接云，少子璞嗣，以璞即約之父，取其立文簡便耳。攷約自序則襲林子爵者，乃長子邵非璞也。邵卒子侃嗣，侃卒，子整應襲爵，齊受禪，國除，李延壽任意更移，不顧其實，是何心哉。

《南史》之誤在於沈約之父沈璞並未襲父爵，襲林子爵者爲長子邵，非璞也。

又卷六十三〈江淹領東武令〉條：

> 江淹傳，齊受禪爲驃騎豫章王嶷記室參軍，建元二年，始置史官，淹掌其任，又領東武令。案梁書云，建元初，爲驃騎建安王記室，帶東武令，參掌詔冊，並典國史。豫章、建安，二者互異。建安王子眞、武帝之子，爲明帝時所殺，時年尚十九，則建元初安得遽封，當從南史，若淹以記室帶東武令，當是食其祿不赴任，南史改帶爲領未確。

依史事而言，《南史》江淹傳，齊受禪爲驃騎豫章王嶷記室參軍，先生認爲當從《南史》，《梁書》所云爲非。但江淹以食其祿不赴任，故文字上《南史》書「領東武令」與《梁書》「帶東武令」領、帶二字有異。

又卷六十四〈文字淆訛〉條：

> 文字最易淆訛，漢人碑刻字體已有不正者，沿至六朝，愈亂矣。張敬兒傳，始其母於田中臥，夢犬子有角舐之，已而有娠，生敬兒，故初名狗兒，宋明帝嫌名鄙，改爲敬兒。案說文，敬從苟，讀若急，自急敕也，非苟，即此可見六朝人不識字，今南史及各書中所用誤字，不可勝摘。

先生以《南史》及宋、齊、梁、陳四書作文字校對，發現《南史》及各書中所用誤字，不在少數，如以介爲个，自注云《南史》王宏之傳，介轉爲个，个轉爲個，此字今唐人九經疏中頗有之。又投爲透，自注云，此字用之甚多，隨舉其一，如《南史》趙倫之傳，爲丹陽尹，嚴酷，曹局不堪命，或透水而死。透、監版作投，此校者以爲傳寫之誤而改之，不知乃李延壽本誤也。又繼爲係，自注云，此字亦用之甚多，隨舉其一，如《南史》顏竣傳，坐死免者相係，是也。又樵爲晡，寶爲珤，藩爲蕃，自注云，說文卷一下艸部，藩、屛也。蕃、艸茂也。又渡爲度，自注云，說文卷十一上水部，渡、濟也。卷三下又部，度、法制也。又誤通之字，如地名溢城爲盆城，采石爲探石，人名羊侃爲偘，徐世標爲橒，皆爲誤字。另外，羊玄保傳，竹木雜果爲林芿，芿字《宋書》無，而《南史》所添，先生以爲文字最易淆訛，漢人碑刻字體已有不正，況沿至六朝愈亂矣。

又卷六十一〈梁書無柳仲禮〉條：

> 梁書無柳仲禮傳，按侯景圍臺城，援兵四集，仲禮爲總督，乃按兵不動，坐觀國破。論者以爲梁禍始於朱异，成於仲禮。梁書惟於韋粲傳中推仲禮爲大都督事，粲先死節，而仲禮安然自全，此後事，粲傳本不當見，然非梁書一大缺乎。仲禮後降西魏，魏、周書皆不見，賴南史補之，最有功，雖於例應入北朝，然補缺功不可沒。

梁之滅亡，柳仲禮亦屬關鍵人物，如論者以爲梁禍始於朱异，成於仲禮；再者仲禮案兵不動，坐觀國破，後降西魏，諸舉皆非忠臣義士之節氣，而《梁書》卻不載仲禮傳，漏此重要史事，此乃《梁書》一大缺憾，而《南史》補之，其功厥偉，雖先生言李延壽善於刪削，但亦有可稱譽之處。

又卷六十二〈高帝諸子傳南史獨詳〉條：

> 南齊書高帝十二王傳，於桂陽王鑠僅有其半，下半篇爲蕭鸞所殺之事見南史，南齊無之，此乃刊缺不全，非其本無。又南史於此篇之下有始興簡王鑑傳，凡九百餘字，其中確多疑神見鬼之言，想必李延壽所添，然南齊則鑑事只有六十餘字，賴南史得存。今日南、北史遂成寶物者，正爲此等處耳。如桂陽、始興，若無南史，則二王事幾亡矣，豈知各史之所以多闕落不全者，正因有李延壽書，人皆謂其勝於本書，幾視各書爲可有可無。不甚愛惜，故至零落，若無南、北史則不至此也。然如江夏王鋒，南史七百餘字，南齊只一百七十字，宜都王鏗，南史五百三十餘字，南齊只一百餘字，由此觀之，南史於此篇增益頗多，其功究不可沒。

桂楊、王鑠傳今《南齊書》僅有其半，下半篇爲蕭鸞所殺之事，因《南齊書》刊缺不全無之，事見《南史》存之。又始興簡王鑑傳，《南齊書》只有六十餘字，稍嫌記載太略，反是見於《南史》載之凡九百餘字，文中雖多疑神見鬼之言，然存載之功，甚爲可貴。故先生言，若無《南史》桂陽、始興二王事幾亡矣，又江夏王鋒事《南齊書》只載一百七十字，《南史》七百餘字；宜都王鏗《南齊書》只一百餘字，《南史》五百三十餘字，由此觀之，因各史之有闕落不全者，正因有李延壽所添，其增益之功頗多，其功不可沒。

又卷六十二〈文惠太子有失德〉條：

> 南齊書文惠太子長懋傳，論贊無貶詞，而南史論則謂其有失德，此南史之勝本書者。又文惠太子乃世祖武帝之子，反在前，豫章文獻王嶷乃太祖高帝之子，武帝之弟，而反在後，此序不順，亦遜南史，至宗室衡陽元王道度。始安貞王道生等，乃在徐孝嗣等傳之下，位置尤爲亂極，不如南

史爲順。

此宗室順序排列，《南齊書》似頗不當，見其二書之傳次排列，《南史》較爲合宜。《南齊書》之誤，在於把宗室之衡陽王道度，始安貞王道生，置之於徐孝嗣傳下，又不當將高帝子豫章文獻王置於文惠太子之後，因文惠太子屬武帝諸子，其輩分自在豫章文獻王嶷之下，故先生嘉許《南史》次序爲順。

又卷六十四〈劉師知傳增事〉條：

> 劉師知傳爲中書舍人，梁敬帝在內殿，師知常侍左右，及將加害，師知詐帝令出，帝覺，遶床走曰，師知賣我，陳霸先反，我本不須作天子，何意見殺，師知執帝衣，行事者加刃焉。既而報陳武帝曰，事已了。武帝曰，卿乃忠於我，後莫復爾，師知不對，此段陳書所無，此南史之遠勝本書處，姚察、陳臣，故諱之，其子不加益也。

陳武帝殺梁敬帝事，《陳書》無，蓋此姚察爲陳臣，修此《陳書》，故諱此事，不便直書記之，而《南史》無此忌諱，增益此段，正是勝於《陳書》處。

又卷六十三〈方等等子〉條：

> 梁元帝子，梁書但有方等，方諸二傳，其子皆不見，而方等之子莊，王琳曾奉以主梁祀，改元即位，其事尤不可缺，乃梁書概從闕如，莊入齊死，而北齊書又無傳，賴南史補入，此亦南史之大有功者，但莊雖宜見梁書，而李延壽則宜在北史，入南史，位置稍乖。

方等之子，《梁書》闕如，但見《南史》補入，唯其莊由梁入齊，雖《北齊書》無傳，但當補入《北史》方是。

又卷六十三〈王茂傳有潘妃事〉條：

> 王茂傳南史所添卻極多，然皆閒話，若東昏侯潘玉兒自縊事，此梁書所無，而不可不存其事者，然但當入潘傳中，乃潘則無傳，而反敘於王茂傳，闌出闌入，全非史法。

《梁書》后妃傳不見東昏侯潘玉兒自縊事，反見於《南史·王茂傳》中，「東昏妃潘玉兒有國色，武帝將留之，以問茂，茂曰，亡齊者此物，留之恐貽外議，帝乃出之，軍主田安啓求爲婦，玉兒泣曰，昔者見遇時主，今豈下匹非類，死而後已，義不受辱，及見縊」。先生以潘妃事當入《梁書·后妃傳》中，而非附於〈王茂傳〉中，否則全顯不倫，亦非史書編排之法。

又卷六十二〈子響事二書不同〉條：

> 魚復侯子響傳，南齊書載其舉兵與臺軍戰，官軍引退，下云，上又遣丹陽尹蕭□（蕭順之也，說見前）領兵繼至，子響部下恐懼，各逃散，子

響乃白服降，賜死，此處南史有文惠太子屬順之徑殺子響事，子響書修於
梁，故諱此事，此則當以南史爲得。

子顯修《南齊書》因避諱，故不直書文惠太子屬順之殺子響事，而言子響白服降，
賜死，但史實徑見於《南史》記之，以糾子響掩實之謬。蓋《南史》雖善刪削文句，
但其存載添加之功，亦是存實之一大幸，莫怪於先生褒貶各有。再者，《南史》與《南
齊書》二書不同者頗多，如蕭穎冑、穎達、穎孚等傳。

卷六十二〈蕭穎孚事異本書〉條：

南史蕭穎冑與其弟穎達、穎孚等傳，與本書雖大段相同，然南史敍穎
冑奉齊和帝於江陵，稱尊號，穎達與之同舉兵，而穎孚則自建鄴爲盧陵人
修景智潛引與南歸江陵，緣山逾嶂，僅乃得達。若南齊書則言穎孚在京師，
盧陵人修靈祐竊將南上，於西昌縣山中聚兵二千人，襲安成郡據之，求援
穎冑，遣范僧簡援之，即拜僧簡安成內史，穎孚盧陵內史，合兵出彭蠡口。
梁書則云，穎孚自京師出亡，盧陵人循景智潛引與南歸，至盧陵，景智及
宗人靈祐爲起兵屯據西昌，穎達假穎孚節督盧陵、豫章、臨川、南康、安
成五郡軍事盧陵內史，三者多不同。大約南史與齊、梁二書不同者頗多。

先生以《南史》同《齊》、《梁》二書對校蕭穎孚事，三者多不同，故先生言《南史》
與《齊》、《梁》二書不同者頗多。

又卷六十二〈武帝諸子傳不同者多〉條：

武帝諸子傳，南齊與南史不同者甚多，不獨如上文所云也。蓋諸王皆
爲蕭鸞所殺，如晉安王子懋見殺之事，二書大異，又如建安王子眞傳云，
明帝遣斐叔業就典籤柯令孫殺之，子眞走入床下，令孫手牽出之，叩頭乞
爲奴贖死，不從，見害。此一段南齊無，亦以南史爲詳備。又如巴陵王子
倫敍見殺事，南史固爲獨詳，而後半篇發現典籤爲害尤詳，明南康王子琳
傳敍其母苟昭華亦詳，本書並無論，亦不勤取舊文，滔滔自運，此予於南
史惡而知其美也，子顯在梁，不當諱鸞之凶狂，蓋偶失之，而李延壽得之。

經過對校，知《南齊書》與《南史》多處不同，或《南齊書》不書者，而以《南史》
爲詳備。如建安王子眞傳、巴陵王子倫敍見殺事、南康王子琳傳等，皆見《南史》
可貴處。蓋《南史》與四書有襲取之，而自造者亦多，知延壽善刪削割棄舊說，然
於添加有載之功，於後世助益甚偉。

李延壽《北史》之優劣長短，如同《南史》，有刪削，有增補，有割裁，如：

卷六十六〈魏太宗年〉條：

太宗明元帝紀，泰常八年，崩，年二十二，北魏作三十三，帝生於登

國七年，至此三十三年，北史傳寫誤。

《北史》太宗明元帝崩年作二十二，《魏書》作三十三，依登國推算至崩年，當是三十三，故《北史》傳寫恐誤。

又卷六十六〈外國朝貢〉條：

> 本紀中所書外國遣使朝貢，大率皆本魏書元文，而或則取之，或則刪之，任意割裂，皆無義例。

先生對校《北史》與《魏書》知其《北史》本紀中所書外國遣使朝貢，材料蓋取之北魏書元文，或取或刪，亦患割裂、刪削之病，此乃李延壽修南、北史弊端。

又卷六十六〈臣澄勸陛下〉條：

> 孝靜帝紀，高澄侍帝飲，大舉觴曰，臣澄勸陛下，魏書下下有酒字，北史省此一字，欲簡老，翻稚氣。

《魏書・孝靜帝紀》文作「大舉觴曰，臣澄勸陛下酒，帝不悅曰……」而《北史》此敘事省一「酒」字。

又卷六十六〈神武紀地名人名互異〉條：

> 北史神武紀，勃海蓨人，北齊紀作修，說文艸部蓨從脩，二者皆誤。魏書三十二卷高湖傳，湖子謐，謐子樹生，即神武父，不應有誤，北史神武紀同，北齊紀只作單名樹，去生字，北齊神武紀雖以北史補，又有此小異，疑校者用高氏小史改之。

蓨字，《北史・神武紀》作「蓨」，《北齊・神武紀》作「修」。先生以為二字皆誤。又《北齊・神武紀》作「謐生皇考樹……」蓋謐子樹，為單名，然《魏書》、《北史》作樹生，不作單名。

又卷六十六〈東海王曄獨無本紀〉條：

> 幼主釗，胡后所立，立三月而為爾朱榮所弒，未及改元，不為紀可也。釗死而敬宗孝莊帝子攸立，因殺爾朱榮，爾朱隆與爾朱兆別推長廣王曄為主，改元建明，是歲在庚戌之十月也。明年辛亥二月，世隆又廢曄而立恭，是為節閔帝，魏書稱為前廢帝。紀云，二月己巳，改建明二年為普泰元年，三月癸酉，封長廣王曄為東海王，是年十月，高歡又廢帝而立朗，魏書稱為後廢帝。紀云，十月壬寅，改普泰元年為中興元年，明年壬子四月，高歡又廢帝而立修，是為孝武帝，魏書稱為出帝，五月，封朗為安定王，十一月，朗與曄同被殺，今紀於恭、朗皆用本紀體，提行立起，而於長廣、建明之號，屢見紀中，獨不為立紀，此魏書之謬，而北史不能匡正。

世隆與爾朱兆曾推長廣王曄為主，次年即廢，世隆改立恭為節閔帝，魏書稱為前廢

帝，普泰元年高歡又廢帝而立朗，即爲後廢帝，案此三人華、恭、朗皆曾被立，旋即被廢，但今《魏書》帝紀有前廢帝、廣陵王恭、後廢帝安定王朗，卻不見華立於帝紀之中，此爲《魏書》之謬，《北史》亦同此誤。

又卷六十八〈長孫幼〉條：

> 長孫道生之曾孫冀歸，六歲襲爵，降爲公，孝文以其幼承家業，賜名幼，字承業。案，魏書，本是賜名稚，字承業。北史因稚爲治之嫌名，故於其傳中以字稱，而於其篇首又改名爲幼，更淆誤矣。若直改云賜名承業，亦非其實，然後人以魏書攷之可得，今改幼，或他處本當爲幼者，反令人疑是稚矣。總之嫌名之諱，不可更用他字代（崔逞傳，逞之元孫體，以女適領軍又無長子舒，據魏書作稚舒，去稚字）。

長孫道生之曾孫冀歸，孝文以其幼承家業，名幼。《魏書》作，本是賜名稚。案《北史》作幼，因稚爲治之嫌名，故於其傳中以字稱，但於其篇首又改名爲幼，此名稱法不一，似顯混淆。

又卷六十六〈取北史補北齊書〉條：

> 北齊書文襄帝澄紀卷末跋云，臣等詳文襄紀，其首與北史同，而末多出於東魏孝靜紀，其間與侯景往復書，見梁書景傳，其所序列，尤無倫次。蓋雜取之以成，此書非正史也，愚攷此跋不知何人之語，既稱臣等，則必宋仁宗時校書官也，校者但知文襄紀非李百藥北齊書元文，其實北齊書缺落甚多，不止此篇，如文宣帝洋紀九錫文、冊文、即位告天文、大赦改元詔文，皆全載，北史無之，而其餘亦多不同，後半篇述洋淫凶慘虐之行，則北史甚詳，而北齊書無之，蓋李百藥因舊史諱之，可知彼是元文，其餘各紀，大率皆非元文，後人取北史充入者也知者，李延壽雖盡依各書元文，但加刪削，然如齊高祖神武帝歡紀全篇皆同，竟不加刪，則無此事，餘惟文襄紀下半篇雜取諸文，故不同。而各紀則亦皆同，可見只有文宣紀尚存百藥元文，餘紀皆延壽北史之文也，又延壽稱諡高歡爲神武，高洋爲文宣，百藥則稱其廟號爲高祖、顯祖，此南北史各朝體例。與諸本書皆不同者，今北齊書各紀各列傳凡稱神武、文宣及無論贊者，皆非百藥作，皆北史也。又有取北史諸傳而無其本貫者，北史自承上祖父言之耳，乃竟失補，此說王先生懋竑以已之，妹婿錢詹少昕亦嘗以語予，予攷之信然（北齊書中亦有稱神武、文襄、文宣、武成者，如酷吏傳之類，而亦有取北史補北齊，而仍爲補某郡縣人，如崔季舒之類者，又不可拘）。

觀高洋紀，其窮凶極惡，賴北史得著，此李延壽之功。

先生以《北史》同《北齊書》互爲對校，知其二者異同，如《北齊書》缺落甚多，
與《北史》詳略互見。如文宣帝洋紀九錫文、冊文、即位告天文、大赦改元詔文皆
全載，但《北史》無之。而其餘亦多不同，後半篇述洋淫凶慘虐之行，則《北史》
甚詳，但《北齊書》無之。先生論李百藥因舊史詳之，可知是彼原文，其餘各紀皆
非原文，後人可取《北史》充入補之，故先生言，觀高洋紀，其窮凶極惡，賴《北
史》得著，因此《北齊書》所缺落者，殆可藉《北史》補之。

又卷六十八〈立文宣王廟〉條：

> 北史后妃傳，魏文成文明皇后馮氏傳，太后立文宣王廟於長安。案，
> 此太后父也，文上當有父字，魏書亦無之，魏書后妃傳亡，後人即以北史
> 補之，故同。

先生校《北齊書·文宣帝洋紀》知其可依《北史》補《北齊書》所缺落者。又如卷
六十八〈房謨〉條，《北齊書》無房謨傳，賴《北史》補之。《魏書》所缺者，亦同
此法，故《魏書》后妃傳有亡者，後人即以《北史》補之。

又卷六十八〈以禁錮爲禁止〉條：

> 獻文六王元詔傳，齊文宣誅諸元，餘十九家，并禁止之，禁止似當作
> 禁錮，而北齊書紀傳亦皆作止，觀高隆之傳及北齊酷吏傳，則知凡禁囚皆
> 云禁止，此當時語。

《北史·獻文六王元詔傳》，先生以禁止似當作禁錮義，如《北齊書》紀傳亦皆作止，
則知凡禁囚皆云禁止，此乃當時語。

又卷六十八〈博崔〉條：

> 崔悛傳，悛謂盧元明曰，天下盛門，唯我與爾，博崔、趙、李，何事
> 者哉，博崔謂博陵崔氏，悛自以清河崔氏，爲魏崔琰後，高於博陵崔也，
> 此傳北齊書悛妾馮氏斬於都市，而北史添斬爲九段，悛媚魏收，收笑之而
> 北史添縮鼻笑之，所添如此，殊覺無謂。

《北齊書》崔悛傳，悛妾馮氏斬於都市，《北史》崔悛傳則添斬爲九段，又悛媚魏收，
收笑之，《北史》添縮鼻笑之，故先生論此對校下，《北史》所添之文字，殊覺無謂，
有畫蛇添足之感。

又卷六十八〈三處郎中〉條：

> 宋世軌傳，天保初，歷三尚書三公二千石都官郎中，兼并州長史，攷
> 齊制，三公郎中二千石郎中都官郎中皆屬尚書省。故云云也，并州長史是
> 外官，而郎中是京官，云兼者，蓋遙領之。北齊書無此幾句，下文稍遷廷
> 尉少卿，北齊書直作卿，皆當從北史。

《北史》、《北齊書》宋世軌傳中之文句對校，知《北齊書》有數句無，可參閱《北史》文。

又卷六十八〈金造遠〉條：

> 婁昭之子定遠傳，穆提婆求其伎妾，定遠不許，因高思好作亂，提婆令臨淮國郎中金造遠陰與思好通云云。案，北齊書作郎中令告定遠云云，北史誤以令爲金，告爲造，而又脫定字，遂似有一郎中姓金名造遠者，閱之令人捧腹絕倒。

《北史·定遠傳》中文寫「金造遠」三字，是《北史》文字脫誤所致，金本爲令字，造本爲告字，又脫定字，以致此誤，觀《北齊書》作「郎中令告定遠」句，則知《北史》誤矣。

又卷六十六〈尉迥尉綱〉條：

> 周之尉遲迥及其弟綱，周書皆有傳，尉遲自是其複姓，與魏之尉古眞、尉撥、尉元。齊之尉景、尉長命、尉瑾。單姓尉者不同，北史往往省文，竟作單姓，如周世宗明帝天王元年，高祖武帝保定元年，皆書尉綱，保定二年、四年，皆書尉迥，皆非也。

《周書》尉遲迥、尉遲綱有傳，而以尉遲爲複姓，並非單姓，與魏之尉古眞、尉撥、尉元，齊之尉景、尉表命、尉瑾之尉，皆爲單姓不同。而《北史》省文作單姓，是爲一誤。

又卷六十八〈周宗室諸王名〉條：

> 周宗室諸王爲隋文帝所殺見於周書者，曰冑，曰洽，曰椿，并椿之子道宗等五人，曰眾，并眾之子仲和等二人，以上皆宗室。曰寔，曰招，并招之子員等五人，曰乾惲，曰純，并純之子謙等三人，曰盛，並盛之子忄等五人，曰達，并達之子執等二人，曰絢，曰逌，並逌之子祐等四人，以上皆文帝子孫。曰湜，孝閔帝之孫，曰賢，并賢之子宏義等三人，曰貞，并貞之子德文，以上皆明帝子孫。曰贊，并贊之子道德等三人，曰贄，并贄之子忠等四人，曰允，曰充，曰兑，曰元，以上皆武帝子孫，曰靜皇帝，曰衎，曰衍，以上皆宣帝子，共計殺五十九人。北史於某王之子某等名，往往刪去不載，謬甚。

隋文帝計殺周宗室諸王共五十九人，此事見於《周書》，並見記其某帝之子某名，而《北史》於某王之子某等名，往往刪去不載，似顯太謬。

又卷六十八〈斛薛〉條：

> 長孫承業之元孫晟傳，仁壽三年，鐵勒思結伏具渾斛薛阿拔僕骨十餘

部來降，斛薛隋書作斜薩。佛書菩薩，薩本薛字，故轉寫變改，斜之爲斛，
則形似而誤。

斛薛二字，《北史》、《隋書》不同，《隋書》作斜薩，依薩字本薛字，其變在於轉寫
所致。而斜之爲斛，則形似而誤。

先生以新、舊《唐書》互爲對校，以文字之差異現象，亦見其二書風格不同。
卷七十一〈杜景儉〉條：

　　舊紀，長壽三年五月，改元延載，八月，左肅政御史中丞楊再思爲鸞
臺侍郎，洛川司馬杜景儉爲鳳閣侍郎，仍並同鳳閣鸞臺平章事，肅政下新
有臺字，此脫。中丞、新作大夫，洛川、新作洛州，是此誤。景儉爲鳳閣
侍郎，爲、新作檢校，檢校與爲不同，下文神功元年十月，景儉方爲鳳閣
侍郎，則此時乃始檢校耳，亦當從新。至景儉、新作景佺，下文證聖元年
一月，杜景儉左授刺史，及神功元年十月所書杜景儉，新皆做景佺。則未
知孰是，聖曆元年七月，書杜景佺罷，則舊紀無之，又考睿宗紀，延和元
年六月庚申，幽州都督孫儉與奚首領李大輔戰於硎山，新書作孫佺，似儉
必當作佺者，不可解，庚申、新作甲子此等甚多今不悉出舊書杜景儉傳在
第四十卷，新書杜景儉傳在第四十一卷，各有所據，絕非傳寫之訛。

杜景儉字，證聖元年及神功元年所書杜景儉，新書皆作景佺，又延和元年六月庚申，
幽州都督孫儉與奚首領李大輔佔於硎山，新書作孫佺，先生以爲新書似儉必當作佺
者，不可解。且新書言景佺罷，則舊紀無之，二者互異。況新書杜景佺傳在第四十
一卷，舊書杜景儉傳在第四十卷，二書各有所據，非傳寫之訛。
又卷七十一〈諸武不書姓〉條：

　　舊書於武后紀，凡諸武如攸暨、攸寧、三思、承嗣、懿宗、延秀之類，
多不書姓，其意若以革唐命改國號周，則武爲國姓，故不書姓，以紀實也。
新紀無不書姓者，凡史家之例，於宗室不書姓，當從舊書不書武姓，以著
其簒位之實，然新書太宗紀，於宗室或書姓，或不書姓，其例本亂，見吳
縝新唐書糾謬第十五卷，不獨武后紀失之。

諸武不書姓，新、舊書立場互異，凡史家之例，於宗室不書姓，舊書以武氏革命改
唐國號爲周，則武爲國姓，自是不書姓，以言紀實故也。然新紀於武氏無不書姓，
於太宗紀中宗室或書姓或不書姓，其例本亂，先生以當從舊書不書姓爲是。
又卷七十〈高季輔爲侍郎〉條：

　　舊紀，永徽二年八月己巳，侍中燕國公子于志寧爲尚書左僕射，侍中
兼刑部尚書北平縣公張行成爲尚書左僕射，中書令兼檢校吏部尚書蒨縣公

高季輔爲侍郎，案新紀，行成爲右，非左，季輔爲侍中，非侍郎，新是，

舊非也。

張行成，舊紀做尚書左僕射，新紀爲尚書右僕射。季輔，舊紀作侍郎，新紀爲侍中，先生以新紀爲是，舊紀爲非。

又卷七十〈太宗年〉條：

舊紀，貞觀二十三年五月己巳，上崩於含風殿，年五十二，新紀作五

十三，唐會要與舊同，新誤，吳縝糾謬謂止五十歲，尤非是。

太宗崩年，舊紀載年五十二，與《唐會要》所記同。新紀載太宗崩年五十三，先生以新紀所云爲非。

又卷七十〈太宗從善如流〉條：

太宗之美，莫大於納諫，舊紀史臣稱其從善如流，最當，新贊一字不

及，非也。

太宗善於納諫，舊紀載史臣稱其從善如流，乃存實情，但新紀贊中不及一字，先生以爲非。

又卷七十〈發襄城宮〉條：

舊紀，貞觀十四年八月，作襄城宮，十五年三月戊申，幸襄城宮，庚

午，發襄城宮，新無發襄城宮一條，校者改發爲廢，愚謂作發作廢皆無理，

未詳。

舊紀貞觀十四年八月作襄城宮，十五年三月戊申有幸襄城宮，庚午發襄城宮，但新書無發襄城宮一條，二者互校，有校者改發爲廢，未詳。

又卷七十〈葬隋恭帝〉條：

新紀，貞觀十七年六月壬辰，葬隋恭帝，舊紀壬辰作壬午，葬上有改

字，恭帝薨於武德二年五月，其薨以弒，自不成葬，然唐人之意，方急急

欲了此一宗公案，自當渴葬，必無不葬直遲二三十年後始葬者，改字不可

刪，新書惟務刪削而不當如此。

葬隋恭帝文，新、舊紀有異，壬辰，舊紀作壬午。「葬隋恭帝」字，舊紀作「改葬隋恭帝」。先生以爲「改」字不可刪，其義關係歷史實象，新書惟務刪削不當。

又卷七十一〈豆盧欽望等左授〉條：

舊紀，證聖元年一月戊子，豆盧欽望、韋巨源，杜景儉、蘇味道、陸

元方並左授趙、廓、集、綏等州刺史，新紀則云，貶豆盧欽望爲趙州刺史，

韋巨源廓州刺史，杜景佺溱州刺史，蘇味道集州刺史，陸元方綏州刺史。

舊紀於上則總書諸人名，於下則總書諸州名，意欲省文，而牽率殊甚，不

成文法，自不如新紀一一書之為當，況人名有五，州名僅四，明係脫落，
此舊書之遠不如新書者，儉、佺互異，已見上。

豆盧欽望等左授，新、舊二紀書寫方式不同，先生以舊紀意欲省文，牽率殊甚，不
成文法，自不如新紀，一一書之為當，況人名有五，州名亦當五數，而舊紀只書四
州，可見脫落一州名。

新紀：豆盧欽望為趙州刺史	舊紀：豆盧欽望為趙州刺史
韋巨源為鄜州刺史	韋巨源為鄜州刺史
杜景佺為溱州刺史	杜景儉（脫落）
蘇味道為集州刺史	蘇味道為集州刺史
陸元方為綏州刺史	陸元方為綏州刺史

又卷七十一〈李盡忠事新紀誤〉條：

新紀於萬歲通天元年五月，既書李盡忠、孫萬榮反叛事，其下神功元
年三月，即書王孝傑及孫萬斬戰于東硤石谷云云，考之舊紀，則二人反後，
即書改其名盡忠為盡滅，萬榮為萬斬矣，繼又書李盡滅死，其黨孫萬斬代
領其眾矣，故於其下遂書王孝傑與孫萬斬戰于硤石谷云云，今新紀刪去改
名事，而突然忽書為萬斬，直令讀者茫然不知何人，且本為主者李盡滅也，
新紀又刪去盡滅死事，乃忽然置之，而單人萬斬事，可乎，皆當從舊。

新紀刪去李盡忠、孫萬榮反後，改其名事，盡忠為盡滅，萬榮為萬斬，而忽書為萬
斬，令讀者不知其中因素，又刪去盡滅死事，故此事舊紀較詳。

又卷七十二〈王晙授刺史〉條，王晙授刺史事，新、舊對校，以新紀為是。

十二月，王晙授蘄州刺史，新紀云，貶王晙為蘄州刺史，新是，舊非也。

又卷七十二〈門城〉條，舊書作攻拔吐蕃門城，新書作吐蕃大莫門城，先生以新書
作大莫門城為是。

七月檢校兵部尚書蕭嵩、鄯州都督張志亮攻拔吐蕃門城，新作吐蕃大
莫門城是。

又卷七十二〈文中子〉條：

二十九年正月，制兩京諸州各置玄玄皇帝廟并崇玄學，置生徒，令習
老子、莊子、列子、文中子，每年準明經例考試。新紀書玄玄皇帝廟事於
正月，而於五月別書求明道德經及莊、列、文子者，時月之差互。新、舊
二書極多，不可勝摘，今皆略之，惟文子當從新書，舊云文中者誤也。

先生云時月之差互，新、舊二書極多，不可勝摘，惟文子當從新書，舊書所言誤也。

又卷七十二〈興聖皇帝〉條：

天寶二年，尊聖祖玄玄皇帝父周上御史大夫敬曰先天太上皇，母益壽氏號先天太后，各綠爲德明皇帝。案，此下新紀有涼武昭王爲興聖皇帝，此脫。先天太后一條，新紀刪去，雖簡淨，但非事實矣，如此荒唐可笑事，書之簡冊，以爲鑑戒，何不可者，乃必從而省之乎，世間猥冗簡札，勞瀆翰墨者，何可勝數，今於正史紀載實事，垂之萬世，反惜此費，吾所未喻。

先生以正史之記載事實，垂之萬世，不在乎省筆，新紀雖簡淨，但所刪非事實耳。又卷七十二〈李林甫罷〉條，先生以舊紀李林甫薨於行任所，爲是，而新紀作李林甫罷爲非。

新紀，十一載十一月乙卯，李林甫罷，舊紀作李林甫薨於行任所，舊是，新非也。

又卷七十二〈米價〉條：

舊紀，開元十三年、二十八年俱有米價，新紀皆無之，兩書食貨志亦皆無之，不如留之，以見當時事勢，新紀刪削爲非是。

舊代宗紀，廣德二年九月、永泰元年三月、七月、大曆四年八月、五年七月，皆有米價，或云斗千錢，或云斗八百錢，或云斛萬錢，不等。

新紀刪開元十三年、二十八年之米價，兩書之食貨志亦無，先生以爲當留之，以見當時事勢方是。況史以記載實事爲務，以昭來世之炯戒，米價高低與否，正足以反映社會民生之實貌。

又卷七十四〈與杜黃裳論政〉條：

憲宗初政，尚有可觀，其與宰臣論政，杜黃裳奏對數百言，舊紀全載之，所謂左史記言也，新書於實事尚多割棄，況此類虛言，其不載宜也，然無以爲後人攷鏡之資矣，無乃太簡乎。

舊紀全載杜黃裳奏對數百言，以爲憲宗初政，尚有可觀，而新紀於實事尚多割棄，先生以新紀此乃太簡。

又卷七十二〈太眞祿山書法〉條：

新紀於貴妃楊氏去其姓，稱太眞，殊屬無義，舊紀云，冊太眞妃楊氏爲貴妃，太眞乃其號，今日太眞妃，似妃號有此稱者亦非，開元二十八年當如新紀書以壽王妃楊氏爲道士，號太眞，四載當如舊紀，而小變其文云，冊楊氏太眞爲貴妃，又新紀安祿山忽稱姓，忽不稱姓，皆非史法。

新、舊紀稱楊貴妃書法不一，新紀於貴妃楊氏去其姓，稱太眞。舊紀云，冊太眞妃楊氏爲貴妃，二者所書稱呼，倒不如以新紀書「以壽王妃楊氏爲道士，號太眞」爲是。又如新紀安祿山，忽稱姓，忽不稱姓，皆非史法，其矛盾同稱楊貴妃書法不一。

又卷八十六〈竇建德自言充裔〉條：

> 舊竇建德傳篇首但云，貝州漳南人，新書則云，自言漢景帝太后父安
> 成侯充之苗裔。舊書敘建德殺宇文化及遷都洺州之下，乃云，遣使往灌津
> 祠竇青之墓。灌、原本作觀，是。青、原本同。皆誤，當作充此云祠充，
> 則篇首宜如新書自言充後爲得。舊書無此句，則敘事無根。

竇建德自言充裔條，新書有補「自言充後爲得」句，但舊書無此句，先生以新書所
補，不知何據，則敘事無根。

又卷八十六〈李軌傳舊不如新〉條：

> 舊李軌傳，先敘安修仁本與胡助軌舉事，其後梁碩勸防察諸胡，碩與
> 修仁由是有隙，由是二字遙應前文，乃其下突接又軌子仲琰懷恨形於辭色，
> 則絕不知其何故。新書補之云，仲琰候碩不爲起，仲琰撼之，舊不如新。

新書補「仲琰候碩不爲起，仲琰撼之」句，補舊書「碩與修仁由是有隙」，突接「軌
子仲琰懷恨形於辭色」文句之不足。

又卷八十六〈李子和建元正平〉條：

> 舊李子和傳，據榆林，自稱永樂王，建元爲正平，原本同，新書及通
> 鑑皆作丑平，是年大業十三年，歲在丁丑故也，作正非（竇建德亦以是年
> 建元丁丑）。

李子和據榆林，自稱永樂王，是年舊書作建元正平，但新書則作丑平，先生以是年
大業十三年，歲在丁丑，故作正字爲非。

又卷八十六〈長孫順德發疾〉條：

> 舊長孫順德傳，順德發疾，太宗鄙之，謂房玄齡曰，順德無慷慨之節，
> 多兒女之情，此疾何足問也。新書云順德喪息女感疾，舊無此句，則下文
> 語皆無根，舊不如新。

順德發疾，新、舊書所云不同，舊書作太宗鄙之，謂房玄齡順德無慷慨之節，多兒
女之情，此疾何足問也，但無新書所云，順德喪息女感疾之句。

又卷八十七〈豆盧褒〉條：

> 舊蘇世長傳，王世充僭號，署爲太子太保行臺右僕射，與世充兄子宏
> 烈及將豆盧褒俱鎮襄陽。新書作豆盧行褒。

蘇世長傳中文字新、舊有異，如世充兄子宏烈及將豆盧俱鎮襄陽句，舊書「豆盧俱
鎮」，新書作「豆盧行褒」。

又卷八十七〈秦莊襄王四十八年〉條：

> 舊呂才傳，才駁祿命書不驗云，史記，秦莊襄王四十八年，始皇帝生，

宋忠注云，因正月生，乃名政。依檢襄王四十八年歲在壬寅，計其崩時，
不過五十，攷史記秦本紀及六國表，秦昭襄王之子爲孝文王，孝文王之子
爲莊襄王，莊襄王之子即始皇帝，始皇帝於昭襄王四十八年壬寅生，乙卯
即位，在位三十七年，辛卯崩，年五十，此文前云莊襄，當作昭襄，後云
襄王，脫一昭字，新、舊誤同。

呂才傳，新、舊二書皆有脫文，「依檢襄王四十八年歲在壬寅」句，脫「昭」字，故
當云昭襄王爲是。又舊書作「秦莊襄王四十八年，始皇帝生……」，先生論此句莊襄
王攷《史記·秦本紀》及〈六國表〉當爲昭襄王。故始皇帝於昭襄王四十八年生，
非莊襄王四十八年生。

又卷八十七〈薛收歷官〉條：

　　　　舊薛收傳敘收歸唐授秦王府主簿，判陝東道大行臺金部郎中天策府記
室參軍，封汾陰縣男，兼文學館學士，卒贈定州刺史，又贈太常卿。新書
刪去文學館學士，楊炯盈川集第十卷薛振行狀敘其父收亦有此一官，新刪
非，行狀於判陝東上有上開府，汾陰男上有上柱國。則新、舊皆略去，行
狀有諡曰獻。新、舊皆刪，非。新、舊皆云收子元超，而行狀則云振字元
超，唐人多以字行。新、舊遂失書其名，皆非。

舊書記薛收傳，敘收歸唐授秦王府主簿等官職，其中亦言兼「文學館學士」諸字，
新書刪去，但據行狀所敘，薛收有此一官，可見新書所刪非。

又卷八十七〈薛元超歷官〉條：

　　　　薛元超歷官，新、舊書略同，惟於拜東臺侍郎之上，舊有出爲饒州刺
史一節，楊炯作行狀亦有之，謂在饒凡六年始復入，而新書刪去，非是。
又高宗幸洛陽，元超留侍太子監國。新、舊書皆有。而行狀於此又有兼戶
部尚書，新、舊皆刪，亦非。新、舊言元超薦人，有任希古、高智周、郭
正一、王義方、孟利貞、鄭祖元、鄧元挺、崔融，而行狀又有顧徹、沈百
儀、賀覬顏強學。新、舊書皆刪，亦非。

薛元超歷官舊書有出爲饒州刺史一節，行狀亦有記之，謂在饒州凡六年始復入，而
新書無此事，概刪去不存。又有元超兼戶部尚書事，新、舊書皆無載，亦非。又元
超有薦人事，舊書記其所薦之人，但行狀上亦有顧徹、沈百儀、賀覬顏強學諸人，
但新、舊皆刪。

亦非。

（二）諸本對校

先生校勘十七史在對校法的具體運用上，已突破傳統的兩本對校之法，而采用多本對照，擇善而從，自然比兩本對校，更爲可信。如卷五〈正義改列傳之次〉條，先生以毛氏本對校震澤本、正義本、監本，考察《史記》伯夷列傳及老子、韓非傳之順序次第。《漢書》部份，先生以毛本同南監本，何義門校本，凌稚隆本對校，如卷十〈臨薔〉、〈鄂秋〉、〈紀通〉、〈左王〉、〈襄城等四侯〉、〈張晏所譏〉，卷十三〈二十八宿敘次〉，卷十八、十九、二十、二十一〈地理辨證〉，卷二十四〈他所〉、〈王恬咸〉，卷二十六〈每朝〉、〈南陵〉，卷二十八〈史記多俗字漢書多古字〉條，以毛本同監本互爲對校，可知其二者文字之差矣。卷十三〈王立〉條，以毛本同凌稚隆本對校，知漢成帝舅五人封列侯，凌本以立作音爲誤。卷二十以毛本同何義門校本對校〈大誥〉條。卷二十一〈地理雜辨證〉條，以毛本同南監本、何義門校本、宋本對校。

《後漢書》部分，卷三十一〈馬勉稱皇帝〉、〈和熹鄧后紀〉、卷三十三〈郡國雜辨證〉等，先生以毛本同監本對校。《三國志》部分，先生以毛本同宋本、元修本對校，如卷四十〈紹使人說太祖〉條。卷四十二〈黎斐〉條，以毛本同宋本對校。《晉書》部分，先生以毛本同元版對校，如卷四十四〈大雩〉、〈成爨〉、〈劉蜀蘇馬〉，卷四十五〈府吏〉、〈葬安皇帝〉、〈九月誤九年〉，卷四十六〈十六年天東南鳴〉、〈南涉海虞〉、〈晉地理辨證〉，卷四十七〈晉輿服辨證〉、〈高年〉，卷四十八〈加大夫人〉、〈筒巾細布〉、〈繆坦〉、〈隳括〉，卷四十九〈太興府〉、〈遵人〉條，卷五十〈許恂〉、〈陳壽等傳〉條，卷五十一〈禦敵〉，卷五十二〈政官〉、〈拔嵩〉等條。《南史》合《宋》、《齊》、《梁》、《陳》書部分，先生以毛本同監版、北雍本、宋本對校，如卷五十五〈西貴〉、〈一電箭〉，卷六十〈永嘉末〉，卷五十九〈徐湛之爲子劭所殺〉、〈孝宣陳皇后〉、〈忠義感君子〉條，以毛本同宋本對校，卷五十九〈武陵王贊薨〉諸條，以毛本同南監本對校，卷六十〈虞祭明堂〉、卷六十二〈齊書諱南史直書〉條，以毛本與北雍本對校，卷六十八〈丽〉條，以毛本同南雍本對校。

《舊唐書》毛本無，先生以明南監版、聞人詮本（原本），錢敏求鈔本，張石民（近本）、葉石君校本，互爲對校，校得新、舊《唐書》文字之異同，及誤處所在，亦校得原本、近本、監本、鈔本之誤。所得條數在十七史中比例佔頗多。如卷六十九〈寶萃董衝新唐書注〉、〈舊書目錄脫誤〉條，卷七十〈大光孝〉、〈武德改元不提行〉、〈徐召宗〉、〈烏海〉、〈平事訶黎〉、〈贈當作賜〉、〈總管七十餘人〉、〈改瞽葉宮〉、〈李友益流巂州〉、〈張九齡〉、〈梁周都督〉條，卷七十一〈萬歲登封元年脫誤〉、〈九月日蝕〉、〈三年脫誤〉、〈中宗紀論脫文〉、〈睿宗紀首脫誤〉、〈景雲三年脫文〉、〈睿

宗論誤字〉、〈延和元年誤〉條，卷七十二〈徽州刺史〉、〈讎校書郎〉、〈幸溫湯〉、〈光常〉、〈襄州〉、〈焦仁亶〉、〈大宗賀朝〉、〈磧西〉、〈永王澤延王洄〉、〈何游反魯〉、〈至夏來〉、〈李商隱〉、〈石灰巢涯魏橋〉、〈廣文館徒生徒〉、〈羽林大將軍〉、〈次河池普安〉條，卷七十三〈某州婦人〉、〈求於史思明〉、〈舊代宗紀首誤〉、〈楊猷灊漢而上〉、〈葉州〉、〈柳晃〉、〈領蕃〉、〈討招使〉、〈李齊〉、〈馬燧等破田悅〉、〈元帥兵馬使〉、〈十月〉、〈減官仍舊〉、〈王西曜〉、〈歲不過五十萬〉、〈張濛等二十人〉、〈每御延英〉、〈當道閒員〉、〈河內〉、〈加文儒官〉、〈江州〉、〈錡愁橫叛〉、〈非先賜授〉條，卷七十四〈含光殿〉、〈柳州司馬〉、〈寬敬〉、〈元和國計簿〉、〈起居〉、〈百官據數請受〉、〈制官敕下〉、〈二十巳人省寺〉、〈長慶不提行〉、〈滄州以成元〉、〈蔣防〉、〈品官季文德〉、〈參奏〉、〈睦州〉、〈京兆府決〉條，卷七十五〈別詔宣〉、〈倉州刺史〉、〈第三男漢〉、〈臣固尉〉、〈外州李紳〉、〈觀察使盧行術〉、〈盧行術為福王傅〉、〈本司同平章事〉、〈吳湘獄誤字衍文〉、〈文都〉、〈判官張琢〉、〈漕州〉、〈見存務人戶〉、〈領東軍節度〉條，卷七十六〈逮壞人廬舍〉、〈景福元年疑〉、〈李匡籌赴關〉、〈羅平〉、〈衰鄆〉、〈徹東北而旋〉、〈山陵之榮〉、〈臘而茶〉、〈助效〉條，卷七十七〈六尺九寸〉、〈天文志敘首誤〉、〈星孛一條誤字〉、〈上有黃白冠〉、〈王廷湊〉條，卷八十〈新舊地理雜校誤〉條，卷八十六〈劉黑闥傳脫文〉、〈陳當世〉、〈東郡賊帥〉、〈李子和建元正平〉條，卷八十八〈高仙芝傳非體〉、〈楊正道年九十餘致仕〉、〈斐冕傳脫文〉條，卷九十二〈宦官傳原本脫文〉、〈舊祝欽明傳脫誤〉條。

　　《新五代史》部份，先生以毛本同南雍本、一本對校。如卷九十八〈歐史脫文誤字〉條，先生持南雍本同毛本對校，有一百多條校例集中著錄。以上諸本對校先生參考了諸多版本及校本、鈔本作為對校，以糾舉毛本之缺、訛、衍文，對於校勘而言，先生可謂用力極深。

三、諸史參校

　　因史文繁重，校勘難度較大，又因其史文輾轉鉤稽，由此及彼，取證較博，故由運用貫通各史之法，加以參校，一經校出，立案肯確，又先生擅於會通，《商榷》遍校十七史，於此最易貫通。如：

卷十〈長水校尉〉條：

　　　　長水校尉掌長水宣曲胡騎，師古曰，長水胡名，顧氏曰，長水非胡名也，郊祀志灞、滻、灃、澇、涇、渭、長水，以近咸陽，故盡得比山川祠。
　　　　史記索隱云，百官志有長水校尉，沈約宋書云，營近長水故云，水經云，長水出白鹿原，今之荊溪水是也。

師古云長水爲胡名，先生以《漢書・郊祀志》、司馬貞《史記索隱》、沈約《宋書》言，長水如《水經注》所云今之荊溪水是也，並非胡名。

又卷四十二〈察戰〉條：

> 三嗣主孫休傳，永安五年，使察戰到交趾調孔爵大豬。注，察戰吳官名，今揚都有察戰巷。案，沈約宋書作蔡戰，或遂疑爲人姓名，但孫奮傳注引江表傳，孫皓遣察戰齎毒藥賜奮死，未必蔡戰一人，至皓時，又受此使，宋書特傳寫誤耳。晉書五行志云，吳孫休永安五年，城西門北樓災，六年，石頭小城火，時嬖人張布專擅，兼遣察戰等爲內史，驚擾州郡是也。

《三國志・孫休傳》言察戰爲吳官名，沈約《宋書》疑爲人名，《晉書・五行志》亦以爲人名。先生以此三史記載互相參校，以明察戰爲吳官名，裴注不誤，《宋書》作蔡戰乃傳寫誤耳。

又卷五十七〈建安十六年交州治番禺〉條：

> 交州刺史，漢武帝元鼎六年開百越，交趾刺史治龍編，漢獻帝建安八年，改曰交州，治蒼梧廣信縣十六年，徙治南海番禺縣。案，十六年，司馬彪續漢書劉昭注及晉書地理志俱作十五年。

交州治番禺，司馬彪《續漢書》及《晉書・地理志》俱作十五年，《南史》作建安十六年。

又卷五十九〈潘淑妃生始興王濬〉條：

> 宋文帝諸子傳云，潘淑妃生始興王濬。案，濬母卒，潘淑妃母之，非親生，此誤。通鑑一百二十六卷亦云，潘淑妃生始興王濬。攷異曰，太子，劭傳云，濬母卒，使潘淑妃養之，濬傳及宋九王傳皆云，濬實潘子，今從濬本傳。愚謂劭謂濬曰，潘淑妃遂爲亂兵所害，濬曰，此是下情由來所願，濬雖悖逆，但禽獸不知父猶知母，濬當猶可及禽獸，似非親生之母。

《宋書・諸子傳》、《通鑑》、《南史》、宋九王傳濬傳等，皆作濬爲潘淑妃所生，但《攷異》則以濬母卒，使潘淑妃養之，則潘淑妃似非親生之母。

又卷六十〈黃郎門〉條：

> 蔡廓傳，廓自豫章太守徵入爲吏部尚書，請於中書令傅亮，選事悉以見付，亮語錄尚書徐羨之，羨之曰，黃門郎以下，悉以委蔡，自此以上，宜共參同異，黃門郎，宋書同通鑑作黃散，胡三省曰，黃散謂黃門侍郎及散騎常侍郎也。

黃門郎，《宋書》同《通鑑》作黃散，胡三省曰，黃散謂黃門侍郎，《南史》直作黃門郎。

又卷六十一〈張邵張褘〉條：

> 南史張邵傳中邵字凡數十見，宋書四十六卷，邵傳與南史並同，通鑑
> 亦同，惟宋書五十九卷張暢傳作張劭，而近人校南史者一概俱改作劭，未
> 詳。又南史張暢傳云，邵兄褘子，宋書五十九卷張暢傳亦作褘，而四十六
> 卷則作偉，通鑑第一百十九卷亦作偉，二者不同，褘承劉裕使酖故主晉恭
> 帝，於道自飲而卒，奇忠千古僅見，南史斷自劉宋始，以褘係晉臣，故僅
> 附見於暢傳，而不爲別立傳。

《南史》張邵傳之邵字同《宋書》四十六卷張邵傳，皆作邵字，《通鑑》亦同。而近
人校《南史》者邵字一概改作劭。又邵兄褘子，《南史》同《宋書》同作褘。而《宋
書》四十六卷褘則作偉，《通鑑》亦作「偉」字。蓋同一人同書，卷次不同，名字卻
有異，此乃文字不統一故耳。

又卷六十一〈虎帳岡〉條：

> 南史范蔚宗傳云，元嘉二十二年九月，征北將軍衡陽王義季、右將軍
> 南平王鑠出鎮，上於虎帳岡祖道。考之宋書，本作武帳岡，通鑑第一百二
> 十四卷亦作武帳岡，胡三省注引杜佑曰，岡在廣莫門外宣武場，設行宮便
> 坐於其上，袁樞通鑑紀事本末同，漢書汲黯傳，上嘗坐武帳見黯，應劭曰，
> 武帳織成帳爲武士象也，孟康曰‧今御武帳，置兵闌五兵於帳中也，師古
> 是孟說，通鑑第二十四卷漢昭帝紀，將廢昌邑王，太后被珠襦盛服武帳中，
> 侍御數百人，皆持兵期門，武士陛戟陳列殿下（事亦見一百四十八卷），
> 元嘉武帳，取此義也，後之校南史者，誤以爲李延壽避唐諱改作武，實當
> 作虎，遂奮筆改之，而初不知其基本當爲武帳，並非因延壽避諱也，校書
> 者之不學如此。

《南史‧范蔚宗傳》作「虎帳岡」，考《宋書》、《通鑑》、《通鑑紀事本末》、《漢書‧
汲黯傳》等皆作武帳岡。先生以校書者以爲李延壽避唐諱故，改虎爲武，遂奮筆改
之，而不知本爲武帳，並非延壽因避諱而改，以致武帳遂成虎帳，此乃校書者誤也。

又卷六十一〈沈攸之非不臣非反〉條：

> 南史沈攸之傳，攸之爲鎮西將軍荊州刺史，加都督，聚斂兵力，漸懷
> 不臣之心，愚謂此齊人曲筆，而李延壽襲之，沈約修宋書在齊武帝時，故
> 多回護，延壽則不應爾，宋書攸之傳書以反叛，不知攸之及反齊，非反宋
> 也，正如魏毌丘儉等之反，反司馬氏，非反魏也，通鑑綱目第二十七卷書
> 此事云，宋荊襄都督沈攸之舉兵江陵，討蕭道成，得其實矣。

沈約修《宋書》在齊武帝時，故多曲筆，《南史‧沈攸之傳》襲《宋書》故多回護，

攸之乃反齊非反宋，《通鑑綱目》書此事，沈攸之舉兵江陵，討蕭道成，得其實。

又卷六十一〈梁書無柳仲禮〉條：

> 梁書無柳仲禮傳，案，侯景圍臺城，援兵四集，仲禮爲總督，乃按兵不動，坐觀國破，論者以爲梁禍始於朱异，成於仲禮，梁書惟於韋粲傳中見粲推仲禮爲大都督事，粲先死節，而仲禮安然自全，此後事，粲傳本不當見，然非梁書一大缺乎，仲禮後降西魏，魏、周書皆不見，賴南史補之，最有功，雖於例應入北朝，然補缺功不可沒，亦附柳元景傳，則其病，朱异公然良死，讀史者恨之與秦檜等，柳仲禮入魏，南史不言如何死法，又一缺也。

《梁書》、《魏書》、《周書》三史參校，不見柳仲禮傳，惟見《南史》補之。

又卷六十二〈蕭穎孚事異本書〉條：

> 南史蕭穎胄與其弟穎達、穎孚等傳，與本書雖大段相同，然南史敘穎胄奉齊和帝於江陵，稱尊號，穎達與之同舉兵，而穎孚則自建鄴爲盧陵人修景智潛引與南歸江陵，綠山逾嶂，僅乃得達，若南齊書則言穎孚在京師，盧陵人修靈祐竊將南上，於西昌縣山中聚兵二千人，襲安成郡據之，求援穎胄，遣范僧簡援之，即拜僧簡安成內史，穎孚盧陵內史，合兵出彭蠡口，梁書則云，穎孚自京師出亡，盧陵人循景智潛引與南歸，至盧陵，景智及宗人靈祐爲起兵屯據西昌，穎達假穎孚節督盧陵、豫章、臨川、南康、安成五郡軍事盧陵內史，三者多不同，大約南史與齊、梁二書不同者頗多。

穎孚舉兵一事，《南史》、《南齊書》、《梁書》三書多不同，故先生言大約《南史》與《齊》、《梁》二書不同者頗多。

又卷六十三〈武陵王紀南梁互異〉條：

> 南史梁武帝子武陵王紀傳，大同三年，爲都督益州刺史，侯景陷臺城，上甲侯韶西上至峽，出武帝密敕，加紀侍中，假黃鉞，都督征討諸軍事，驃騎大將軍太尉承制，太寶元年六月辛酉，紀乃移告諸州征鎮，遣世子圓照領二蜀精兵三萬，受湘東王繹節度，繹命圓照且頓白帝，未許東下，七月甲辰，湘東王繹遣鮑檢報紀以武帝崩問，十一月壬寅，紀總戎將發益鎮，繹使止之，二年四月乙丑，紀乃僭號於蜀，改元天正，暗與蕭棟同名，五月己巳，紀次西陵，元帝拒之，六月，戰不利，師老糧盡，憂懣不知所爲，先是元帝已平侯景，遣報紀，圓照鎮巴東，留不遣，啓紀云，侯景未平，宜急征，已聞荊鎮爲景所滅，疾下大軍，紀謂實然，故仍率眾沿江急進，於路方知侯景已平，以既居尊位，宣言敢諫者死，後頻敗，爲元帝將樊猛

所殺，梁書與此不同者，直言侯景亂，紀不赴援，高祖崩後，乃僭號於蜀，改年天正，無受武帝密敕事，亦無遣圓照受湘東節度事。又言，太清五年四月，紀帥軍東下，至巴郡，以討侯景為名，將圖荊、陝，五月丁丑，紀次西陵，元帝遣將拒之，六月庚申，元帝將任約等與戰，破之，景成、任約等進攻其壘，樊猛獲殺之，紀本圖帝位，若受敕都督征討，不應反受湘東節制，前段當以梁書為得，太清五年即是大寶二年，南史以五月己巳次西陵，梁書以五月丁丑次西陵，後於己巳八日耳，亦為合也，但紀必不肯稱簡文帝大寶之號，故梁書據紀意書太清，若論史法，仍以南史書大寶為合，荊陝陝字亦必誤，通鑑一百六十四卷書紀之東下於承聖元年之八月，承聖元年是大寶二年之明年，若以太清數，則為六年，與南史、梁書皆不同，紀至此尚未知侯景破敗而仍東下，決無此事，通鑑恐非。

先生於卷六十二〈蕭穎孚事異本書〉條，曾論及《南史》與《齊》、《梁》二書不同者頗多。此〈武陵王紀〉、《南》、《梁》二史所書者亦互異，《南史》以五月己巳次西陵，《梁書》以五月丁丑次西陵，《通鑑》所書為六年，又與《南》、《梁》二史所書五年不同。

又卷六十四〈恩倖傳論〉條：

> 恩倖傳論略云，自宋中世以來，萬機碎密，不關外司，尚書八座五曹九卿六府伏奏之務既寢，趨走之勞亦息，任隔情疏，殊塗一致，權歸近狎，異世同揆，至元戎啟轍，武侯還麾，督察往來，親承几案，領護所攝，示總成規，優劇遠近，斷於外監之心，譴辱諓詞，恣於典事之口，此論切中弊病，然皆取之宋、齊兩書，非延壽心裁也。梁、陳書無恩倖傳，自周石珍以下傳六篇，皆南史所補，所敘連類附及之小人尤多，此甚有功。蓋自魏、晉尚玄虛，士大夫多坐談不親政務，而治事不可無人，故小人得以競進，人主又皆昏貪賊戾，昵狎小人，觀此論前半篇言尚書八座五曹九卿六府皆虛設，則恩倖之權為何如，後半篇言兵權亦歸之，崔慧景傳，東昏即位為護軍，時輔國將軍徐世標專權號令，慧景備員而已，領軍護軍掌禁兵，權最重者也，至此則權移於恩倖，而領護又無權矣，漢、唐宦官專政，為國之蠹，南朝恩倖別有其人，並非宦官，亦一變也。

《梁》、《陳》二書無恩倖傳，《南史》補之，而《南史》恩倖傳則多取《宋》、《齊》二書，非延壽心裁也，故《南史》與四書互相參校知其內容異同有無，并論得失。

又卷六十六〈馮宏遣使求和〉條：

> 延和三年正月戊戌，馮宏遣使求和，帝不許，攷魏書作馮文通遣其給

事黃門侍郎伊臣乞和，晉書載記但言馮跋宋元嘉七年死，弟宏殺跋子自
立，而魏書馮跋傳則云，跋字文起，跋死，弟文通襲位，文通本名犯顯祖
廟諱，據此則是魏收欲避顯祖獻文帝諱，故稱宏字，猶晉書、北史稱劉淵
為劉元海也，但彼書此下又有閏三月馮文通遣尚書高顒上表稱藩，詔徵其
侍子是終許其和矣，此後又越三年方復征之，宏奔高麗而燕始亡耳，若延
和三年，則固嘗暫許其和也，故通鑑於是年書燕王遣尚書高顒上表稱藩，
請罪於魏，魏主乃許之，徵其太子王仁入朝，北史乃刪去，則似是魏竟始
終不許馮氏和矣，非也。

遣使求和事，《魏書》、《北史》、《晉書載記》及《通鑑》互有差異。《魏書》作馮文
通遣其給事黃門侍郎伊臣乞和，馮文通乃馮跋弟。《晉書載記》則作馮跋宋元嘉七年
死，弟宏殺跋子自立，二史記載不同，《北史》同《晉書載記》作馮宏，不作馮文通，
且云馮宏遣使求和，又與《魏書》有異。《通鑑》所作同《魏書》，《北史》刪去請罪
於魏，魏主乃許之求和事，故《北史》言遣使求和帝不許，非也。

又卷六十七〈罷州置郡〉條：

隋書百官志云，煬帝罷州置郡，郡置太守，又地理志云，煬帝并省諸
州，尋改州為郡，置司隸刺史分部巡察，大凡郡一百九十。案，唐、虞時，
九州十二州，歷三代、秦、漢、魏、晉、南北朝，其名尚存，至隋始革去
州名，事勢古今不同，不可泥古，宋書州郡志有揚州、南徐州、南兗州、
兗州、南豫州、豫州、江州、青州、冀州、司州、荊州、郢州、湘州、雍
州、梁州、秦州、益州、寧州、廣州、交州、越州，南齊書州郡志略同，
惟多一巴州，此名為從前未有，魏地形志新添之州名甚多，漢、晉每州所
管郡甚廣，地形志則每州所管郡有少至二三郡者，并有不領郡之州焉，其
州名新製者共有五六十，梁、陳、齊、周地理無攷，而州郡總數見隋地志，
蓋承魏，其分析亦多，至隋萬不能更為沿襲，蓋即名稱紛淆，已極不便，
不但十羊九牧如楊尚希所云也。

州郡設置，其州設立頗早，自唐、虞九州十二州，歷三代、秦、漢、唐、魏晉、南
北朝其名尚存，至隋始革去州名。《宋書》州郡志有揚州等二十一州，《南齊書》州
郡志略同，惟多一巴州。《魏書》地形志新添之州名甚多，而州郡總數見《隋‧地志》，
蓋承魏，其分析亦多。先生以《宋書》、《南齊書》州郡志、《魏書》地形志及《隋書‧
百官志》諸史參校州郡之沿革。

又卷六十八〈司馬休之等一卷〉條：

司馬休之等十餘人合為一卷，皆晉、宋、齊、梁之宗室子姓降北者，

似得類聚之道，在李延壽亦若自成一種體例矣。然以魏、齊、周、隋各
代臣攬令和合，究屬久妥，且北齊書有蕭明傳，明即貞陽侯淵明，避諱
去淵字，梁武兄長沙宣武王懿之子，齊送歸主梁祀，陳霸先廢之，仍歸
齊，卒於鄴，北齊人諡之曰閔皇帝，李百藥入之北齊書，甚妙，而李延
壽但入之南史，於北史竟不見，則又遺漏。又有蕭莊者，梁元帝嫡長子
方等之子也，王琳輔之稱帝於郢州，後敗，亦歸北齊，事見陳書第十八
卷袁泌傳，此當歸北朝諸臣之列，而北齊書漏去，李延壽但見之南史，
而北史反不及，亦非。

《北齊書》有蕭明傳，但李延壽納之於《南史》，《北史》竟不見。又蕭莊歸北齊，
事見《陳書》袁泌傳，亦當歸北朝諸臣之列，而《北齊書》漏去不納，反見於《南
史》，《北史》反不及，亦非。故以《北齊書》、《南》、《北》史三史互相參校蕭明傳
之事；又以《南》、《北》二史及《陳書》、《北齊書》四史參校蕭莊事，以見是非。
又卷七十〈高元禮〉條：

> 貞觀二年七月，詔武牙郎將高元禮協契宇文化及，搆成弑逆，除名流
> 嶺表，新、舊太宗紀並作高元禮者，隋書煬帝紀及通鑑第一百八十五卷，
> 虎賁郎將元禮與司馬德戡、裴虔通同弑帝，無所謂高元禮者，高字衍，下
> 文貞觀七年正月，禁錮宇文化及等詔，仍作元禮。

新、舊《唐書・太宗紀》皆作高元禮，但《隋書・煬帝紀》及《通鑑》但作元禮，
無所謂高元禮者，蓋高字衍。
又卷七十一卷〈中宗年〉條：

> 六月壬午，帝遇毒崩於神龍殿，年五十，新紀作五十五，是也，通鑑
> 及綱目皆無年，而胡三省通鑑注從新書。案，舊紀，中宗以顯慶元年十一
> 月乙丑生於長安，至是恰五十五年，新紀不書中宗生年。

中宗崩年，舊紀作年五十，新紀作五十五，《通鑑》及《綱目》皆無記中宗年。
又卷七十三〈代宗年五十三〉條：

> 新代宗紀，大曆十四年五月辛酉，皇帝崩於紫宸內殿，年五十三。吳
> 縝糾繆第一卷駁代宗母章敬吳皇后入宮事，亦據此紀以推代宗生年，當為
> 開元十五年丁卯歲，舊紀則不言年若干。錢大昕云，唐會要，代宗以開元
> 十四年十月十三日生，大曆十四年五月二十日崩，年五十四，新紀非也。

新書代宗紀，敘代宗崩年五十三，舊紀不言代宗崩年若干。吳縝《新唐書糾繆》推
代宗生年為開元十五年，及錢大昕《廿二史考異》所考代宗以開元十四年生，大歷
十四年五月二十日崩，享年五十四，則新紀與《新唐書糾繆》所推與《考異》不同。

又卷八十一〈司天臺〉條：

> 司天臺，新、舊志同，六典及杜氏通典職官門皆作太史局，且隸祕書
> 監，不別立一條。所云臺者，惟御史一臺而已，此外無別臺也。蓋新、舊
> 志據後定，故不同。

司天臺名稱新、舊二書所作同，但《六典》及杜佑《通典》皆作太史局。

又卷八十三〈方鎮表與他家互異〉條：

> 新方鎮表與舊地志所列至德後四十七使及杜氏通典州郡門，皆有互異
> 處，其名稱，其體制，其品秩，其管轄，其職掌頻經改易，又數數叛服不
> 常，紀載之紛歧，固難畫一也，李吉甫元和郡縣志，據自序，稱四十七鎮，
> 方鎮表所列，凡四十四鎮，吉甫書進於元和八年，方鎮表始景雲至唐末，
> 其數之不同，今未暇詳攷，且吉甫書已闕六卷，就其存者與新表、舊志參
> 對，三者已各不同，移徙分割，紛亂不可爬梳，不耐更參求矣。

先生以新書方鎮表、舊地志、《通典‧州郡門》三者參校，皆有互異處。其名稱、體
制、品秩、管轄、職掌頻經改易，又數數叛服不常，紀載紛歧，固難畫一。

又卷八十六〈箇小兒〉條：

> 舊李密傳，為左親侍，在仗下煬帝謂宇文述曰，箇小兒視瞻異常，勿
> 令宿衛，新作此兒顧盼不常，無人衛，此等卻以仍舊為佳，通鑑第一百八
> 十五卷，煬帝好效吳語，謂蕭后曰，外閒大有人圖儂，胡三省注，吳人自
> 稱曰儂，箇小兒亦吳語也。

新、舊二史李密傳所述有異，先生以舊書為佳，再以《通鑑》參校新、舊二史，知
煬帝好效吳語，而三史參校所述皆異。

又卷九十五〈劉延皓事未了〉條：

> 唐廢帝家人傳，廢帝后劉氏之弟皓事，敘至為天雄軍節度使，被張令
> 昭逐走，帝但削延皓官爵而已，便止此處尚不見延皓下落，如何住得，薛
> 史則延皓自有傳，此下言晉高祖入洛，延皓逃匿龍門廣化寺，自經死，但
> 不甚吝惜筆墨，只須多敘兩句十七字，則首尾完具矣，前代皆別有外戚傳，
> 今見附后傳中，又作此不了之語，壹意劇削，毋乃太簡，通鑑攷異引唐實
> 錄以延皓為劉后姪，薛史作弟，歐從薛。

劉延皓傳，薛、歐二史皆作劉后弟，《通鑑考異》引《唐實錄》作劉后姪。

四、他校法

所謂他校法者，即以他書校本書。凡其書有採自前人者，可以前人之書校之，

有爲後人所引用者，可以後人之書校之，其史料有爲同時之書所並載者，可以同時之書校之。此等校法，範圍較廣，用力較勞，而有時非此不能證明其訛誤〔註27〕。先生考究版本作爲校勘依據，亦廣泛搜集校勘書籍，依《商榷》序言，除採正史之外，涉及的典籍尚有十類：（一）偏霸雜史（二）稗官野乘（三）山經地志（四）譜牒簿錄（五）諸子百家（六）小說筆記（七）詩文集（八）釋老異教（九）鐘鼎尊彝之款識（十）山林冢墓祠廟伽藍碑碣斷闕之文。以上十類，皆是先生「參伍錯綜，比物連類，以互相檢照」用來校勘的泉源〔註28〕。

（一）偏霸雜史

先生採用史書作爲參校依據，除了以正史爲主之外，另外還兼及編年體史書、別史、政書、載記、史評、雜史等類，因此先生《商榷》序文自言「偏霸雜史」，可以說是除了紀傳正史之外，還包括了以上各類史書體裁性質，蓋雜史一體，昉於《國語》、《國策》，《隋書·經籍志》始有雜史之目，後目錄家因之，義取兼包眾體，宏括殊名，大抵取其事繫廟堂、語關軍國，或但具一事之始末，或但述一時之見聞，祇一家之私記，足以存掌故、資考證，備讀史者之所參稽。因此《四庫全書提要·史·雜史類》言：

> 雜史之目，肇於隋書，蓋載籍既繁難於條析，義取乎兼包眾體，宏括殊名，故王嘉拾遺記、汲冢璅語，得與魏尚書、梁實錄，並列不爲嫌也，然既繫史名，事殊小說，著書有體焉，可無分，今仍用舊文立此一類，凡所著錄則務示別裁，大抵取其事繫廟堂語關軍國，或但具一事之始末，非一代之全編，或但述一時之見聞，祇一家之私記，要期遺文舊事，足以存掌故資考證備讀史者之參稽云爾，若夫語神怪供談調，里巷瑣言，稗官所述，則別有雜家、小說家存焉。

先生參引雜史作爲校正史籍者有《戰國策》、《貞觀政要》、《東觀奏記》，如引《戰國策》蘇秦事，加以論敘司馬相如輕薄文人之狀，卷六〈司馬相如〉條：

> 戰國策敘蘇秦貧賤時困阨之狀，及佩趙國相印歸，而父母郊迎三十里，妻側目而視，側耳而聽。史記司馬相如，竊妻買酒舍酤酒，令妻當鑪，

〔註27〕同註8，頁420。
〔註28〕同註5，頁175杜維運之《史學方法論》中談到，利用其他學問從事史料考證，泛言爲歷史研究，是近代中外史學家在治史方法上之絕大發明，以相關學問做基礎，如語言學、文字學、古文字學、古文書學、印章學、帛幣學、族譜學、徽章學、年代學、地理學等，變成了史學家的工具學問，此被近人稱爲歷史輔助科學。

－181－

身著犢鼻褌，滌器市中，及拜中郎將，建節馳傳使蜀，太守郊迎，縣令負
弩矢前驅，卓王孫謂然嘆，自以使女得尚長卿晚。漢書，朱買臣貧，爲妻
所棄，後拜會稽太守，衣故衣，懷印綬步歸郡邸，守邸與上計掾吏驚駭遂
乘傳去，見故妻，載之後車，妻自經死，三者正是一副筆墨，史傳中寫小
人得志情形亦多矣，而國策、史、漢尤善描摹，窮秀才誦之，不覺眉飛色
舞，作四書八股文者，每拈孟子舜發畎畝一章題，便將此段興會，闌入毫
端，真堪一噱，然如蘇秦及買臣，終得慘禍，稍有識者，猶知戒之，若相
如之事，輕薄文人，自許風流，千載下猶豔羨不已，自知道者觀之，則深
醜其行，而不屑挂齒牙閒也（韋昭注相如事云，言其無恥也。昭本通經，
此言甚有識，若司馬遷雖有識，究屬文上，頗有取於相如之文而載之，譏
之之意半，取之之意亦半。）。

先生論史傳人物，於史馬相如、朱買臣皆爲小人得志，亦舉《戰國策》敘蘇秦貧賤
時困厄之狀，及佩趙國相印歸。故先生發議論言《國策》及史漢尤善描摹小人得志，
如蘇秦及買臣終得慘禍，稍有識者，猶知戒之。又司馬相如之事，乃輕薄之人，自
許風流，千載下猶豔羨不已，自知道者觀之，則深醜其行，而不屑挂齒牙閒也。

以《貞觀政要》校《唐書・杜如晦傳》，如：

卷八十六〈京兆杜陵〉條：

　　杜如晦傳，京兆杜陵人，新、舊書同。案，舊地理志，京兆府絕無所
謂杜陵縣，但有萬年縣，貞觀政要任賢篇作京兆萬年人，是。趙明誠據虞
世南所譔碑，謂其祖名徽而唐傳云名果，可據碑以正其失，考新書但書其
祖果，而舊書則具列其高祖名徽，祖名果，明誠但觀新書，不考舊書，予
未見碑，恐係明誠不詳審，輕發此疑，俟再考。

新、舊書杜如晦傳，皆言京兆杜陵人，但舊書地理志記京兆府無杜陵縣，有萬年縣，
先生以《貞觀政要・任賢篇》參看，作京兆萬年人，當以此爲是。又據虞世南所撰碑，
正杜如晦其祖名徽，以糾正傳名爲果，故以碑正其失。

採用《東觀奏記》，互證新、舊《唐書・李玨傳》之異同，如：

卷九十一〈李玨傳新書多取東觀奏記〉條：

　　裴庭裕東觀奏記上卷載李玨事最詳，自注云，庭裕親外叔祖，外叔祖
疑必是外祖之弟母之叔父也，二傳敘其歷官階次，出處本末，大同小異，
與裴記亦大同小異，但舊書所無而新書增入者，多取東觀奏記，若舊書太
和九年出爲江州刺史，係因李宗閔得罪，玨正是宗閔死黨，舊書當得實，
而裴記謂由李訓、鄭注交譖，新書雖更易其詞，以掩好采小說之迹，而意

則同。

新書李珏傳與舊書之異，在於舊書所無而新書增入者，多取《東觀奏記》，李珏與李宗閔同黨，但因李宗閔得罪，而出爲江州刺史，爲舊書當得實，而裴記謂由李訓、鄭注交譖，新書更易其詞，以採《東觀奏記》使然。

以載記類之《越絕書》、《華陽國志》、《唐實錄》作爲參校之依據，如以《越絕書》證漢地理，疑前漢既有西部，亦宜有東部。又以後漢地理相對證，已有東西部都尉，先生於此論不應後漢有，前漢反無。如：

卷二十〈漢書地理雜辨〉條：

> 錢唐，西部都尉治，案，越絕書二卷云，漢文帝前九年，會稽并故鄣郡太守治，故鄣都尉治山陰，前十六年，太守治吳郡，都尉治錢唐，觀此則似會稽止一都尉，下文回浦南部都尉治，疑後來增設，但前漢既有西部，亦宜有東部，金石錄載永平八年會稽東部都尉路君闕銘，吳志張紘亦爲會稽東部都尉，而後漢循吏伍延傳，嘗爲會稽西部都尉，則後漢固東西並設，志稱建武六年省諸部都尉，既經省併，不應後漢所有，前漢反無，此志未知有脫漏否。

以常璩《華陽國志》對校《三國志‧吳志》，如：

卷四十一〈傅士仁〉條：

> 將軍傅士仁屯公安，案，楊戲作輔臣贊及吳主傳，並稱士仁，呂蒙傳亦然，然則姓士名仁，傅字衍，吳志，漢末有交州刺史士燮，則當時固有士姓矣，常璩華陽國志第六卷作傅士仁，此吳琯古今逸史俗刻校者妄改不可據。

楊戲作輔臣贊及吳主傳，並稱士仁，則士爲姓，名爲仁，傅字爲衍，則常璩《華陽國志》作傅士仁，則《三國志》妄改不可據。

採許嵩《建康實錄》加以論述《三國志》吳孫策、孫權起事在吳，如：

卷四十二〈策權起事在吳〉條：

> 魯肅傳云，孫策薨，權住吳，案，項梁與羽，策與權，起事之處皆在吳，即今蘇州府治吳長洲、元和三縣地，蓋自闔廬夫差以來吳兵甚強，漢魏時尚有遺風，非如今日吳人之柔脆，不足爲用武地也，項事已見前，知策、權起吳者，周瑜傳云，策謂瑜曰，吾以眾取吳會，卿鎮丹楊，建安三年，瑜還吳，策親自迎瑜，瑜年二十四，吳中皆呼爲周郎，是策之始立在吳也，又云，建安五年，策薨，權統事，瑜將兵赴喪，遂留吳，是權之始立在吳也，策傳謂策引兵渡浙江，據會稽，自領會稽太守，以朱治爲吳郡

太守，但會稽太守治山陰，吳郡太守治吳，策雖領會稽，而志量實在江、淮上游，在吳猶近之，若居山陰，太遠不及事矣，故下文即云，曹公表策為討逆將軍，封吳侯，是時袁紹方強，而策并江東也，權傳云，策薨，以事授權，曹公表權討虜將軍，領會稽太守，屯吳，此權在吳起事之明文，自此以下，屯吳凡十二年，赤壁破曹之後，方徙治秣陵，改為建業（張紘傳云，紘建計宜出都秣陵，權從之，今還吳迎家），居建業者又十年，取關公得荊州之後，又徙武昌，兩徙皆為據荊，不但為拒曹，黃龍元年，仍還建業，自此至薨皆在建業。

唐許嵩建康實錄敘孫權於建安五年策薨以後事付權之下，歷敘權事，至十三年將與劉備合謀拒操，而尚未破操赤壁之前，書曰，權始自吳還於京口而鎮之，自注云，案，地志，吳大帝自吳遷朱方，築京城，南面西面各開一門，即今潤州城也，因京峴立名，號為京鎮，在建業之北，因為京口，嵩所引地志，是唐以前古書可信者，時根本仍在吳，而遷京口，欲漸為居秣陵地也，其下敘破曹事，其下又書十四年權居京口云云，至十六年，乃書權始自京口徙治秣陵，十七年，城楚金陵邑，地號石頭，改秣陵為建業，敘次甚分明，勝於陳壽。

《三國志‧吳志》魯肅傳、周瑜傳及孫權傳三傳合而論述孫策、孫權起事在吳過程，先生引《建康實錄》敘孫權於建安五年策薨以後事付權之下，歷敘權事甚為分明，勝於陳壽《三國志‧吳志》所載。先生又採《建康實錄》參校《南史》諸書，其於宋事大約必參取宋略，又小字夾注中援引古書，多亡佚已久，此者大可寶貴。

先生採《通鑑考異》引《唐實錄》作為參校五代史之資料，如：
卷九十五〈劉延皓事未了〉條：

唐廢帝家人傳，廢帝后劉氏之弟延皓事，敘至為天雄軍節度使，被張令昭逐走，帝但削延皓官爵而已，便止，此處尚不見延皓下落，如何住得，薛史則延皓自有傳，此下言晉高祖入洛，延皓逃匿龍門廣化寺，自經死，但不甚吝惜筆墨，只須多敘兩句十七字，則首尾完具矣，前代皆別有外戚傳，今附見后傳中，又作此不了之語，壹意劊削，毋乃太簡，通鑑效異引唐實錄以延皓為劉后姪，薛史作弟，歐從薛。

延皓，歐史與薛史皆作劉后之弟，但《通鑑考異》引《唐實錄》則以延皓為劉后姪。

採《五代會要》政書類同陳振孫《書錄解題》引中《後唐廢帝實錄》，及《通鑑》中引《閔帝實錄》、竇貞固《晉高祖實錄》、蘇逢吉《漢高祖實錄》參校五代史，如：
卷九十四〈閔帝改愍〉條：

唐閔帝、明宗之子，據薛史乃晉高祖即位後所補諡，本紀內此字凡數見，甚明析，而末帝紀中又屢見之確然無疑，而歐史改爲愍帝，原歐意，當因唐莊宗諡爲光聖神閔孝皇帝嫌複閔字，遂率意改之，但說文卷十下心部，愍、痛也，從心敃聲，卷十二上門部，閔、弔者在門也，從門文聲，二字判然不同，何得輒改，改之則失實矣，通鑑雖不爲閔帝作紀，但附見其事，然亦作閔王溥五代會要第一卷帝號同至後唐廢帝薛史本作末帝，五代會要同，攷陳振孫書錄解題有張昭等撰後唐廢帝實錄十七卷，係周世宗時所修，若果彼時已稱廢帝，則後來王溥、薛居正何苦必改爲末帝，反使其與梁末帝相混，王溥、薛居正一輩人誠實謙退，必無此事，必是歐公所改陳振孫係宋南渡後微末小儒震駭大名，反改張昭原稱末帝者以就歐稱廢帝耳，至宋史出元季陋儒手，藝文志作愍帝、廢帝，更無怪矣，晉出帝，薛史作少帝，五代會要同，歐以其爲契丹所虜援周衛輒及魯哀公號出公之例改之。通鑑於被弒或失國者，輒降稱王公，如劉宋少帝改稱營陽王，後廢帝改稱蒼梧王，陳廢帝改稱臨海王，後主改稱長城公之類，此等本是帝，何以降爲王公，又如五代梁末帝則仍稱均王，後唐廢帝則仍稱潞王，晉少帝則仍稱齊王，皆復其初封之王號，恐皆非是。

通鑑第二百七十九卷攷異引閔帝實錄作閔，又引竇貞固晉高祖實錄、蘇逢吉漢高祖實錄，則又稱爲少帝，要之閔帝實錄最在前，當從之。

先生所引用之史書作爲參校者，大致如下：

書　目	作　者	書　目	作　者
竹書紀年	不詳	稽古錄	宋司馬光
前漢紀	漢荀悅	通鑑綱目	宋朱熹
後漢紀	晉袁宏	通鑑	邵經世
資治通鑑	宋司馬光	通鑑續編	明陳桱
通鑑音注	宋胡三省	宋元通鑑	明薛應旂
通鑑考異	無名氏	路史	宋羅泌
通鑑紀事本末	宋袁樞	通史	唐杜佑
史記正義	唐張守節	文獻通考	元馬端臨
史記索隱	唐司馬貞	唐代會要	宋王溥
史記集解	宋裴駰	五代會要	宋王溥

漢書注	唐顏師古	歷代建元考	清鍾淵映
後漢書刊誤	宋劉攽	唐六典	唐玄宗
補後漢書年表	宋熊方	戰國策	漢高誘注
兩漢刊誤補遺	宋吳仁傑	東觀奏記	唐裴庭裕
新唐書糾繆	宋吳縝	貞觀政要	唐吳兢
五代史記纂誤	宋吳縝	越絕書	漢袁康
漢藝文志考證	宋王應麟	華陽國志	晉常璩
郡齋讀書志	宋晁公武	吳越備史	宋錢儼
書錄解題	宋陳振孫	刊誤	李涪
竹雲題跋	清王澍	平巢事蹟考	宋無名氏
直筆新例	宋呂夏卿	郡國令長考	清錢大昭
唐鑑	宋范祖禹	紀元彙考	萬斯同
史通	唐劉知幾	紀元彙考	趙駿烈
東觀漢記	漢劉珍	甲子紀元	陳宏謀
建康實錄	唐許嵩	紀元要略	清陳景雲
唐五朝實錄	宋敏求	廿二史考異	清錢大昕
順宗實錄	唐韓昌黎	通志	宋鄭樵

（二）稗官野乘、小說筆記

先生參取《山海經》、王楙《野客叢書》及王應麟之《詩地理攷》、《通鑑地理通釋》等，考釋《漢書》之地理丹陽所在地。如：

卷二十〈地理雜辨證〉條：

> 丹楊，楚之先熊繹所封，十八世文王徙郢，郢即南郡江陵縣，江陵即今縣，湖北荊州府治，說已見前，而丹楊則爲今太平府當塗縣之南境，地與寧國府連界處也，史記楚世家云成王封熊繹於楚居丹楊即此是矣乃徐廣注則云在南郡枝江縣山海經，丹山在丹陽南，郭璞注云，今建平郡丹陽城秭歸縣東七里，水經酈道元注云，丹楊城據山跨阜，周八里二百八十步，東北悉臨絕澗，南枕大江，嶮峭壁立，楚熊繹始封丹陽之所都也，地理志以爲吳之丹楊，尋吳、楚悠隔，縱繹荊山，無容遠在吳境，非也，於是沈括夢溪筆談、王楙野客叢書、王應麟詩地理攷及通鑑地理通釋皆主此，據

晉人及北魏人說，不信班氏，畢竟班氏是，後儒皆未必然，左傳蓽路藍縷，
以啟山林，宣十二年文，指若敖、蚡冒言，又僻在荊山，蓽路藍縷，跋涉
山林昭十二年文，則指熊繹言，酈引此駁班似也，但楚境大矣，即使藍縷
啟山在荊州，而熊繹始討何妨在揚州丹楊乎，周成王時，吳尚微甚，其地
狹小，僻在蘇、松一隅，何知丹楊郡之丹楊必吳境非楚境乎，志末總論一
段，以丹楊爲吳分，此班氏就晚周之吳境言之耳，其實丹楊未必吳始封即
得也。

先生論丹陽及清太平府當塗縣之南境，地與寧國府連界處也。其自注云：「據乾
隆十八年寧國知府宋所修寧國府志，似當有本。晉書陶回傳，蘇峻之亂，回清早出
兵守江口，峻將至，回復謂庾亮曰，峻知石頭有重戍，不敢直下，必向小卜丹陽南
道步來，宜伏兵要之。亮不從，峻果由小丹楊經秣陵，此小丹楊即當塗南境地名。
漢武帝以此改郡名爲丹陽郡。」

先生以宋版《陶淵明集》爲依據，知田疇字子春，至宋，姚寬《西谿叢話》中
據《漢書‧劉澤傳》言爲高后時齊人，先生以陶詩云無終，證得並非齊人。如：
卷四十〈田疇字〉條：

　　　　田疇、字子泰，右北平無終人，案，陶潛擬古詩云，辭家夙嚴駕，當
　　往至無終，聞有田子春，節義爲士雄，春字之下注云，一作泰，予所據者，
　　從友人朱奐文游借得宋紹熙壬子冬贛川曾集刻本，觀此則知或作子泰，或
　　作子春，宋人已不能定，然畢竟以春爲正也，至宋姚寬西溪叢語下卷，據
　　漢書劉澤傳，高后時，齊人田生游乏資，以書干澤云云，晉灼注引楚漢春
　　秋云，田生、字子春，以此當陶詩所用，則大謬，不但田生以干謁爲事，
　　與田疇不相類，且陶詩既云無終，則非齊人甚明，何得牽合，有一等人不
　　能看正史，旁搜宋、元小說以掩其短，如姚寬之輩，未嘗學問，而好爲議
　　論，自有學識者觀之，雖多亦奚以爲。

先生以《雲麓漫鈔》可證封禪國山碑文之六字內容，封禪國山碑，其文趙明誠
《金石錄》已顯漫滅，先生友人吳玉搢《金石存著錄》所存文字皆不可辨識，審視
諦觀稍可見，亦不能成句，趙明誠跋約舉其文，僅百許字，而先生以趙彥衛《雲麓
漫鈔》第一卷載之頗詳，約八九百字，可補。如：
卷四十二〈封禪國山〉條：

　　　　孫皓傳，天璽元年，吳郡言臨平湖開，得石函中有小石，青白色，刻
　　皇帝字，於是改年大赦。又云，秋八月，吳興陽羨山有空石，長十餘丈，
　　名曰石室，在所表爲大瑞，乃遣兼司徒董朝兼太常周處至陽羨縣封禪國

山，明年，改元，大赦。案，吳禪國山碑見宋趙明誠金石錄，而其文久漫滅，近日博學如東吳顧氏、秀水朱氏皆未之見，惟亡友山陽吳玉搢山夫金石存著於錄云，此碑篆書，碑甚巨，今存者止二十行，行九字，而字皆不可辨識，審視諦觀稍可見，亦不能成句，趙明誠跋約舉其文，僅百許字，而趙彥衛雲麓漫鈔第一卷載之頗詳，約八九百字，前歷言諸祥瑞，後云，游蒙協洽之歲，月次陬訾之舍、日惟重光大淵獻，受上天玉璽，文曰吳眞皇帝，乃以柔兆涒灘之歲，欽若上天，月正革元，郊天祭地，紀號天璽，實彰明命，於是丞相沇、太尉璆、大司徒燮、大司空朝、執金吾修、城門校尉歆、屯騎校尉悌、尚書令忠、尚書昏、直、晃、昌、國史瑩等，僉以爲眾瑞畢至，宜行禪禮，遂於吳興國山之陰，告祭刊石云云。攷游蒙協洽爲乙未，陬訾之舍、亥月也，據碑則得石文本是天冊元年十月事，是年歲在乙未，故於其明年改元天璽，柔兆涒灘是丙申，月正革元是正月也，其年八月行禪禮，故於明年改元天紀也，大司空朝即兼司徒董朝，而碑無周處，晉書五十八卷處傳言處仕吳爲東觀左丞，孫皓末，爲無難督，則是武臣，而此乃云兼太常蓋其所兼之虛銜也。

先生以《述異記》釋七十九卷〈瓜州瓜步〉條

　　　述異記曰，水際謂之步，瓜步在吳中，吳人賣瓜於江畔，因以名焉。

吳、楚之間謂浦爲步，語之訛耳。

先生以《歐陽詹文集》第八卷與鄭伯義書，說明唐制雖並重明經、進士，後又偏重進士。又引《封演聞見記》第三卷貢舉篇言，「代以進士登科爲登龍門，解褐多拜清緊，十數年閒，擬迹廟堂……」先生言及第進士，俯視中書、黃門兩省郎官，落第尚可再舉，得即躐清要，故平揖近幾蒲州、華州之令長也，其立法之弊如此，徒長浮華，終無實用。又引錢希白《南部新書》卷乙云：「明經只念經疏，不會經義」觀此則知彼時所以輕明經重進士故。如：

卷八十一〈偏重進士立法之弊〉條：

　　　雖並重明經進士，後又偏重進士，新志云，眾科之目，進士尤爲貴，時君篤意，以謂莫此之尚，摭言會昌舉格所送人數，國子監及各道皆明經多，進士少，又述進士上篇云，咸亨之後，凡由文學舉於有司者競集於進士，又散序進士篇云，進士盛於貞觀、永徽之際，搢紳雖位極人臣，不由進士，終不爲美云云，歐陽詹文集第八卷與鄭伯義書，承今冬以前明經赴調罷舉進士，漁者所務唯魚，不必在梁在笱，弋者所務唯禽，不必在矰在繳，國家設尊官厚祿，爲人民爲社稷也，在求其人，非與人求，在得其人，

非與人得讀往載，究前言，則曰明經，屬以詞，賦以事，則曰進士未即以進士賢，明經不賢也，蚩蚩之人，貴此賤彼，是不達國家選士之意，居方寧斯人之徒與，況進士出身，十年二十年而終於一命者有之，明經諸色，入仕須史而踐卿相者有之，才如居，方諸科中升乎一科矣，宜存一梁一筍一增一繳之義，觀以上各條，可見進士又在明經之上，且可見彼時明經及第者，不肯即求吏部舉選，往往舍去仍應進士舉，惟歐陽詹所見不然，此皆足以徵唐制也，要之積重難返，如詹之明達者已少，封演聞見記第三卷貢舉篇云，代以進士登科爲登龍門，解褐多拜清緊，十數年間，擬迹廟堂，輕薄者語曰及第進士俯視中黃郎，落第進士揖蒲華長馬，進士張繟落第，兩手奉登科記頂戴之，曰，此千佛名經也云云，此段似有誤揖上疑脫平字，馬字疑衍，及第進士，俯視中書、黃門兩省郎官，落第尚可再舉，一得即躐清要，故平揖近畿蒲州、華州之令長也，其立法之弊如此，徒長浮華，終無實用，唐楊綰、李德裕已憂之。

　　錢希白南部新書卷乙云，太和中，上謂宰臣曰，明經會義否，宰臣曰，明經只念經疏，不會經義，觀此則知彼時所以輕明經重進士。

唐時科舉重進士，不重明經，其應制科舉進士之法，李肇《國史》謂云，「得第謂之前進士」，即是進士乃科中一目，但應此舉者，即得稱之，如元輿傳、令狐絢傳，子滈、左拾遺劉蛻言滈未嘗舉進士，妄言已解，天下無解及第，然則不必及第方名進士。如：

卷八十一〈不必登第方名進士〉條：

　　昌黎上宰相書，自稱鄉貢進士，公貞元八年登第，此書十一年所上，李肇國史補云，得第謂之前進士，是也，而其實進士及科中一目，但應此舉者，即得稱之，試隨舉一二，如新舒元輿傳，元和中，舉進士，見有司鉤校苛切，既試尚書，水炭脂炬飧具，皆人自將，吏一唱名，乃得入列棘圍，席坐廡下，因上書言貢士體輕，非下賢意，俄擢高第，調鄠尉，舉進士者，貢於州府也，試尚書者，試於禮部也。新選舉志言，試士由考功員外郎，開元中，以員外望輕，移貢舉於禮部侍郎主之，是也，其時元輿尚未登第，又新令狐絢傳，子滈，避嫌不舉進士，絢去，宰相丐滈與舉進士，試有司，是歲及第，左拾遺劉蛻言滈未嘗舉進士，妄言已解天下謂無解及第，然則不必及第方名進士也。

《新唐書》采用張鷟之《朝野僉載》第二卷，「詳述楊務廉於陝州三門，鑿山燒石，施棧道，牽船運米，蓋小人立苛法，徒病民而無利於國，其害如此。」此乃新

書采小說而有益者,《舊唐書》無。如卷九十二〈魚朝恩傳新舊互異〉條,「宦者魚朝恩恣橫之狀,新書描摹曲進,大半皆舊書所無」,所據則爲蘇鶚《杜陽雜編》,此爲新書采小說,而有益者。如:

卷八十二〈鈲〉條:

> 輓夫繫二鈲於胸,而繩多絕,說文十四上金部新附鈲、裂也,从金爪普擊切,與此文義不合,且董衝唐書釋音第五卷音攻乎切,則从瓜不从爪,然此字他書未見有用者,董氏亦但釋其音,不解其義也,詳攷之,新書此條,實采自張鷟朝野僉載第二卷,彼詳述楊務廉於陝州三門,鑿山燒石,施棧道,牽船運米,蓋小人立苛法,徒病民而無利於國,其害如此,此新書之采小說而有益者,舊書則無鈲,乃俗字,張鷟用之,而新書仍之。

又卷八十三〈鄭氏北祖南祖各房〉條,新書採《因話錄》入於餘慶傳中。

> 趙璘因話錄卷二商部云,司徒鄭眞公與其宗叔太子太傅絪,俱住招國,太傅第在南,出自南祖,司徒第在北,出自北祖,時人謂之南鄭相、北鄭相,司徒堂兄文憲公前後相德宗,亦謂之大鄭相小鄭相焉。案眞公,當作貞公,傳寫誤。餘慶也,招國、長安坊名,屢見李商隱詩,此種乃小說家閒話,而新書於餘慶傳遂摭入之。

又卷八十七〈被召不與楊思勗一言〉條:

> 環爲廣州都督,開元初,徵拜刑部尚書,新、舊書同,封演聞見記第九卷端愨篇云,環在廣府,玄宗使內侍楊思勗馳馬往追,環在路不與思勗交一言,思勗以將軍貴倖殿庭,因訴,玄宗嗟嘆良久,即拜刑部尚書,此事亦見顏公神道碑,而顏公既作此文之外,別掇拾環軼事如下條爲碑側記刻之,予亦得拓本,末段言昭義節度使薛嵩命屯田郎中權知邢州刺史封演辦立碑事,可見演因摹勒,特摘此事載入所著聞見記,宋公剛正,美不勝書,而此事人情所難,亦公風節表著處,乃新有舊無,此新勝舊。

先生論歐陽修採《封演聞見記》掇拾環軼事入唐史,乃宋公剛正,美不勝書,而此事人情所難,亦公風節表著處,故此乃新書採小說之妙處勝於舊書。

又卷八十八〈姚崇讒毀魏知古〉條,先生言新書好采小說,於《次柳氏舊聞》一卷,掇拾殆盡,幾無遺者。

> 舊魏知古傳,知古自睿宗時同平章事,姚崇深忌憚之,陰加譖毀,開元二年,罷知政事,新書但改云與姚崇不協罷政,李德裕次柳氏舊聞(見祕笈讀函),則言魏知古起諸吏,爲姚崇所引用,及知古拜吏部尚書,知東道選事,崇二子分曹洛邑,知古至,恃恩請託,知古歸,悉以聞,上召

崇問其子才否，崇揣知上意，反直言其子之過，上於是明崇不私其子，而薄知古之負崇，遂罷知古，此事新書移入崇傳，故於知古傳不見，新書好采小說，次柳氏舊聞一卷，掇拾殆盡，幾無遺者。

新書雖多采小說入正史，然亦有小說所記為誤也。如卷八十九〈姜公輔策朱泚反〉條，蘇鶚《杜陽雜編》所記此事，其時其地，參錯齟齬，皆當以正史為據。

姜公輔宰相也，而舊書本傳云，不知何許人，新書傳則云，愛州日南人，自當有據，但世系表於天水姜氏敘述頗詳，九真姜氏但云本出天水而已，概不能言其宗派所自，公輔之上但有祖父，旁但有一弟，其下子姓無一人，則以生於天水，終歸茫昧也，朱滔以涇原兵亂長安，德宗出奔，時朱泚在京，公輔請取以從，或殺之，無為群凶所得，不從，及出，帝欲幸鳳翔，公輔勸幸奉天，從之，帝至奉天，人言泚反，盧杞尚以百口保不反，二書於公輔傳所載略同，而蘇鶚杜陽雜編上卷（商濬稗海刻本）記此事，其時其地，參錯齟齬，皆當以正史為據，雜編不可信也，公輔之策泚反，與張九齡識祿山反無異，德宗以直諫棄之，宜乎亂終不弭，厥後順宗復起吉州刺史，亦王叔文起之耳，可見叔文能引賢，所相為異者惟鄭珣瑜輩而已，豈朋邪害正者乎。

又卷八十六〈玄宗后王氏〉條，《松窗雜錄》所記姓何，為誤。

玄宗廢后王氏，神念裔孫，新、舊書甚明，李濬松窗雜錄（見平湖陸烜奇晉齋叢書），乃云姓何，傳寫誤。

歐史喜采小說，補入最妙，然則采小說未必皆是，如卷九十三〈歐史喜采小說薛史多本實錄〉條，言張世南《遊宦紀聞》第十卷載楊凝式頌全義云：

洛陽風景實堪哀，昔日曾為瓦子堆，不是我公重葺理，至今猶自一窩灰。全義辟凝式幕僚，故以獻諛，此小說之不足采者。

先生引《封演聞見記》、張鷟《朝野僉載》及《南部新書》釋長名牓。如：

卷八十七〈長名牓〉條：

所謂長名牓，言豫為長牓，具列其名，每遇銓選，據此為定也，放言去之不得留也，封演聞見記第三卷銓曹篇亦云，高宗龍朔之後，以選人不堪任職者眾，遂出長牓放之冬集，俗謂之長名，張鷟朝野僉載第四卷云，崔湜為吏部侍郎，父挹受選人錢，湜不知，長名放之，李商隱登進士第後，又以書判拔萃，與陶進士書云，去年入南場作判，比於江淮選人，正得不憂長名放耳，謂既中書判，則可得官，長名牓上可以留而不放矣，江淮路遠，人尤患放，故云，南場未詳，疑指吏部，錢希白南部新書卷乙云，吏

部故事，放長名牓，語曰，長名以前，選人屬侍郎，長名以後，侍郎屬選人，未登長名，恐其被放，故屬侍郎，既登長名，即日爲官侍郎將以公事請託之。

僖宗下詔昭雪王涯以下十七家事，舊紀傳皆不載，但見王明清《玉照新志》，新書有王涯傳，但與《玉照新志》對校，則知甘露之難事，王明清既見此詔，所載大略，當無虛也。且因新書不載詔令，故當以《玉照新志》所記爲是。如：

卷九十一〈光啓雪王涯等詔〉條：

甘露之變，宦豎橫行，朝臣糜爛，非常之亂，亙古所少，讀者至今有餘恨焉，僖宗光啓四年正月，下詔昭雪王涯以下十七家，詔曰，太和元年，故宰相王涯以下十七家，並見陷逆名，本承密旨，遂令忠憤，終被冤誣，六十餘年，幽枉無訴，宜沾霈澤，用慰泉扃，並宜洗雪，各復官爵，兼訪其子孫與官，使銜冤之眾魄亦信眉於九原矣，此詔見王明清玉照新志，舊紀傳皆不載，新於涯傳末云，昭宗天復初，大赦，明涯、訓之冤，追復爵位，官其後裔，而於劉蕡傳末，亦載昭宗誅韓全誨等之後，左拾遺羅袞上言，當太和時，宦官始熾，因直言策請奪其爵土，復掃除之役，遂罹譴逐，身死異土，六十餘年，今天地反正，枉魄憤毙，有望陛下，帝贈蕡右諫議大夫，恐是誤記天復雪劉蕡，遂以雪涯等亦天復，其實則是光啓，當從玉照，又蕡對策在太和二年，誅韓全誨在天復三年，相去七十六年，而云六十餘年者，蕡對策但不第，猶未貶逐，故新傳言蕡對後七年有甘露之難，令狐楚、牛僧孺節度山南東、西道，皆表蕡幕府，授祕書郎，然後其下言宦人深嫉，蕡誣以罪，貶柳州司戶參軍卒，則貶死已在對策之後數年，故云六十餘年，至甘露之難至光啓四年，僅五十四年，而詔文亦云六十餘年者，傳寫之誤，當作五十餘年，但新書絕不載詔令，王明清既見此詔，則所載大略當無虛也。

《北夢瑣言》第十九卷云北中村墅多以兔園冊教童蒙，歐陽修之《新五代史》雜劉岳傳所敘同。如：

卷九十五〈劉岳譏馮道〉條：

雜劉岳傳，馮道行反顧，岳譏其遺下兔園冊，兔園冊、鄉校俚儒教田夫牧子所誦也，道大怒。薛史此事在道傳中以爲語出任贊，亦不云大怒，歐陽公別有所據也。北夢瑣言第十九卷云，北中村墅多以兔園冊教童蒙，意與歐同，道之厚重，皆僞爲之，實非有大度能容物者，岳累世爲公卿，譏道寒鄙，切中其陋態，一時不能忍，遂露本相，不覺大怒，歐是。

先生以稗官野乘、小說筆記類之書作爲參校史書，大致如下：

書　　目	作　　者	書　　目	作　　者
山海經	晉郭璞	世說新語	宋臨川王劉義慶
述異記	梁任昉	朝野僉載	唐張鷟
松窗雜錄	唐李濬	杜陽雜編	唐蘇鶚
封演聞見記	唐封演	因話錄	唐趙璘
柳氏舊聞	唐李德裕	國史	唐李肇
唐摭言	五代王定保	北夢瑣言	宋孫光憲
續博物志	宋李石	南部新書	宋錢希白
玉照新志	宋王明清	困學紀聞	宋王應麟
遊宦紀聞	宋張世南	雲麓漫抄	宋趙彥衛
能改齋漫錄	宋吳曾能	西谿叢話	宋姚寬
墨客揮犀	宋彭乘	容齋隨筆續筆三筆	宋洪邁
丹鉛總錄	明楊慎	居易錄	清王士禎

（三）山經地志

　　先生在地理方面之考證，著重人文、風物、區域沿革之考察，如《漢書》卷十八至二十一爲地理雜辨，卷三十三爲《後漢書》郡國雜辨，卷四十六爲《晉書》地理辨證，卷八十爲新舊《唐書》地理雜校等，從自然地理至人文風土變化，皆作了一番考證工作。先生引杜佑《通典・州郡門》序目云：

　　　　凡言地理者多矣，在辨區域，徵因革，知要害，察風土，纖介畢書，樹石無漏，動盈百軸，豈所謂撮機要者乎，如誕而不經，偏記雜說，何暇編舉，或覽之者不責其略焉，自注云，謂辛氏三秦記、常璩華陽國志、羅含湘中記、盛宏之荊州記之類，皆述鄉國靈怪，人賢物盛，參以實證，則多紕謬，既非通論，不暇取之矣。吉甫進書表亦云，古今言地理者，凡數十家，尚古遠者，或搜古而略今，採謠俗者，多傳疑而失實，飾州幫而敘人物，因邱墓而徵鬼神，流於異端，莫切根要，至于邱壞山川，攻守利害，本于地理者，皆略而不書，將何以佐明王扼天下之吭，制群生之命，收地保勢勝之利，示形束壤制之端，此微臣之所以精研，聖后之所宜周覽也。

　　此二段議論，實獲我心，二公皆唐中葉良臣，學行名位並高，固宜辭尚體

要，若合符節，抑豈獨談地理者當如是。凡天下一切學問，皆應以根據切
實，詳簡合宜，內關倫紀，外繫治亂，方足傳後，掇拾蒐瑣，騰架空虛，
欲以譁世取名，有識者厭薄之。（卷九十〈李吉甫作元和郡國圖〉條）

杜佑云，地理者在辨區域，徵因革，知要害，察風土，先生考察輿地沿革，亦不出
此範疇。吉甫且言精研地理者，則在可以佐明王扼天下之吭，制群生之命，收地保
勢勝之利，示形束壤制之端等語，實深獲先生之心，故談地理者當如是。先生又言：

> 自唐以前，餘偏方紀載外，其通天下地理書，如京相璠土地名、闞駰
> 十三州志、魏王泰括地志之類，皆無存者，有之自元和志為始，宋樂史太
> 平寰宇記、王存元豐九域志、歐陽忞輿地廣記、祝穆方輿勝覽、元無名氏
> 混一方輿勝覽，皆可參取，要不及元和志。（同上）

唐以前地理書既不存，先生所參稽加以校正十七史之地理書，正是採用唐李吉甫之
《元和郡國志》、宋樂史之《太平寰宇記》、宋王存元之《元豐九域志》、宋歐陽忞之
《輿地廣記》、宋祝穆之《方輿勝覽》等二十餘種書。先生善用《水經注》對地理作
一番辨證。如對《漢書》地理進行襍辨條，多引之。

卷十九〈地理襍辨〉條：

> 樓虛，水經注作楊墟，
>
> 樂安，水經注引應劭曰，取休令之名。
>
> 續志，濟南郡有臺縣，有鄒平縣，水經注亦言臺縣。
>
> 蓋臨樂于山，洮水所出，西北至蓋入池水，于南監對子，水經二十五卷作
> 臨樂山，酈注引此志同。

卷二十〈地理襍辨〉條：

> 黝，師古曰音伊，字本作黟，音同黝，水經注卷四十漸江水篇引之正作黟。
>
> 零陵郡零陵，陽海山、湘水出，水經三十八湘水篇，湘水出零陵始安縣陽
> 海山，注云，即陽朔山也。
>
> 葭明，應音家盲，師古明音萌，水經注作萌，此縣下當有潛水，班失載，
> 詳後案。
>
> 青蛉，水經卷三十七淹水篇作蜻蛉。
>
> 進桑，續志作進乘，水經注有進桑關，此注亦云有關，疑作乘非。
>
> 朔方郡渠搜，莽曰溝搜，水經注云，莽曰溝搜亭。
>
> 南興，水經注作南輿，成宜中部都尉治，原高，水經注作原亭。
>
> 定襄郡武皋，荒于水出塞外，水經注作芒于水。

先生參引顧祖禹《讀史方輿紀要》云金石林將袁渙碑載入太康縣，以資明審何

義門《讀書記》以此爲說。但黃叔璥《玉圃輯中州金石攷》則持陳州府扶溝縣有袁渙碑，二說不同。如：

卷四十〈袁渙〉條：

> 義門何氏校云，渙當作煥，今太康縣有魏袁煥碑，案，北平黃叔璥玉圃輯中州金石攷，陳州府扶溝縣有魏袁渙碑，此縣又有漢國三老袁良碑，方輿紀要云，金石林載入太康縣，何氏因此遂以爲在太康，但作渙甚明，不知何以云當作煥，惟是蜀志許靖傳云，靖與陳郡袁煥親善，且其字曰曜卿，則又似從火爲合，且其父名滂，不應渙亦從水，未知其審。

先生釋〈東府〉引張敦頤《六朝事迹宮殿門》論釋臺城內有東府、西府，而東府蓋宰相之所居，亦即是鎮東府者乃秉權最重者。《元和郡縣志》二十五卷，江南道東府城，亦說明東則丞相王道子府，謝安薨，道子代領揚州，仍先府舍，故稱爲東府。《江南通志》三十卷，古蹟門云，東府城在江寧縣舊皇城西安門外青溪橋東，南臨淮水，是舊蹟可見。先生又考得《宋書》宋武帝繼母孝懿皇后因受禪，在外五年常留東府，《南齊書》齊太祖因沈攸之死旋鎮東府，宋武帝、齊高帝皆居之，以此說明，東府是宰輔所居，在宮城東，非秉權至重者，不可出入東府。如：

卷六十四〈東府〉條：

> 張敦頤六朝事迹宮殿門云，有曰臺城，蓋宮省之所寓也，有曰東府，蓋宰相之所居也，有曰西州，蓋諸王之所宅也，皆不出都城之內。此段提綱挈領甚佳，今既攷得臺城所在，則東府、西州，約略可見，試先以東府攷之，前第四十九卷論晉時宰相居東，天子在西，因及南朝宰相居東爲仿晉，是矣，但彼以對天子之西爲東，此則居臺城之東，因西州居臺城之西而爲東西，微不同。元和郡縣志二十五卷，江南道東府城在上元縣東七里，其地西則簡文帝爲會稽王時邸第，東則丞相王道子府，謝安薨，道子代領揚州，仍先府舍，故稱爲東府，而謂揚州廨爲西州，此條詮取名之所自似是，然有辨，說見下。江南通志三十卷古蹟門云，東府城在江寧縣舊皇城西安門外青溪橋東，南臨淮水，是舊蹟猶可見。

> 宰相居此非尋常，宰相乃秉權最重者，第四十九卷攷得宋武帝、齊高帝未即眞皆居此，凡五事。茲又攷得宋書宋武帝之繼母孝懿蕭皇后傳，裕北伐，仍停彭城、壽陽，至元熙二年入朝，因受禪，在外凡五年，后常留東府，南齊書紀，宋順帝昇明二年正月，沈攸之死，齊太祖旋鎮東府，宋武、齊高皆居之，非秉權至重者而何，其餘散見不可枚舉，姑隨舉之，如宋書文九王傳，建平王宏之子景素舉兵，冠軍將軍齊王世子鎮東府城，齊

王者齊高帝世子者齊武帝也，南齊書豫章王嶷傳，沈攸之之難，太祖入朝堂，嶷出鎮東府，此皆秉權最重者。

《江南通志》釋臺城之所在地，《輿地紀勝》說明臺城本吳後苑地，晉咸和中作新宮，遂爲宮城，下及梁、陳宮皆在此。晉、宋時謂朝廷禁省爲臺，故謂宮城爲臺城。先生以《輿地紀勝》詮解臺城甚確，亦可見南朝晉、宋、梁、陳等宮在此，其中因革多次變化，但依《六朝事迹》卷上宮殿門、《輿地紀勝》、《元和郡縣志》、許嵩《建康實錄》、《江南通志》、《明一統志》等論，則知臺城之地理所在，以此求之，古蹟可尋。如：

卷六十四〈臺城〉條：

　　黃之雋等江南通志第三十卷古蹟門云，臺城在上元縣治北玄武湖側，輿地紀勝云，一曰苑城，本吳後苑地也，晉咸和中作新宮，遂爲宮城，下及梁、陳宮皆在此，晉、宋時謂朝廷禁省爲臺，故謂宮城爲臺城，愚攷輿地紀勝，宋王象之譔，予從朱奐借閱，嫌殘闕未鈔，此條詮臺城名義甚確（洪邁容齋續筆第五卷說同），南史及各書臺城數見，不可枚舉，試隨便舉之，則如齊蕭允、梁南郡王大連、綏建王大摯、陳任忠、沈炯、賊臣侯景等傳皆，有蓋有都城，有宮城，臺城者，宮城也，今江寧府治上元、江寧二縣，戰國爲楚金陵邑，秦改秣陵，吳改建業，晉改建康，其都城宮城，則唐許嵩建康實錄第一、第五、第七、第十等卷以爲越滅吳，范蠡始築之，孫權於建安十六年始都之（說見三十二卷），築宮曰太初宮，永嘉之亂，琅邪王睿渡江，因吳舊都城修而居之，即太初宮爲府舍，大興元年，即帝位，成帝咸和五年九月，作新宮，始繕苑城，許嵩自注云，案苑城即建康宮城，又云，咸和七年十一月，新宮成，署曰建康宮，十二月，帝遷於新宮，自注云，案圖經，即今之所謂臺城也，今在縣城東北五里，周八里，有兩重牆，東晉子孫相承四代十一帝，起戊寅，終己未，凡一百二年，並都臺城之建康宮，此言東晉常居之，其實宋張敦頤六朝事迹卷上宮殿門云，晉琅邪王因吳太初宮即位，至成帝繕苑城作新宮，宋、齊而下因之，稱建康宮，合之輿地紀勝云云，則知宋、齊、梁、陳皆居之，蕭子顯於褚淵論云，市朝亟革，陵闕雖殊，顧盼如一，是也。李吉甫元和郡縣志卷第二十五云，江南道潤州上元縣，晉故臺城在縣東北五里，成帝時，蘇峻作亂，焚燒宮室都盡，溫嶠已下，咸議遷都，惟王導固爭不許，咸和六年，使王彬營造，七年，帝遷於新宮，即此城也，明一統志第六卷云，臺城在上元縣治東北五里，本吳後苑城，即晉建康宮城，其地據高臨下，東環平

岡以爲安，西城石頭以爲重，帶玄武湖以爲險，擁秦淮、青溪以爲阻，今
臙脂井南至高陽墓二里，爲軍營及民蔬圃者皆是，江南通志謂今上元縣，
署宋建，江寧縣署明建，觀明志，臺城在上元縣治東北五里，與建康實錄、
元和郡縣志並合，則今縣署即唐縣署故址，以此求之，古蹟約略可見矣。

西州之說，先生以胡三省注《通鑑》所云爲確，「楊州刺史治臺城西，故曰西州」，
《建康實錄》「言刺史治所自永嘉即在此處，大在臺城西，自不必待道子得名」，又
「羊曇者，太山知名士，安薨，行不由西州路，嘗石頭大醉扶路不覺至州門，左右
白此西州門，曇以馬策扣扉，悲感不已」即安未薨前已名西州，不始於道子。又樂
史《太平寰宇記》言「此即爲揚州，揚州本在西州橋，治城之間，是其理處，後漢
如之。劉繇爲揚州刺史，始移理曲阿，孫策號此爲西州。」先生以樂史援據古風，
猶有可信。《江南通志》古蹟門，西州城在上元縣治，晉揚州刺史治所，是舊蹟猶可
見。以上四說對西州沿革明確，可資參酌。如：

卷六十四〈西州〉條：

　　　　上又引元和郡縣志，東府西州之稱，起於晉王丞相道子，彼文又一條
云，上元縣東百步，揚州刺史所理州廨，王導所創也，後會稽王道子於東
府城領州，故亦號此爲西州，說與上文所引一條同，愚謂建康實錄卷一云，
晉永嘉中，創立州城，今江寧縣城所置在其西偏，其西即吳時治城，東則
運瀆，吳大帝所開，今西州橋水是也。注，案晉書，孝武太元末，會稽王
道子爲揚州刺史，治東第時人呼爲東府，因號北城爲西州，故傳云，東有
西州是也，橋逼州城東南角，因以爲名焉（此段傳鈔必有誤字，今無從校
改），就此說繹之，亦與元和志同，愚謂通鑑第一百二十卷宋文帝紀胡三
省注云，揚州刺史治臺城西，故曰西州，當以此爲確，未可盡云由會稽王
道子得名也，如建康實錄言，刺史治所自永嘉即在此處，大在臺城西，自
不必待道子得名，況晉書謝安傳，安出鎮廣陵，還都，輿入西州門，上文
安本領揚州刺史，其時雖位至太保封公仍領刺史也，下文羊曇者，太山知
名士安薨，行不由西州路，嘗石頭大醉扶路不覺至州門，左右白此西州門，
曇以馬策扣扉，悲感不已，可見安未薨已名西州，不始於道子。又樂史太
平寰宇記卷第九十，江南東道昇州理江寧、上元二縣，漢武帝元封二年，
始置十三州刺史，領天下諸郡，此即爲揚州，揚州本在西州橋，治城之間，
是其，理處，後漢如之，劉繇爲揚州刺史，始移理曲阿，孫策號此爲西州，
樂史學識雖未精，然其書成於宋太平興國中，彼時俗學杜譔之風未熾，尚
知援據古書，猶有可信，即如此條，予前於第十七卷取韋昭說，辨西漢郡

治丹楊，不治苑陵，今樂史說正與予合，又予於第二十卷取晉書陶回傳小丹楊，謂在今太平寧國二府連界處，此本古丹楊，魏、晉下移於今江寧府治，反謂此爲小丹楊，其實西漢郡治當在此（亦見眞誥注說見下），此則非樂史所知，其謂漢郡治即治江寧上元城中，不無小誤，而謂劉繇移理曲阿（今鎮江府丹陽縣），故孫策號此爲西州，則必有據，觀此愈知不始於晉道子矣，要雖對曲阿言西，不害在臺城西也，江南通志古蹟門，西州城在上元縣治，晉揚州刺史治所，是舊蹟猶可見。

論秦并天下，裂地爲四十，非四十九，宋歐陽忞《輿地廣記》第一卷列秦四十郡，同《通典・州郡門文》，則《舊唐書・地理志》敘首言秦并天下，裂地爲四十九郡，九字爲衍文。如：

卷七十八〈秦地爲四十九郡〉條：

> 舊唐書地理志敘首云，秦并天下，裂地爲四十九郡，原本同，愚謂通典一百七十一卷州郡門文與舊書志大略多同，此句則作四十郡，九字之爲衍文不待言，但秦分天下爲三十六郡，而此言四十，亦不合者何，通典、班志所列三十六之外，又連內史及郭郡、黔中、閩中數之是也，宋歐陽忞輿地廣記第一卷列秦四十郡，與通典同，說見予前漢故郡國一條。

唐虞分州，三代相沿，秦變爲郡，遂革州名，而漢復稱之，以州統郡名，州大郡小，歷魏晉及南北朝，至隋大業三年，始改州爲郡。唐時高祖又改郡爲州，以郡守爲刺史，以上說明時異勢殊，故州郡沿革不同。《舊唐書・地理志》臚列各州，其下說本古某郡而已，《新唐書・地理志》則每州必州名郡名並舉之，如河南則云河南府河南郡，陝州則云陝州陝郡，華州華陰郡，同卅馮翊郡等云云。乾元後所置州，皆無郡名，據此則乾元以前凡州皆兼郡名也。新、舊二地理志州郡名稱臚列方式不同，故先生以舊不如新，且舉李吉甫《元和郡縣志》、杜佑《通典・州郡門》皆州名郡名並舉，可見唐制於改郡爲州之後，仍有其故郡名，每州輒稱爲某州某郡也，杜佑並存其古州名，欲以見其因革大概。如：

卷七十八〈改郡爲州〉條：

> 舊地志云，高祖受命，改郡爲州，太守並稱刺史。案，唐、虞分州，三代相沿，秦變爲郡，遂革州名，而漢復稱之以州統郡，州大郡小，其分封者爲國，兼用周秦之制也，歷魏、晉及南、北朝，而冀、兗等名猶在，隋大業三年，始改州爲郡，置司隸刺史以糺郡守，自此以後，九州十二州之名不復用矣，唐高祖又改郡爲州，三代之州，兼唐數郡或數十郡之地，唐之州與三代之州大異，漢之刺史，統唐數郡或數十郡之地，唐乃以郡守

爲刺史，時異勢殊，其沿革不同如此，但舊志惟臚列各州，其下說本古某郡而已，新唐書地理志則云京兆府京兆郡云云，華州華陰郡云云，同州馮翊郡云云，每州必州名郡名並舉之，河南則云河南府河南郡，陝州則云陝州陝郡，州郡名同者，猶必並舉之，而其中亦間有但列州名者，故於渭州下特發例云，凡乾元後所置州，皆無郡名，據此則乾元以前凡州皆兼郡名也，舊志乃但列州名，顯係脫漏，此舊之不如新者。

新志既言乾元後州無郡名，則凡但列州名者，皆乾元後州矣，乃復於威州下用小字雙行注云，郡闕，其下則云，本安樂州。初吐谷渾部落自涼州徙于鄯州，又徙於靈州之境，咸亨三年，以靈州之故鳴沙縣地置州以居之，至德後，沒吐蕃，大中三年，收復更名，攷肅宗初改元至德，後改元乾元，而咸亨是高宗號，在乾元之前八九十年，既置爲州，必有郡名，而沒蕃後史失其傳，故云郡闕，他州當更有類此者，而獨注於此以見例。

李吉甫元和郡縣志、杜佑通典州郡門，皆州名郡名並舉，可見唐制於改郡爲州之後，仍存其故郡名，每州輒稱爲某州某郡也，佑并仍存古州名，欲以見因革大凡，

先生論舊志訛脫舛謬甚多，舊志蘇州無華亭縣，新志則有，引楊潛《紹熙雲間志》卷上封域篇，以華亭爲縣，屬蘇州。《新史寰宇記》以爲本嘉興縣地，《輿地廣記》以爲本崑山縣地，《元和郡國圖志》則以崑山、嘉興、海鹽三縣爲之，今邑四境與三縣接。以上四說，先生以《元和郡國圖志》爲是，楊潛所考亦確實，新志云嘉興者未備，而舊志之闕漏顯然。如：

卷七十九〈蘇州華亭縣新有舊無〉條：

舊志，蘇州舊領縣四，天寶領縣六，一吳，二嘉興，三崑山，四常熟，五長洲，六海鹽，新則縣七以長洲居嘉興之前，舊以置之先後爲次，新以地之遠近爲次，皆可通，但新則末多一華亭，注云，天寶十載，析嘉興置，舊志據天寶十一載地理，而不及此縣，舊志訛脫舛謬甚多，當從新。楊潛紹熙雲間志卷上封域篇云（潛官奉議郎，特差知秀州華亭縣主管勸農公事，此書爲華亭一縣作），建安二十四年，封陸遜爲華亭侯，華亭之名，始見吳志，隋始置蘇州，唐天寶十年，以華亭爲縣，屬蘇州，按新史寰宇記，以爲本嘉興縣地，輿地廣志以爲本崑山縣地，元和郡國圖志云，吳郡太守趙居貞奏割崑山、嘉興、海鹽三縣爲之，今邑四境與三縣接，郡國圖志爲不誣矣，楊潛所考頗確，新志云析嘉興者猶未備，而舊志之闕漏顯然（楊氏所引輿地廣志元，今在歐陽忞輿地廣志第二十三卷，廣志即廣記）。

　　吳城，春秋時爲吳都、闔閭邑，漢爲吳縣，隋平陳置蘇州，取州西姑蘇山爲名，故吳城于春秋時已爲吳都。先生引李吉甫《元和郡縣志》云「蘇州，吳郡，周時爲吳國。」陸廣微《吳地記》云，「泰伯奔吳爲王，卒葬梅里，至壽夢，別築城於平門西北二里闔閭城……」樂史《太平寰宇記》云「太伯初適吳，自號勾吳，築城在平門外，自太伯至王僚二十六王都之，今無錫縣有吳城是也……」又范成大《吳郡志》城郭篇云「太伯城周三里二百步，外郭三百餘步，在西北隅，名曰故吳，又曰吳城……」以上四說，先生言大同小異，皆論吳城設置沿革及歷經吳春秋至隋唐名稱之改異。如：
卷七十九〈故吳城〉條：

　　　　舊地志，蘇州，隋吳郡，隋末陷賊，武德四年，平李子通，置蘇州，
　　六年，又陷輔公祐，七年，平公祐，復置蘇州都督，督蘇、湖、杭、暨四
　　州治於故吳城，九年，罷都督，天寶元年，改爲吳郡，乾元元年，復爲蘇
　　州，又云，吳、春秋時吳都，闔閭邑，漢爲吳縣，隋平陳，置蘇州，取州
　　西姑蘇山爲名。案，云故吳城，又云春秋時吳都云云者，即今府城也，而
　　吳始都不在此，其始築城亦不在此，李吉甫元和郡縣志第二十五卷云，蘇
　　州、吳郡，周時爲吳國，太伯初置城，在今吳縣西北五十里，至闔閭，遷
　　都于此，陸廣微吳地記云，泰伯奔吳爲王，卒葬梅里，至壽夢，別築城於
　　平門西北二里闔閭城，周敬王六年，伍子胥築大城，周回四十二里三十步，
　　小城八里二，百六十步，西閶、胥二門，南盤、蛇二門，東婁、匠二門，
　　北齊、平二門，樂史太平寰宇記第九十一卷云，太伯初適吳，自號勾吳，
　　築城在平門外，自太伯至王僚二十六王都之，今無錫縣有吳城是也，至闔
　　盧西破楚入郢，北威齊、晉，興伯名于諸侯，築大小城都之，今州城是也。
　　范成大吳郡志第三卷城郭篇云，太伯城周三里二百步，外郭三百餘步，在
　　西北隅，名曰故吳，又曰吳城，在今梅里，平墟，人耕其中，闔閭城，吳
　　王闔閭自梅里徙都，即今郡城，四說大同小異。朱長文吳郡圖經續記卷上
　　封域篇說亦略同，皆謂故吳城有二。鄭虎臣吳都文粹卷一，吳均吳城賦云，
　　古樹荒煙，吳王所遷，此則專指舊唐志所謂吳城。

　　先生其所採引地理類書目作爲參稽校正者，如下所列：

書　　目	作　　著	書　　目	作　　者
水經注	後魏酈道元	洛陽伽藍記	後魏楊衒之
吳地記	唐陸廣微	十道州郡圖	唐李吉甫
元和郡縣志	唐李吉甫	輿地紀勝	宋王象之

雍錄	宋程大昌	六朝事跡編類	宋張敦頤
中吳紀聞	宋龔明之	方輿勝覽	宋祝穆
輿地廣記	宋歐陽忞	通鑑地理通釋	宋王應麟
詩地理攷	宋王應麟	太平寰宇記	宋樂史
元豐九域志	宋王存元	吳郡志	宋范成大
吳郡圖經續記	宋朱長文	方輿勝覽	元無名氏
明一統志	明孝賢等	讀史方輿紀要	清顧祖禹
江南通志	清趙宏恩	三國疆域考	清洪亮吉
陝西通志	清劉於義	紹熙雲間志	楊潛
三輔黃圖	不著撰人		

（四）諸子百家

　　先生以諸子言論作爲參校史文，凡引諸子類書者，大約有二十餘本。如引論《法言》敘司馬遷字子長。司馬遷字子長，不見於《史記》自序及《漢書》本傳，但見於《法言‧寡見篇》、《後漢書‧張衡傳》、《晉書‧干寶傳》及《文選》〈報任安書〉、《魏書》附收上書啓亦稱之、《新唐書‧柳宗元傳》中，韓愈評柳宗元文似司馬子長，故先生言，揚雄《法言》既稱之，何以班固不知？如：

卷一〈遷字子長〉條：

　　　　集解序張守節正義云，司馬遷、字子長，左馮翊人也。案，遷之字，史記自序及漢書本傳皆不見，惟見法言寡見篇、後漢書張衡傳、晉書干寶傳，文選載其報任安書，亦著司馬子長，魏收魏書附收上書啓亦稱之，新唐書柳宗元傳亦云，韓愈評其文似司馬子長，但楊子雲既稱之，則班氏豈有不知，而竟不著於本傳，蓋史例雖至班氏而定，每人輒冠以字某，某郡縣人，而遷傳即用自序元文，例不畫一，故漏其字，又自序云，遷生龍門漢地理志，左馮翊夏陽縣，龍門山在北故張氏以爲左馮翊人。

　　先生以所藏宋刻本《賈誼新書》對校《史記》之始皇本紀太史公贊言，則知司馬遷當日實采取過秦中、下二篇，爲始皇本記贊，其中本紀贊中秦孝公云云至攻守之勢異也一段，乃魏晉間妄人所增，後人又疑爲出自褚少孫手，於是又妄改世家贊太史公曰爲褚先生曰。如：

卷二〈始皇本紀贊後人所亂〉條：

　　　　秦始皇本紀太史公贊，采賈生之言，自秦兼諸侯山東三十餘郡起，至

是二世之過也，凡二千四五百字，今攷此文，見賈誼新書卷一過秦上、中、下三篇，予所藏係宋淳祐八年刻本，最爲可據，自秦孝公至攻守之勢異也爲上篇，自秦并海內兼諸侯南面稱帝至是二世之過也爲中篇，自秦兼諸侯山東三十餘郡至而社稷安矣爲下篇，若如今本史記，則司馬遷所采，乃倒其次，以下篇爲上篇，上篇爲中篇，中篇爲下篇矣，又陳涉世家末有褚先生曰，吾聞賈生之稱曰云云，即用秦孝公至攻守之勢異也一段，若果本紀內已有此一段，則兩處重出，不但遷必不如此，即庸陋如褚先生，亦不應至是，今試取賈誼原書尋繹之，上篇是專責始皇，而每以陳涉與六國相形，以見其不施仁義，故前之滅六國易，後之亡於陳涉亦易，中篇亦數始皇罪惡，而下半篇卻歸罪二世，下篇則兼責于嬰，故每並稱三主，其次第甚明，再取徐廣及裴駰、司馬貞注詳翫之，則知司馬遷當日實取過秦中、下二篇，爲始皇本紀贊，上篇爲陳涉世家贊，而中、下篇，亦仍就賈生元次，未嘗倒其文，班固所見司馬氏元本本如此，徐廣亦見之，本紀贊中秦孝公云云至攻守之勢異也一段，乃魏、晉間妄人所益，後人見其與世家贊重出，疑出褚少孫手，於是又妄改世家贊太史公曰爲褚先生曰。

先生引論《墨子・經上》云，「力刑之所以奮也，生刑與知處也」，皆以刑爲形。又《呂氏春秋・守覽云》，「皋陶作形」，高誘注引虞書五刑有服，則知刑與形通，故刑、形古字通用，刑名猶言名實，刑非刑罰之刑也。如：

卷五〈刑名〉條：

老子韓非列傳云，申不害者，京人也，學本於黃老，而主刑名，韓非者，韓之諸公子也，喜刑名法術之學，刑非刑罰之刑，與形同，古字通用，刑名猶言名實，故其論云，申子卑卑，施之於名實，商君列傳，少好刑名之學，義同。陳氏瑑曰，申、韓之學，其法在審合形名，故曰，不知其名，復修其形，形名參同，用其所生。又曰，君操其名，臣效其形，形名參同，上下和調，蓋循名責實之謂也。愚謂禮記王制篇云，刑者侀也，侀者成也，一成而不可變，墨子經上篇云，力刑之所以奮也，生刑與知處也，皆以刑爲形，呂氏春秋君守覽云，皋陶作形，高誘注引虞書五刑有服，則知刑與形通矣（漢張歐傳孝文時，以治刑名傳太子，師古引劉向別錄云，申子學號曰刑名，刑名者，循名以責實，其尊君卑臣，崇上抑下，合於六經）。

先生以《戰國策》高誘注、《呂氏春秋》、《淮南子》諸書，有所謂急氣緩氣，閉口籠口之類，以釋論何謂內言，即是平上去入四聲讀法。如：

卷十〈內言〉條：

王子侯表上襄噭侯建，晉灼曰，音內言噭茷，或云，內言當作巧言，小雅巧言躍躍毚兔是也，但本卷又有狐節侯起，晉灼亦云，狐音內言鵋，則內言當是讀法，既有內言，當必更有外言，如高誘注戰國策、呂氏春秋、淮南子諸書，有所謂急氣緩氣，閉口籠口之類，而劉熙釋名亦云，天，豫、司兗、冀以舌腹言之，天顯也，在上高顯也，青、徐以舌頭言之，天坦也，坦然高而遠也，風兗、豫、司冀橫口合脣言之，風氾也，其氣博氾而動物也，青、徐言風跋口開脣推氣言之，風放也，氣放散也，可見此等讀法，漢人已有之，平上去入四聲，始於齊、梁。梁書第十三卷沈約傳，約譔四聲譜，以爲在昔詞人，千載不寤，高祖問周捨曰，何謂四聲，捨曰，天子聖哲，是也，而舊唐書楊綰傳，綰生聰惠，嘗夜宴親賓，各舉坐中物以四聲呼之，諸賓未言，綰應聲指鐵燈樹曰，燈盞柄曲，眾咸異之此與天子聖哲同，皆於四聲中各指一聲言之，其實同一聲也，以舌頭言之爲平，以舌腹言之即爲上，急氣言之即爲去，閉口言之即爲入，愚於聲音之道無深解，性好務實，不喜系風捕影，於其所不知，蓋闕如也，聊舉膚見如此。

《漢書·天文志》師古全卷無注，先生除以《呂氏春秋》、《淮南子》諸子書來補此不足，亦以天文卜筭之甘石星經，同參訂之。如：

卷十三〈天文志無注〉條：

天文志，師古竟全卷無注，其中訛字及與他書不同者頗多，宜以史記及呂氏春秋、淮南子、甘石星經、諸史天文志參訂之。

又卷三十二〈甘石〉：

續天文志云。魏石申夫、齊國甘公皆掌天文之官。劉昭於石申夫下注云，或云石申父。案，前志於槍欃棓慧諸星及二十八宿與五星，皆引甘氏、石氏經。而此志則與葽宏、梓愼、禈頵並稱，當爲戰國時人。予所見前明隆、萬間人彙刻書中有星經，分爲上下兩卷，首題云，漢甘公石申著，壹似併二人爲一人者，已屬大謬。其第一行又題云，原缺文一張亦未詳，前志所采甘、石說，此經中皆無之。

先生以王充《論衡·自紀篇》互校《後漢書·王充傳》知史文稱譽王充孝之事與《論衡》充敘己詆其祖父之惡，又直呼父名，似爲不合。如：

卷三十七〈王充稱孝〉條：

王充傳，充少孤，鄉里稱孝。案，充、論衡自紀篇，歷詆其祖父之惡，且又直呼父名不言諱，而盛自誇譽，其言如此，恐難稱孝，此史文之謬者。

梁元帝撰《金樓子》一書，內容所記多可與《梁書》對看，關於徐妃事，《金樓

子》第五卷〈志怪篇〉所述甚詳，與史合。先生從友人邵晉涵處鈔得，用來同《梁書》互校。如：

卷五十九〈元帝徐妃南史較詳〉條：

　　　　南史於梁元帝徐妃傳，述其淫亂之事甚詳，其文參倍於梁書。攷梁書於忠壯世子方等傳中，已言元帝述徐妃穢行，謗於大閤，則於后妃傳何以隻字不及，此不及南史。又帝制金樓子，述其淫行，初妃嫁夕車至西州，而疾風大起，發屋折木，無何，雪霰交下，帷簾皆白，及長還之日，又大雷震，西州聽事兩柱俱碎，帝以為不祥，後果不終婦道，攷金樓子第五卷志怪篇，述丙申歲婚日，妻至門而大風雪等事甚詳，與史合，獨無所為述其淫行者，此書久亡，吾友邵太史晉涵鈔得，鮑文學廷博刻之，已非足本，

又《梁書》敘阮太后事，元帝所撰《金樓子》第二卷〈后妃篇〉，敘述阮太后事甚詳，卒於大同九年，春秋六十七，而非《南史》及《梁書》所載，卒於大同六年。如：

卷五十九〈阮太后與金樓子互異〉條：

　　　　文宣阮太后本姓石，初齊始安王遙光納焉，遙光敗，入東昏宮，建康城平，為梁武帝采女，天監六年八月生元帝，拜為修容，賜姓阮氏，隨元帝出藩大同，六年六月，薨於江州正寢，年六十七，其年十一月，歸葬江寧，謚曰宣，元帝即位，追崇文宣太后梁書同案，元帝所撰金樓子第二卷后妃篇，敘述其母梁宣修容事甚詳，此書第一卷興王篇述梁高祖武皇帝甚詳，云，即位五十年，似元帝已即位後語，而於太后仍稱修容，不言尊號者，蓋未及追改也，又言齊世祖因苟昭華薦以入宮，及隆昌中，少帝失德，太后以端正反獲賜與，建武中，遙光聘焉，又歷敘在遙光府諸善行是太后先事二帝一王，然後為梁武帝所納，金樓子初不諱言，而無入東昏宮事，又生於宋順帝昇明元年丁巳六月十一日，大同九年癸亥六月二日，薨於江州內寢，春秋六十七，自丁巳至癸亥正六十七年，則非大同六年，皆當以金樓子為是。南史、梁書皆誤，此傳云，元帝以天監六年八月生，本紀則云七年，梁書紀傳亦如此互異。案，帝於承聖三年十一月，為魏人所戕，梁書云，年四十七，南史削去其年數帝王年數，必應見於紀，舊史有之而反削去，是誠何心，李延壽刪削不當，往往如此，從是年逆溯至天監七年，恰四十七，若以六年生則不合，當以紀為正。

先生以宋版《春秋繁露》論斥科之字，以互校吳縝《五代史纂誤》之誤。並論宋版《春秋繁露》於斥意，積疑莫釋，不得其解。盧文弨以為匡字闕筆，乃避廟諱所致，正是其解。如：

卷九十五〈李斤威〉條：

> 吳縝五代史纂誤卷中舉李存孝傳，求救於幽州李斤威，斤威兵至，而
> 駁之云。案，王鎔傳乃是李匡威，作斤則非也。今汲古閣正作匡，歐公避
> 宋太祖諱闕筆耳，縝之駁妄矣。予嘗購得宋版春秋繁露，解洪範爲天下王，
> 采其深察名號篇云，深察王號大意中有五科、皇科、方科、斤科、黃科、
> 往科，獨斤字積疑莫釋。質之盧學士文弨，以爲匡字闕筆，予爲拊掌稱快，
> 學士當千載下能識宋事，縝生長北宋，乃不知廟諱邪。

> 又如新唐書藩鎮傳，李匡威與弟匡籌，并新五代史梁太祖紀趙匡凝，
> 唐臣傳史匡翰，職方攷匡國軍、匡義軍之類，皆不闕筆，此皆後人所改。
> 在當時本闕筆作匡，久之而傳寫之誤，遂變爲斤。朱文注論語，稱趙匡之
> 字曰伯循，宋人避諱，本無定例。

先生參引《太平御覽》類書互校《三國志・賀齊傳》中「縣吏斯從輕俠爲奸」
之斯字，《太平御覽》作期字。如：

卷四十二〈斯姓〉條：

> 賀齊傳，守剡長，縣吏斯從輕俠爲奸。斯、御覽作期，但廣韻斯字注
> 中正引此文。

> 又〈栈塹〉條，先生以《太平御覽》互校《三國志・賀齊傳》，緣道
> 之下，有道成二字。

> 賀齊傳黟賊陳僕等屯林歷山，山四面壁立數十丈，齊募輕捷士，爲作
> 鐵戈，密於隱險賊所不備處，以戈拓斬山爲緣道，夜令潛上。案二戈字新
> 安志皆作弋。據水經注，上戈字當作弋，下戈則不誤，弋所以緣而上也，
> 妄人見下有戈，妄改之，斬字新安志作塹，是當從之，塹下山字衍文，緣
> 道之下，御覽有道成二字。

又卷四十二〈小其〉條，先生以《太平御覽》引吳志，說明小其當作小辛，以見《三
國志》傳寫之誤。

> 赤烏八年，遣校尉陳勳將屯田及作士三萬人鑿句容中道，自小其至雲
> 陽西城，通會市作邸閣。案，今水道自常州府城外，經奔牛、呂城，以至
> 鎮江府丹陽縣城外，自此再西北行，至府治丹徒縣城外入江，此道大約當
> 吳夫差尚未有，直至孫權方鑿之，吳人爭霸上國，開邗溝，通江淮，而戰
> 艦仍不能達，尚由海入淮，若從常、鎮間北至江岸，則尚有陸無水，直至
> 三國方有雲陽，即今丹陽縣也，太平御覽引吳志，岑昏鑿丹徒，至雲陽、
> 杜野、小辛間皆斷絕陵襲施力艱辛，杜野屬丹徒，小辛屬曲阿，至今此道

舟行望兩岸高如山，正所云嶄絕陵襲者，小其當作小辛，傳寫誤也，蕭子
顯南齊書州郡志云，南徐州鎮京口，吳置幽州牧，屯兵在焉，丹徒水道入
通吳會，孫權初鎮之，觀此則知，自今吳縣舟行過無錫、武進、丹陽至丹
徒水道，自孫氏始。

　　舊書睿宗諸子傳作十子，新書作十九子，可見舊書有闕，又璡封汝陽郡王，《南
卓羯鼓錄》汝陽郡王作汝南王，為傳寫誤。如：

卷八十七〈汝陽王璡〉條：

　　　　舊睿宗諸子傳，讓皇帝憲十子，璡、嗣莊、琳、璹、珣、瑀、玢、珽、
珌、璀等，新書作十九子，舊書有闕，又璡封汝陽郡王，杜甫集卷七八哀
詩、卷九贈王二十韻詩同，卷一飲中八仙歌，汝陽三斗始朝天，即其人，
南卓羯鼓錄（見陳繼儒祕笈廣函），作汝南王，傳寫誤。

　　先生以《風俗通》參校《漢書》儒林傳，其「食我」即指韓公子也。如：

卷二十七〈食子公〉條：

　　　　儒林傳，蔡誼以韓詩授食子公與王吉，吉為中尉，食生為博士，由是
韓詩有王、食之學，宋景文公引蕭該音義云。案風俗通，食我、韓公子也，
見戰國策，漢有食子公，為博士，食音嗣。

　　又《風俗通》姓字篇有莞、管二姓，故莞當是艸下完，非竹下完才是。《呂氏春秋》
亦同《風俗通》作艸下完，故見《漢書》作竹下完為誤。如：

卷二十七〈筦路〉條：

　　　　疏廣以公羊春秋授琅邪筦路，路為御史中丞，師古曰，筦亦管字也，
宋引蕭該音義云，艸下完音完，又音官，今漢書本卻作竹下完，風俗通姓
字篇有莞、管二姓，云，莞蘇、楚大夫，見呂氏春秋，漢有莞路為御史中
丞，即此是也，又有管姓，漢有管輅為西河太守，莞路是艸下完，非竹下
完及竹下官，莞見說文卷一下艸韻，筦、管見卷五上竹部，蕭說是。

　　又卷四十七〈自擇伏日〉條，由《風俗通》見民俗風情之異同。

　　　　諸郡不得自擇伏日，所以齊風俗也。案，戶律，漢中、巴蜀、廣漢自
擇伏日，見風俗通。

　　先生以顧炎武之《日知錄》第十一卷考得自晉已有短陌制，並歷梁武帝、唐憲
宗、穆宗、昭宗、哀帝、五代後漢隱帝、宋太宗、金世宗各朝短陌事甚詳。如：

卷九十六〈八十陌錢〉條：

　　　　薛史食貨志，唐周光二年，度支請牓示府州縣鎮軍民商旅，凡有買賣，
並須使八十陌錢。案，短陌之制，顧寧人日知錄（此書今載四庫全書簡明

目錄）第十一卷攷得自晉已有之，并歷引抱朴子、梁書、隋書、舊唐書、沈括筆談、宋史、金史，以證梁武帝，唐憲宗、穆宗、昭宗、哀帝、五代後漢隱帝、宋太宗、金世宗各朝短陌事甚詳明，獨無後唐莊宗同光中事，容齋三筆第四卷云，用錢爲幣，本皆足陌，梁武帝時，以鐵錢之故，商賈浸以姦詐自破，嶺以東八十爲百，名曰東錢，江郢以上七十爲百，名曰西錢，京師以九十爲百，名曰長錢，大同元年，詔通用足陌，詔下而人不從，錢陌益少，至於末年，遂以三十五爲百，唐之盛際，純用足錢，天祐中，以兵亂窘乏，始令以八十五爲百，後唐天成，又減其五，漢乾祐中，王章爲三司使，復減三，皇朝因漢制，其輸官者亦用八十，或八十五，然諸州私用，猶有隨俗至於四十八錢，太平興國二年，始詔民間緡錢定以七十七爲百，自是以來，天下承用，公私出納皆然，故名省錢，此段亦首尾完備，獨無同光事，然則不但寧人未見薛史，容齋亦未見也，且寧人說正與容齋同，而不著容齋名，豈此爲暗合邪，容齋以自破爲句，寧人乃讀作自破嶺以東，以寧人之精核，決不舛訛至此，豈傳寫偶誤邪。

先生以唐愼微之《證類備用本草》釋龍眼與益智非一物，亦見《廣雅》釋龍眼之誤。如：

卷三十〈龍眼〉條：

元興元年，南海獻龍眼荔支，注，廣雅曰，益智龍眼也。案，龍眼與益智非一物，廣雅誤，說詳唐愼微經史證類備用本草第十三卷，文多不載。

新、舊《五代史》之差異，歐史喜采小說以補史料之不足，而薛史本多實錄，在於記實，但先生以王應麟之《玉海》引胡旦語，說明薛史雖多本實錄，仍褒貶失實誠有之。如：

卷九十三〈歐史喜采小說薛史本多實錄〉條：

薛史張全義傳譽之不容口，而歐史采王禹偁闕文，備言其醜惡，歐爲得之，洪邁容齋隨筆載張文定公搢神舊聞數百言，極贊全義治洛，勸民務農善政。三筆又言之，觀薛史褒獎如此之至，而敘此亦頗略，則張說未必皆眞，即有之，亦意在殖穀積財，以助亂逆，何得徇實錄，曲加推譽，玉海引胡旦語，謂薛史褒貶失實，誠有之，張世南遊宦紀聞第十卷載楊凝式頌全義云，洛陽風景實堪哀，昔日曾爲瓦子堆，不是我公重葺理，至今猶自一窩灰，全義辟凝式幕僚，故以獻諛，此小說之不足采者。

閻若璩之《潛邱箚記》第三冊云，今山東本宋之京東東路，京東西路，金以都不在汴，改京爲山。故先生認爲唐以河北爲山東，但至宋指山東者，若指爲陝山以

東亦可。如：

卷九十〈唐以河北爲山東〉條：

> 新藩鎮魏博傳，首論肅、代以下，瓜分河北地，以付叛將，杜牧以山
> 東王不得不王，霸不得不霸，賊得之，故天下不安。愚謂唐以河北、魏博、
> 鎮冀諸鎮爲山東，前於後漢鄧禹傳論山東、山西，與此亦略同，至今之山
> 東，則大不同。潛邱箚記第三冊言，今山東本宋之京東東路、京東西路，
> 金以都不在汴，改京爲山，而山字無著矣，愚謂今之山東，若指爲陝山以
> 東亦可，未必遂無著，如史記云，山東豪傑，並起亡秦，是，要與河北之
> 山東大異，通鑑第二百七十一卷後梁均王紀下，龍德二年，晉王李存勗率
> 兵至新城南，候騎白契丹前鋒宿新樂，涉沙河而南，諸將勸擊之，晉王亦
> 自負云，帝王之興，自有天命，契丹如我何，吾以數萬之眾，平定山東云
> 云，胡三省注云，河北之北，在太行、常山之東，此下北字誤當作地，觀
> 此則河北之爲山東自明。

先生以諸子言論作爲參校史文，以下列舉書目，以見引書梗概：

書　　目	作　　者	書　　目	作　　者
老子	周李耳	呂氏春秋	秦呂不韋
管子	周管仲	法言	漢楊雄
新書	漢賈誼	春秋繁露	漢董仲舒
淮南子	漢劉安	論衡	漢王充
風俗通	漢應劭	中說	隨王通
小名錄	唐陸龜蒙	羯鼓錄	唐南卓
夢溪筆談	宋沈括	玉海	宋王應麟
證類本草	宋唐慎微	野客叢書	宋王楙
太平御覽	宋李昉等	黃氏日抄	宋黃震
日知錄	清顧炎武	潛丘箚記	清閻若璩
何義門讀書記	清蔣維鈞編		

（五）詩文集

先生引詩文集作爲校勘十七史，其中所用書目約有三、四十種，有引詩文對校
史書者，或引詩文作爲加強說明史實、輿地及制度等勘察。以詩文參校，所呈現出

史文之互見或記載相同之聯繫關係，如《晉書》中保留不少晉人文章，校勘時即可直接利用。如潘岳之〈籍田賦〉、〈閒居賦〉可校《晉書‧潘岳傳》。以蔡邕之〈勸學篇〉校《晉書》之〈蔡謨傳〉勤字之誤。如：

卷五十〈幾爲勤學死〉條：

> 蔡謨傳，謨渡江，見彭蜞，喜曰，蟹有八足，加以二螯，烹之，即食，吐下委頓，方知非蟹。謝尚曰，卿讀爾雅不熟，幾爲勤學死。案蔡邕傳有勸學篇，取之大戴禮。勸學篇亦見前祖逖之兄納傳，作勤者非（祖納傳中語係王隱以語納者，王隱傳中又重出，晉書如此甚多。）

以陶潛擬古詩校正《三國志》田疇字爲子春。如：

卷四十〈田疇字〉條：

> 田疇字子泰，右北平無終人。案陶潛擬古詩云，辭家夙嚴駕，當往五無終，聞有田子春，節義爲士雄。春字之下注云，一作泰。予所據者，從友人朱奐文游借得宋紹熙壬子冬贛川曾集刻本。觀此則知或作子泰，或作子春，宋人已不能定，然畢竟以春爲正也。

以宋版《陶淵明文集》對校《晉書》本傳陶潛享年六十三。如：

卷五十一〈潛年六十三〉條：

> 潛以宋元嘉中卒時年六十三，案予所見陶集係宋版紹熙壬子贛川曾集所刊，附載顏延年作靜節徵士誄，及昭明太子所作傳，皆云，春秋六十有三，元嘉四年卒，沈約宋書本傳同，的確可信。……再攷宋版陶集遊斜川詩自序云，辛丑正月五日與二三鄰曲同遊斜川云云，詩云，開歲倏五十，吾生行歸休云云，而丑字下注云，一作酉，十字下注云，一作日，夫先生卒於元嘉丁卯，年六十三，此萬萬無疑。

以《文選》李善注對校《三國志‧諸葛亮傳》中之脫文。如：

卷四十一〈若無興德之言〉條：

> 亮上疏曰，討賊興復不效，則治臣之罪，以告先帝之靈，責攸之、禕、允等之慢，以彰其咎。案，此文載文選李善注，謂責攸之之上，有若無興德之言六字，蜀志本有，文選脫，今蜀志諸葛亮傳反脫而文選反有之者，攷此六字，董允傳中亦其載，李注所云蜀志有者，蓋指允傳之文，其亮傳蓋本自脫，而文選則後人因善注添入。

以《文選》〈閒居賦〉李善注見《晉書》中晉官制。如：

卷四十九〈閒居賦校誤〉條：

> 潘岳傳，岳仕宦不達，作閒居賦，爲尚書郎廷尉評，文選評作平，是。

領太傅主簿府誅除名為民，府下選有主字，是謂楊駿也。此脫，八徒官，而一進階，再免，一除名，一不拜，遷職者三，此六句，觀李善注，可見晉官制，彼作一不拜，職遷者三，是。谿子巨黍，異柔同歸，選作機是。

以《文苑》袁宏傳對校《晉書》顧和等傳論騫諤二字。如：

卷五十〈騫諤〉條：

　　顧和等傳論云，奚在中興，玄風滋扇，骨鯁騫諤，蓋亦微矣。騫或改為寒，意取易王臣寒寒匪躬之故耳。近日東吳顧氏文集有與人書，論謇諤二字，又見文苑袁宏傳，然說文卷三上言部無謇字。

以陸雲《陸士龍集》對校陳壽《三國志‧吳志》魏賜兄錫文及分天下文，知《吳書》有闕文，而非陳壽《三國志‧吳志》有闕文。如：

卷四十二〈吳志有闕〉條：

　　陸士龍集第八卷與兄平原書云，雲再拜，誨欲定吳書，陳壽吳書有魏賜兄錫文及分天下文，吳書不載。又有嚴、陸諸君傳，今當寫送兄。所謂陳壽吳書者，似即三國吳志，非別有吳書，所謂嚴、陸諸君傳，嚴當是嚴畯，而陸似是陸遜、抗等。但機、雲、抗子，稱謂不別異，未詳。至九錫文今載吳主孫權傳，而分天下文吳志獨不載，尤不可解。又攷薛綜傳，孫皓時，華覈上疏曰，大皇帝末年，命太史令丁孚、郎中項峻始撰吳書，孚、峻俱非史才，所作不足紀錄，至少帝時，更差韋曜、周昭、薛瑩、梁廣及臣五人共撰，然則士雲所稱吳書，不冠以陳壽者，當即五人作。（裴松之注中亦引吳書）

以《唐詩鼓吹》校《三國志》漢壽亭侯之漢壽地理名稱，即今四川保寧府廣元縣。如：

卷四十一〈漢壽亭侯〉條：

　　尚書禹貢荊州疏引郭璞爾雅注云，有水從漢中沔陽縣南流至梓潼、漢壽，漢壽即漢廣，漢郡葭明縣。蜀先主始改名漢壽，晉又改晉壽，此不但與武陵漢壽本非一地，全無干涉，且當操表封關公時，先主尚未入蜀，蜀地未有此名也。唐詩鼓吹第一卷劉夢得漢壽城春望詩，明古岡廖文炳解於題下，既云城在今四川保寧府廣元縣，則以為蜀漢壽矣，而於首聯荒祠古墓對荊榛解云，古荊州治，亭下有子胥廟，楚王故墳，則又似武陵，此不知攷核兩漢壽之名同地異也。

以李商隱詩評論《三國志》諸葛亮自比管、樂之才，亦恐有未盡。如：

卷四十一〈蜀諸臣年〉條：

李商隱籌筆驛詩，管、樂有才終不忝，關、張無命欲何如。愚謂先主語諸葛亮，君才十倍曹丕、夫亮與丕，豈可相提並論，十倍固不足言，即管、樂雖本亮自稱，亦恐有所未盡，不如老杜伯仲之間見伊、呂一語，品題尤當，而痛惜關、張無命則是也。張少於關數歲，其死年必未老，固可恨，而諸葛年亦僅五十四，馬超四十七，龐統三十六，法正四十五，黃忠傳言其勇毅冠三軍，而名望不高，則年亦必尚未老，乃光主爲漢中王之明年遽卒，趙雲卒於建興七年，其年想亦不過五十餘，惟空虛無實之許靖年逾七十耳，天欲廢漢，人不能興之矣。

以《離騷》釋《漢書‧高后紀》中嫪字，爲姊妹通稱。如：

卷九〈嫪〉條：

高后紀，呂祿過其姑呂嫪，師古曰，嫪，呂后妹。案，呂嫪，樊噲妻也，說文賈侍中說，楚人謂姊爲嫪。離騷，女嫪之嬋媛。王逸注，女嫪，屈原姊也，陳平傳，高帝命平斬噲，道中計曰，噲、呂后女弟女須夫，則其爲呂后妹甚明，蓋姊妹通稱。

以《曝書亭集》對校《後漢書》許升妻呂榮事與正史互異。如：

卷三十八〈呂榮〉條：

許升妻呂榮遭寇，賊欲犯之，不從，爲所殺。是日疾風暴雨，雷電晦冥，賊惶懼叩頭謝罪，乃殯葬之。曝書亭集以爲許昇妻爲黃巾所殺，縻府君斂錢葬之，不引正史，而但以爲傳聞之言，名字事蹟，文皆互異。

以韓昌黎詩說明爲學貴在通古今。如：

卷六十七〈通古今〉條：

兒子諸生嗣穡曰，隋書經籍志敘首云，經籍也者，其爲用大兵，不疾而速，不術（當作行）而至，今之所以知古，後之所以知今，其斯之謂也。案，許氏說文自序云，文字者，經藝之本，王政之始，前人所以垂後，後人所以識古，故曰本立而道生，隋書本此。北史江式傳，延昌三年，式者曰，文字者，六籍之宗，王教之始，前人所以垂今，今人所以識古。又高允傳，允答景穆帝曰，史籍帝王之實錄，將來之炯戒，今之所以觀往，後之所以知今，語亦同。韓昌黎詩，人不通古今，馬牛而襟裾。欲通古今，賴有字，亦賴有史，故字不可不識，史不可不讀（續漢書百官志博士掌通古今，學以通古今爲要，故特設一官妙選其人以掌之）。

以韓昌黎詩釋《漢書》地理名稱。如：

卷二十〈地理雜辨證〉條：

胸忍，師古音劭，續志同。韓昌黎盛山十二詩序作腮，通典一百七十

五卷州郡篇同。

以韓昌黎〈上宰相書〉辨明唐官制不必登第方名進士。

卷八十一〈不必登第方名進士〉條：

昌黎上宰相書，自稱鄉貢進士，公貞元八年登第，此書十一年所上。

李肇國史補云，得第謂之前進士，是也。而其實進士乃科中一目，但應此

舉者，即得稱之。

以柳宗元詩釋「齈」。如：

卷五十四〈齈〉條：

前廢帝紀，帝自以爲昔在東宮，不爲孝武所愛，及即位，將掘景寧陵，

太史言於帝不利而止，乃縱糞於陵，肆罵孝武帝爲齈奴。說文卷四上鼻部

無此字……柳宗元詩曰，嗜酒鼻成　。

以《柳宗元文集》、劉禹錫《中山外集》釋論柳子厚、劉夢得皆坐王叔文黨遭廢黜。

如：

卷八十九〈王叔文謀奪內官兵權〉條：

容齋續筆第四卷謂柳子厚、劉夢得皆坐王叔文黨廢黜，劉頗飾非解

謗，柳獨不然。其答許孟容書云，與負罪者親善，奇其能，謂可共立仁義，

裨教化、暴起領事，人所不信，射利求進者，百不一得，一旦快意，更恣

怨讟，詆訶萬狀，盡爲敵讎。（見柳先生集三十卷）及爲叔文母劉夫人墓

銘，極其稱頌，謂叔文堅明直亮，有文武之用，待詔禁中，遇合儲后，獻

可替否，有康弼調護之勤，計謨定命，有扶翼經緯之績，將明出納，有彌

綸通變之勞，內贊謨畫，不廢其位，利安之道，將施於人，而夫人終於堂，

知道之士，爲蒼生惜焉（見柳先生集十三卷）容齋意固不以叔文爲善，而

所舉子厚自敘之詞，特爲具眼，子厚非怙過也，道其實耳。若禹錫子劉子

自傳，則其於叔文竟黜其邪佞，并若自悔其依附之謬矣。（見中山外集第

九卷）

以唐無名氏《古文苑》及杜甫詩釋「耶」字，如：

卷六十〈耶耶〉條：

王彧傳子絢，讀論語周監於二代，何尚之戲曰，可改耶耶乎文哉，尚

之意以下文郁郁乎郁與彧通故也。唐無名氏古文苑第九卷木蘭詩，軍書十

二卷，卷卷有耶名，阿耶無大兒，大蘭無長兄，願爲市鞍馬，從此替耶征。

旦辭耶孃去，暮宿黃河邊，不聞耶孃喚女聲，但聞黃河流水鳴濺濺。宋章

樵注耶，以遮切，今作爺，俗呼父爲爺。杜甫兵車行，耶孃妻子走相送，
塵埃不見咸陽橋。又北征詩，見耶背面啼，垢膩腳不襪。以父爲耶，六朝
及唐多有。其實古只作邪，訛爲耶，俗妄誠可笑。

以杜甫詩卷七八哀詩，卷九贈王二十韻詩，卷一飯中八仙歌對校《舊唐書》睿宗諸
子傳之闕文，如：

卷八十七〈汝陽王璡〉條：

　　　舊睿宗諸子傳，讓皇帝憲十子，璡、嗣莊、琳、璹、珣、瑀、玢、珽、
珌、璀等，新書作十九子，舊書有闕。又璡封汝陽郡王，杜甫集卷七八哀
詩，卷九贈王二十韻詩同。卷一飯中八仙歌，汝陽三斗始朝天。

以獨孤及《毗陵集》第六卷知運謚議書，以互證郭知運傳，新、舊互有詳略。如：

卷八十八〈郭知運傳互有詳略〉條：

　　　卒年五十五，上元中，配饗太公廟。永泰初，謚曰威，舊亦皆無，威
之謚，即獨孤及所議也。及集又附左司員外郎崔廈駁謚議。據禮，賜謚當
在葬前，知運承恩詔葬向五十年，追請易名爲非禮。案知運卒於開元九年，
至永泰元年，凡四十五年，故曰向五十年，及又援引經傳以駁崔廈爲一篇，
洋洋六百二三十字，雖近理，頗辭費，而崔廈以爲因知運之子英義位表端
揆，附從者竊不中之禮，作無妄之求，其言卻侃直。

以皇甫湜《持正文集》、李翱《習之文集》論初七至終七設七僧齋事，如：

卷八十七〈初七至終七設七僧齋〉條：

　　　舊姚崇傳，崇臨終，遺令戒子孫不作佛法。若未能全依正道，須順俗
情，從初七至終七任設七僧齋。玫北史外戚傳，胡國珍薨，明帝詔自始薨
至七七皆爲設十僧齋，齋令七人出家，百日設萬人齋，二七人出家。又恩
倖傳，閹人孟鑾死七日，靈太后爲設二百僧齋。北齊書儒林傳，孫靈暉爲
南陽王綽師，綽死後，每至七日及百日，靈暉恆爲請僧設齋，傳經行道，
俗七七之説，蓋自佛法入中土時有之，然昏主孽后，未足多怪，靈暉以儒
林中人爲之，亦可愧矣。皇甫湜持正文集第六卷韓文公神道碑云，四年十
二月丙子，薨靖安里第，遺命喪葬，無不如禮，俗習異教，畫寫浮圖，日
以七數之，及拘陰陽所謂吉凶，一無污我。李翱習之文集第四卷去佛齋論
自序云，故溫縣令楊垂撰集喪儀，其一篇云，七七齋，以其目送卒者衣服
於佛寺，以申追福，翱以楊氏喪儀多可行者，獨此一事傷禮，故論而去之
（此文眞德秀文章正宗第十二卷采之）。如韓、李可謂知者不惑，如姚崇
未免信道不篤。

以張九齡《曲江集》及《文苑英華》校正《新唐書》裴光庭書名錯誤，如：

卷八十七〈裴光庭書名錯誤〉條：

> 舊裴行儉之子光庭傳，傳中二十見，書前總目錄首目並同，而新書作
> 廷，傳中十三見，并目並同，其宰相年表光庭凡四見，仍與舊合。光庭神
> 道碑，張九齡譔，玄宗御書。……此碑載文苑英華第八百八十四卷、九齡
> 曲江集第十九卷，皆作光庭。

以張九齡《曲江集》校正《舊唐書》作定高馮翊郡守當以〈光庭神道碑〉作定周大
將軍馮翊太守。如：

卷八十七〈光庭傳異同〉條：

> 舊書行儉父定高馮翊郡守，宋版張九齡文集光庭神道碑作定周大將軍
> 馮翊太守云云。周是代名，高字傳寫誤，雖英華所載張說譔行儉神道碑已
> 作定高，予所得九齡譔碑石本，此文已剝落，但宋版甚明，似爲可據。

以楊炯《盈川集》校正《新唐書》刪薛收任文學館學士官職非，如：

卷八十七〈薛收歷官〉條：

> 舊薛收傳敘收歸唐授秦王府主簿，判陝東道大行臺金部郎中天策府記
> 室參軍，封汾陰縣男，兼文學館學士，卒贈定州刺史，又贈太常卿，新書
> 刪去文學館學士。楊炯盈川集第十卷薛振行狀敘其父收亦有此一官，新
> 刪，非。

以陸龜蒙《笠澤叢書》、皮日休《文藪》、司空圖《一鳴集》論王通正學蓁蕪，崛起
河汾，毅然自任，就其所至，豈出陸德明、顏師古、孔穎達下，而《隋》、《唐》二
書無傳，殊屬闕然。如：

卷八十四〈王通隋唐二書皆無傳〉條：

> 陸龜蒙笠澤叢書卷乙送豆盧處士謁宋丞相序云，文中子王先生中說
> 與法言相類，文中子生於隋代，知聖人之道不行，歸河汾閒，修先王之
> 業，九年而功就，謂之王氏六經，門徒弟子，有若鉅鹿魏公、清河房公、
> 京兆杜公、代郡李公、咸北面稱師，受王佐之道，隋亡，文中子沒，門
> 人歸於唐，盡發文中子所授之道，左右其治。皮日休文藪第四卷文中子
> 碑云，仲尼刪詩、書，定禮、樂，贊易道，修春秋，先生則有禮論二十
> 五篇，續詩三百六十、玄經三十一篇、易贊七十篇。孟子之門人有高第
> 者公孫丑、萬章焉，先生則有薛收、李靖、魏徵、李勣、杜如晦、房玄
> 齡、孟子之門人，鬱鬱於亂世。先生之門人赫赫於盛時，較其道與孔、
> 孟豈徒然哉。司空圖一鳴集第五卷文中子碑云，仲尼不用於戰國，致其

道於孟、荀而傳焉，得於漢，成四百年之祚，亂極於周、齊。天生文中
子，以致聖人之用，得眾賢而廓之，以俟我唐，亦天命也，故房、衛數
公，皆爲其徒，恢文、武之道，以濟貞觀治平之盛，今三百年矣。又第
九卷三賢贊云，隋大業間，房公、李公、魏公皆師文中子，嘗謂其徒曰，
玄齡也志而密，靖也惠而斷，徵也直而遂，俾其遭時致力，必濟謨庸，
厥後果然，皮、陸、司空皆未免於誕。

以杜牧《樊川文集》加以印證唐定制，如：

卷八十二〈總論新書兵志〉條：

> 杜牧樊川文集第五卷原十六衛篇，多是議論，亦不見制度，中一段云，
> 所部之兵，散舍諸府，三時耕稼，襫襏耡耒，一時治武，騎劍兵矢，父兄
> 相言，不得業他，籍藏將府，伍散田畝，力解勢破，人人自愛，及緣部之
> 失，被檄乃來，受命於朝，不見妻子，斧鉞在前，爵賞在後，此段亦頗見
> 征防守衛之概。

以《歐陽詹文集》釋論唐制取士雖並重明經進士，後又偏重進士。如：

卷八十一〈偏重進士立法之弊〉條：

> 雖並重明經進士，後又偏重進士，新志云，眾科之目，進士尤爲貴。
> 時君篤意，以謂莫此之尚，摭言會昌舉格所送人數，國子監及各道，皆明
> 經多，進士少。又述進士上篇云，咸亨之後，凡由文學舉於有司者，競集
> 於進士，又散序進士篇云，進士盛於貞觀，永徽之際，搢紳雖位極人臣，
> 不由進士，終不爲美云云。歐陽詹文集第八卷與鄭伯義書，承今冬以前明
> 經赴調罷舉進士，漁者所務唯魚，不必在梁在弋，弋者所務唯禽，不必在
> 矰在繳，國家設尊官厚祿，爲人民爲社稷也，在求其人，非與人求，在得
> 其人，非與人得。讀往載究前言，則曰明經，國以詞，賦以事，則曰進士，
> 未即以進士賢，明經不賢也，蚩蚩之人，貴此賤彼，是不達國家選士之意，
> 居方寧斯人之徒與，況進士出身，十年二十年而終於一命者有之，明經諸
> 邑，人仕須臾而踐卿相者有之，才如居方，諸科中升乎一科矣，宜存一梁
> 一笱一矰一繳之義。觀以上各條，可見進士又在明經之上，且可見彼時明
> 經及第者，不肯即求吏部舉選，往往舍去仍應進士舉，惟歐陽詹所見不然，
> 此皆足以徵唐制也。要之積重難返，如詹之明達者已少。

以《黃山谷內集》釋《宋書‧隱逸傳》論宗炳、《梁書‧韋叡傳》、《南史‧張彪傳》
論母家爲外家。如：

卷六十四〈外弟〉條：

古以舅子爲内兄弟，姑子爲外兄弟，見四十三卷。而亦有以舅子爲外者，宋書隱逸傳宗炳，字少文，南陽涅陽人，母同郡師氏云云，而傳末又云，炳外弟師覺授云云，可見蓋母家爲外家，後漢王符傳，符字節信，安定臨涇人，安定俗鄙庶孽，而符無外家，爲鄉人所賤，著書三十篇，號潛夫論。黃山谷內集卷十嘲小德詩，解著潛夫論，不妨無外家。天社任淵注引此事，南史到洽傳，父坦，以洽無外家，乃求娶於羊玄保，以爲外氏。梁書韋粲傳，杜幼文爲叡外兄，又文學劉昭傳，江淹爲昭外兄，又韋叡傳，柳仲禮爲叡外弟。南史張彪傳，彪爲蘭欽外弟。

以王績《東皋子集》呂才英序文言王績爲太原祁人，互校新、舊《唐書》云，王績爲絳州龍門人，蓋序追溯其上世之族望言之，傳則據其身實籍言之。如：

卷九十二〈王績絳州龍門人〉條：

寫本王績東皋子集三卷，河東呂才君英序，舊書隱逸傳於績傳即采此序爲之。但序云，太原祁人，而隱逸傳則云，絳州龍門人，新隱逸傳同。序但追溯其上世之族望言之，傳則據其身實籍言之。舊地志河東道河中府龍門縣，貞觀十七年屬絳州，是也。

以《朱彝尊文集》、《李太白集》釋論廣陵在錢唐，如：

卷七十九〈廣陵〉條：

舊唐地志，淮南道揚州大都督府，天寶元年爲廣陵郡。乾元元年，復爲揚州。愚考廣陵國見漢志，至唐天寶，尚治此稱，其來久矣。朱先生彝尊文集第三卷謁廣陵侯廟詩序，辨枚乘七發，八月之望，觀濤於廣陵之曲江，世疑廣陵國爲今揚州府治。然曾子固撰越郡趙公救災記，中有廣陵斗門，合之伍子之山，胥母之場，疑義可析云云。又第二十六卷滿江紅踐唐觀潮詞自注，亦引七發。又第三十一卷與越辰六書、七發廣陵之曲江，即浙江。水經注，浙江水流兩山間，江川急溶，兼濤水晝夜再來，是以枚乘曰，海水上潮，江水逆流，其詮釋最確。

李白集第十四卷送友人尋越中山水詩，湖清霜鏡曉，濤白雪山來。八月枚乘筆，三吳張翰盃。此似足證廣陵濤在錢唐。

以白居易詞釋論新唐地志瓜州之地理位置，如：

卷七十九〈瓜州瓜步〉條：

白居易詞云，汴水流，泗水流，流到瓜州古渡頭，是也。乾隆元年江南通志第二十卷城池門云，瓜州城在揚州府南四十五里，大江之濱，宋乾道中。又第二十六卷關津門云，西津渡在鎮江府丹徒縣西北九里，北與瓜

州對岸，舊名蒜山渡。又瓜州渡在江都縣南四十五里，瓜州鎮與江南鎮江相對，江面十餘里，此正予輩今日南北往來必由之路。

又以《庾子山集》釋瓜州瓜步，如：

將命使北始渡瓜步江詩，倪潘注，隋志江都六合有瓜步山。

以王懋竑《白田草堂存稿》論辨陶侃爲庾亮、王導所忌，曲加誣衊事。如：

卷五十〈陶侃被誣〉條：

陶侃乃東晉第一純臣，才德兼備，而爲庾亮所惡，王導亦忌之，即溫嶠亦不能無嫌，曲加誣衊，有大功而掩其功，無過而增飾以成其過。余天下自有公論，故作史者不得不言其善，而終以無識，多寓貶詞，且晉書愛博，貪收異說，往往一篇中自相矛盾。前云，侃懷止足之分，不與朝權，欲遜位歸國。後云，少夢步翼上天，及都督八州，潛有窺覦之志，不亦剌謬乎。寶應王編修注云懋竑，有論力辨其誣，載白田草堂存稿第四卷，最精確，文多不錄。（晉書誣侃，亦見毛寶傳）

以明代王世貞《弇州山人四部稿》對校《晉書》不知襲是僻姓，而改作龔，爲非。如：

卷五十一〈龔元之〉條：

龔元之舊本作襲元之，王世貞弇州山人四部稿第九十三卷襲婦景孺人墓誌銘，予友濟南李于鱗數稱鄉人襲勖克懋，克懋司訓揚之江都云云，襲是僻姓，不學者妄改爲龔。

以韓昌黎詩、李商隱詩釋新書百官志，左右街即街東街西，如：

卷八十〈新舊地理雜校誤〉

舊地志，關內道皇城之南大街曰朱雀之街，東五十四坊，萬年縣領之，街西五十四坊，長安縣領之，東上當重一街字，近本與原本並脫，新百官志云左右街使掌分察六街徼巡，左右街即街東街西也，韓昌黎藥山女詩云，街東街西講佛經，李商隱有街西池館詩，唐街東街西各坊第宅園館。

西莊先生所參引之詩文集，大致如下：

書　目	書　目	書　目	書　目
離騷王逸注	陶淵明文集	陸士龍文集	文選李善注
徐陵文集	歐陽詹文集	杜牧樊州文集	司空圖一鳴集
皮日休文藪	楊炯盈川集	張九齡曲江集	李太白文集

杜甫詩集	李義山詩集	獨孤及毗陵集	白香山詩集
劉禹錫中山外集	王績東皋子集	皇甫湜持正文集	李翱習之文集
顏真卿文集	羅隱讒書	孫樵可之文集	柳宗元文集
韓昌黎文集	徐鉉騎省文集	方苞望溪集	陸龜蒙笠澤叢書
唐文粹	文苑英華	古文苑	吳都文粹
箋註李長吉歌詩	陸宣公集	李德裕會昌一品集	李觀元賓文集
類後合璧事集	唐詩鼓吹	漢魏六朝一百三家集	弇州山人四部稿續稿
白田堂存稿	顧亭林文集	庾子山集注	

（六）金石碑文

先生於乾隆五十二年曾為錢大昕撰《潛研堂金石文跋尾序》云：

> 予曩與竹汀同在燕邸，兩人每得一碑，輒互出以相品騭及先後歸田，
> 予肆力於史，作十七史商榷，於金石未暇別成一書，而竹汀獨兼之，予才
> 固不及竹汀遠甚，竹汀顧欲得予言弁其端者，豈非以其才雖不逮，而意趣
> 則相同也〔註29〕。

先生自語歸田後全力作《商榷》，於金石未及餘暇研著，且自嘆才力不及竹汀遠甚，
但觀《商榷》條文中，先生以鐘鼎尊彝之款識、山林冢墓、祠廟伽藍碑碣斷闕之文
作為校勘，故於他校法中，以金石為史料（卷六十八〈以金石為石料〉條），並盡力
蒐取，如得澤州陽城縣龍泉禪院記拓本（卷九十四〈周世宗大毀佛寺〉條）、得匡翰
神道碑拓本（卷九十五〈史匡翰尚高祖女〉條），得李存進墓碑榻本（卷九十五〈李
存進互異〉條），藏有大唐秦王重修法門寺塔廟記榻本（卷九十五〈李茂貞改封秦
王〉），比干墓碑文榻本（卷六十六〈弔比干文〉條），得李靖碑拓本（卷八十六〈李
靖傳互異〉條），得段志元殘碑（卷八十六〈段志元新舊碑異同〉條）、得褚亮墓碑
（卷八十七〈褚亮傳異同〉條），得契苾明墓碑拓本（卷八十八〈契苾明官宜從舊〉
條）、得韋皋紀功碑（卷九十〈韋皋紀功碑〉條），得李寶臣紀功載政頌碑拓本（卷
九十〈李寶臣傳異同〉條），得裴光庭神道碑拓本（卷八十七〈裴光庭書名錯誤〉條），
藏有顏真卿所撰宋璟之神道碑拓本（卷八十七〈宋璟無字〉條），得楊珣墓碑榻本（卷
八十六〈楊貴妃國忠世系〉條），得李光進、光顏、良臣三碑拓本（卷九十一〈李光
進戰功〉條），先生又得王象之《輿地碑錄》鈔本（卷九十七〈吳越改元〉條），得

〔註29〕黃文相《西莊先生年譜》（臺灣商務印書館，1986年），頁60。

天龍寺千佛樓碑拓本（卷九十七〈劉氏建號〉條），又得重修墻隍神廟兼奏進封崇福犀碑榻本（卷九十四〈改戊為武〉條），又得山西千佛碑卷九十七〈變者范超〉條，（自注云予得山西諸碑，皆分巡河南開歸陳許兵備道常熟蔣果所贈），又得廣東廣州光孝寺二鐵塔題記拓本（卷九十七〈南漢事歐詳薛略〉條）。

先生亦曾在福建訪得五代閩崇妙保聖堅牢塔記，及王審知德政碑，爲從來談金石者所未見，著錄自先生始（卷九十七〈王曦偽號〉條，先生自注文）。先生亦曾偕妹婿大昕同訪蘇州虎邱千人石畔觀看大佛頂陀羅尼石幢之銘文，及老，先後歸田，先生徙家洞涇，距虎邱三里，時往摩娑，妹婿來又同觀焉，八、九百年中，著錄自吾兩人始，每嘆金石之有關史學，惜同嗜者寡也。（卷九十七〈吳越春秋〉條）

先生以金石爲史料，是上承於「史記秦皇記、漢書郊祀志，今此則魏收元文，北史襲之，金石之學，魏收、酈駰等已重之。」（卷六十八〈以金石為史料〉條），亦自許以專史而兼金石者，故云：「每嘆金石之有關史學，惜同嗜者寡也。」（卷九十七〈吳越改元〉條）先生以碑刻和歷史互糾互補，上承歐陽修、趙明誠金石考據學之成就，亦下啟王國維之二重證據法〔註30〕，此種方法的運用對於歷史研究，必然有重要作用。

趙明誠《金石錄》跋學生題名殘碑，見碑多二名，以辨古未嘗有二名之禁，而王莽奏令中國不得有二名制，此其乖謬也，後漢人遂沿爲定制。且先生攷《禮記‧曲禮》上篇，二名不偏諱，以見王莽之謬。如：

卷三十八〈後漢無二名〉條：

> 前書匈奴傳，王莽奏令中國不得有二名，因使使者風單于宜上書慕化爲一名，單于從之，上書言樂太平聖制，臣故名囊知牙斯，今謹更名曰知。攷禮記曲禮上篇，二名不偏諱，鄭注云，偏謂二名不一一諱也，然則古未嘗有二名之禁，而莽爲此制，此其乖謬也，乃後漢人遂沿爲定制，趙明誠金石錄跋學生題名殘碑，謂後漢無二名者，碑多二名，以此辨其非是，今觀後漢書人名兩字者，惟蘇章族孫名不韋，梁商子名不疑，與古人同名，當是別有所取，任文公、謝夷吾、公沙穆、樊志張、費長房、薊子訓、計子勳、上成公、解奴辜、王和平、皆方術傳中人耳。

以弔比干墓碑文搨本互校《北史》之孝文帝紀。先生所藏比干墓碑文搨本，甚爲完善，較趙明誠《金石錄》第二十一卷言首已殘闕，惟元載字可識爲佳，故此搨本所

〔註30〕王培華〈王鳴盛的史學思想和治史方法〉《嘉定文化研究》（西安：三秦出版社，1990年），頁202。

存，可校《通典》所記遷洛爲十九年爲誤。如：

卷六十六〈弔比干文〉條：

> 高祖孝文帝紀，太和十八年十一月丁丑，幸鄴，甲申，經比干墓，親
> 爲弔文，樹碑刊之，此碑久亡，予所藏搨本，是宋人重刻，故趙明誠金石
> 錄第二十一卷言首已殘闕，惟元載字可識，而今搨本則甚完善，太和八年
> 而言元載，以其爲遷洛之始也，通典以遷洛爲十九年，誤。

先生以〈歐陽頠德政碑〉及〈歐陽頠墓志銘〉參校《南史》、《陳書》之歐陽頠
傳。如：

卷六十四〈歐陽頠傳多誤〉條：

> 歐陽頠傳，周文育禽頠送於武帝，帝釋而禮之，蕭勃死後，嶺南亂，
> 頠有聲南土，且與武帝有舊，乃授安南將軍衡州刺史，封始興縣侯未至嶺
> 頠子紇已就始興，及頠至，嶺南皆懾伏，仍進廣州，盡有越地，改授都督
> 交廣等十九州諸軍事平越中郎將廣州刺史，永定三年，即本號開府儀同三
> 司，文帝即位，進號征南將軍，改封陽山郡公，陳書略同，徐陵文集廣州
> 刺史歐陽頠德政碑云，高祖永言惟舊，彌念奇功，檻車才至，輿櫬已焚，
> 但八桂之上，蠻夷不賓，九疑之陽，兵凶歲積，以公昔在衡皋，深留鳳愛，
> 乃授持節散騎常侍衡州刺史，此皆與史合，其下則云，我皇帝從唐侯以允
> 國，屈啓筮而承家，踐祚之初，進公位征南將軍廣州刺史，又都督東衡州
> 二十州諸軍事，今皇帝謂文帝，則頠不但進號征南爲在文帝時，非武帝，
> 即爲都督交廣等州軍事廣州刺史，亦是文帝非武帝矣，與南史、陳書不合。
> 碑係當時所作，當以碑爲正。又南史例不書所領各州，陳書則云，都督廣、
> 交、越、成、定、明、新、高、合、羅、愛、建、德、宜、黃、利、安、
> 石、雙十九州，梁、陳皆無志，隋書各志補梁、陳事，頠所領十九州，據
> 隋地理志，自南海以下各郡小字夾注，梁、陳時，惟有廣、高、成、定、
> 越、安、交、愛、德九州其餘十州名皆不見，蓋皆陳朝所置，後廢，而隋
> 志失載者，十九州、碑作二十州，亦異，江總文集歐陽頠墓志乃云，授使
> 持節都督南衡二十二州諸軍事廣州刺史，此云二十二州，更異矣，至所云
> 東衡者，南史，梁元帝承制以始興郡爲東衡州，以頠爲刺史，始興郡、皇
> 輿表以爲今廣東韶州府地，侯安都傳言，陳文帝改桂陽郡之汝城縣爲盧陽
> 郡，分衡州之始興、安遠二郡，合三郡爲東衡州，據碑當是後來加督愈廣，
> 故至二十州之多，而墓志所云南衡之名，不見於紀載，則恐傳寫之誤。

> 頠本無德政，史家多溢美，徐陵有爲陳武帝作相時與嶺南酋豪書，既

稱顗爲兇徒，又有與章司空昭達書，稱顗之子紇爲殘兇，力詆其一門濟惡
而德政碑則顗在廣州時陵爲作也，文人自相矛盾如此。

依碑文所記皆與史合，惟顗進號征南爲在文帝時非武帝，即爲都督交廣等州軍事廣
州刺史，亦是文帝時非武帝，與《南史》、《陳書》不合，即當以碑文爲是，碑係當
時所作，當以碑爲正。又《南史》例不書所領各州，《陳書》則云顗所領十九州，碑
作二十州亦異。又《江總文集》〈歐陽顗墓志〉乃云二十二州，更異矣。

以〈房玄齡墓碑〉、〈崔敦禮碑〉、〈裴行儉神道碑〉、〈裴光庭神道碑〉、〈契苾墓
碑〉、〈李光顏墓碑〉、〈孔穎達墓碑〉等參校新、舊二書。如：

卷八十四〈舊書各傳無字者多〉條：

> 又如房喬字玄齡，而新云玄齡字喬本，碑同，舊書於志寧無字，而新
> 云字仲謐，此見崔敦禮碑，新與碑同。碑乃當時所立，而新與同，知其非
> 妄，裴行儉字，張說譔神道碑正與新書合，見英華八百八十三卷，行儉子
> 光庭字，張九齡譔神道碑正與新書合。光庭卒於開元二十一年，碑立於二
> 十四年，契苾明字，婁師德譔正與新書合，碑立於先天元年，李光顏字，
> 李程譔正與新書合，碑立於開成五年，足見新書之確，惟孔穎達，新、舊
> 皆云字仲達而本碑云字沖遠，此以字相似而誤也。

碑蓋爲當時所立，其可信度高於後人所修史書，以碑文參校史傳所得助益更大。

新書：玄齡字喬木	房玄齡碑同
志寧字仲謐（舊書無）	崔敦禮碑同
裴行儉字	張說譔神道碑同
裴光庭字	張九齡譔神道碑同
契苾明字	婁師德撰碑同
李光顏字	李程撰碑同
孔穎達字仲達（新、舊書）	孔穎達碑文作字沖遠

以〈李靖墓碑〉、《金石錄》、《石墨鐫華》參校新、舊二書之李靖傳。如：

卷八十六〈李靖傳互異〉條：

> 李靖傳，新、舊大同小異，靖陪葬昭陵，予得其碑拓本，斷缺多，不
> 見譔書人名及年月，據金石錄，許敬宗譔，王知敬書，顯慶三年五月立也，
> 新不敍其先世，而舊云，祖崇義，後魏殷州刺史永康公，碑則云，曾祖□，
> 魏河、和、復、硤、殷五州刺史永康縣公，蓋此人都督五州書法，似異實
> 同，但一以爲祖，一以爲曾祖，且碑乃單名，雖漫，的非崇義字，舊云初
> 仕隋長安縣功曹，與碑合，新無，舊此下云，後歷駕部員外郎，新則云殿

內直長，未知孰是，碑二者皆不見，恐在斷缺中。進兵襲突厥，新云，去其牙七里，頡利乃覺，何近如此，舊作十五里爲得，殺頡利之妻隋義成公主，新刪削直云殺義成公主，讀者茫然不知義成爲何人，亦宜仍舊，破突厥歸，舊云，溫彥博譖其縱兵掠奇寶，而新改爲蕭瑀所劾，未知孰是。賜食邑通前五百戶，新、舊同，而碑云三千戶者，碑言虛數，新、舊言實封也，靖妻卒，墳象突厥鐵山、吐谷渾積石山者，以靖破此二寇，旌之也，新乃刪去突厥、吐谷渾字，亦令讀者茫然不曉其故，新之妄刪改多此類，封衛國公，舊竟重複兩書之，舊書之蕪穢亦甚矣，卒贈并州都督，新、舊同，碑作使持節都督□、□、箕、嵐四州諸軍事并州刺史，新、舊省文也，給東園祕器，新、舊略之，其他集古錄據碑駁史未當，見金石錄，明知其非，而於新書仍不補正，見石墨鐫華。

李靖傳，新、舊大同小異，先生以所得碑拓本同新舊二書互校，碑拓本斷缺多，仍可細考其中原委，見《金石錄》及《石墨鐫華》以正新、舊二書之誤。

以段志元之殘碑、《金石錄》、《石墨鐫華》互校新、舊二書之段志元傳。如：

卷八十六〈段志元新舊碑異同〉條：

段志元傳，新、舊有小異，予得其殘碑，無書譔人名，據金石錄，立於貞觀十六年，以功授樂遊府驃騎將軍，新改爲車騎，碑正作驃騎，新非與尉遲敬德同誅建成、元吉，新削去，此下碑有除左虞候率，新、舊皆不載，新於太宗即位加封下添出詔率兵至青海奪吐谷渾牧馬，以逗留免，未幾復職一節，舊無，碑有，但諱逗留，宜從新。貞觀十二年拜右衛大將軍，新亦削去，碑結銜正有此，不當削……，餘見金石錄，石墨鐫華。

先生得段志元殘碑及《金石錄》校正新、舊二書之闕誤。碑文、《金石錄》皆作驃騎，新書改作車騎，以此校正，新書爲非。又新、舊書有所削不載，皆見碑文及《金石錄》、《石墨鐫華》互爲參校。

以宋璟之神道碑互證新、舊書之宋璟傳祖籍所在。如：

卷八十七〈自廣平徙〉條：

新但云邢州南和人，神道碑同而舊則此下膊一句云，其先自廣平徙焉，此句卻不可少。宋崇寧二年，范致君跋，謂墓之東別有一碑，乃公之祖贈邢州刺史墓碑，爲居民斧而剝之，此碑予亦得拓本，字皆不可辨，其可辨者，第二行有廣平字，第三行有列人字，宰相世系表，漢中尉宋昌居西河介休，十二世孫晃，晃三子，恭、畿，洽徙廣平利人。利、當作列，漢地理志，廣中國屬縣也，顏集作烈，非璟之先占籍此縣，故璟貴封廣平

公，其後乃徙南和耳，知舊傳此句不可少。

新書之宋璟邢州南和人，神道碑同，但舊書作其先自廣平徙焉。觀宋璟文神道碑拓本文已多不可識，但第二行有廣平字。〈宰相世系表〉中有徙廣平文，《漢書‧地理志》中廣平國屬縣，觀舊書有「其先自廣平徙焉」。蓋可知璟之先占籍此縣，故璟貴封廣平公，其後為徙南和，非璟本居邢州可知。

以宋璟之〈神道碑〉及舊傳二者互校，並參酌世系表，加以考訂宋璟之父元撫世系表無記贈官，碑言贈戶部尚書，舊傳則言贈邢州刺史，三則說辭不同，先生認為尚書尊，刺史卑，當先贈刺史，後贈尚書，即當以碑為正。如：

卷八十七〈元撫贈邢州刺史〉條：

> 顏碑歷敍璟之七世祖世弁，五世祖欽道，高祖元帥，曾祖宏峻（顏集作俊菲），祖務本，父元撫，皆與世系表合，面碑於欽道獨但言祖，不言幾代，此唐人拙句，元撫己身所歷之官為衛州司戶，碑、表同，表無贈官，而碑言贈戶部尚書，舊傳言贈邢州刺史則異，尚書尊，刺史卑，蓋先贈刺史，後贈尚書，當以碑為正，舊傳非，其邢州刺史之嘗為元撫贈官則可信，今墓東別碑在宋已剝，今又隔六七百年，剝落更甚，然篆額唐贈邢州刺史宋府君神道碑十二字，標題唐故贈邢州刺史宋公神十字，皆極明。第十行有烹雞字，當即指為司戶，其為璟父元撫碑無疑，特立碑之時，尚未得贈尚書耳，而范致君以為璟祖，謬也。

以〈褚亮墓碑〉同新、舊二書之褚亮傳互校，如：

卷八十七〈褚亮傳異同〉條：

> 舊褚亮傳敍其曾祖祖父三世官位，而云並著名前史，新盡削其官，但云，皆有名梁、陳閒，差可，但舉其曾祖及父，獨刪其祖名，則吾不知其成何義例，三人名位略相等，無優劣也，大業中，奏宗廟議，非毀鄭玄，祖護王肅，俗學蔽錮，時已然，議九百餘字，新刪僅存三十餘字，太略，不見其意矣，諫唐高祖獵二百三十餘字新全刪去，但云懇愊致諫，此等迂談無關典故，刪之差可。予得亮墓碑，為太常博士，在隋大業七年，為秦王文學，在唐武德元年，皆見於碑，舊皆無年也，新則凡年月皆刪，必使事不繫年，後人若欲作編年史事，幾無所麗，此舊所本無者，不必言矣，太子入春宮，除太子舍人，遷太子中允，貞觀元年，為宏文館學士，新盡刪去，皆非。先封陽翟男，後進侯，新刪男尚差可，卒贈太常卿，新、舊同，碑篆額大唐褚卿之碑六字，據贈官也，舊又載亮二子，長子遂賢，守雍王友，次子遂良，自有傳，金石錄二十四卷有陽翟侯夫人陸氏墓志，即

> 遂賢妻，碑云，子□□，襲封陽翟侯，名雖漫，要即遂賢也，新傳竟削遂
> 賢不載，餘詳金石錄。

先生得褚亮墓碑文，互校新舊二書之褚亮傳，舊於褚亮傳皆無年，新書於年月皆刪，此弊病，必使事不繫年，後人若欲作編年史事，幾無所麗。又新書於亮子遂賢削之不載，餘詳《金石錄》。

以裴先庭之〈神道碑〉、顧寧人《金石文字記》、《曲江集》、《集古錄》跋尾參校光庭之庭字。如：

卷八十七〈裴光庭書名錯誤〉

> 舊裴行儉之子光庭傳，傳中二十見，書前總目卷首目並同，而新書
> 作廷，傳中十三見，并目並同，其宰相年表光庭凡四見，仍與舊合，光
> 庭神道碑，張九齡撰，玄宗御書，據顧寧人金石文字記第四卷云，在聞
> 喜縣東門外裴、趙二公祠前，其陰刻玄宗賜九齡敕，而寧人以為賜張說，
> 誤也，此碑載文苑英華第八百八十四卷、九齡曲江集第十九卷，皆作光
> 庭，予又得搨本，每行七十二字，今僅存上截每行二十五六字，其下截
> 壞亡佚，約三之二，公諱光庭云云已不見，然碑陰所刻，係玄宗令九齡
> 製此文而降以敕，云贈太師光庭，甚明。集古錄跋尾第六卷載此碑亦云
> 光庭，而新書之謬至此，想宋祁養尊處優，作傳分授門生子弟，己特總
> 其大綱，書成，一任吏胥鈔謄，懶於檢校，於宰相書其名尚舛訛至此，
> 何論其他，吳縝糾謬第四卷自相違舛、第六卷姓名謬誤、第九卷表傳不
> 相符合三門內，皆遺漏未糾。

舊書裴行儉之子作光庭，新書作光廷，〈宰相年表〉同舊書作光庭。張九齡所撰之神道碑載《文苑英華》皆作光庭，搨本之碑陰係玄宗令九齡製，云贈太師光庭，甚明。《集古錄》跋尾載此碑亦云光庭，由此可見新書作光廷，非。

以張九齡所撰之〈光庭神道碑〉同張說所撰〈行儉神道碑〉互校，先生以張九齡石本較為可信。如：

卷八十七〈光庭傳異同〉條：

> 舊書，行儉父定高馮翊郡守，宋版張九齡文集光庭神道碑作定周大將
> 馮翊太守云云，周是代名，高字傳寫誤，雖英華所載說撰行儉神道碑已作
> 定高，予所得九齡撰碑石本，此文已剝落，但宋版甚明，似為可據。

先生以張說所撰〈行儉道碑〉及九齡所撰〈光庭神道碑〉二者碑文互歧，但在下論斷時，亦不武斷，而言「周是代名，高字傳寫誤」又「九齡撰碑石本，此文已剝落，但宋版甚明，似為可據」。

　　以顏真卿所譔之〈宋璟神道碑〉拓本校新、舊二書宋璟傳皆無字。如：
卷八十七〈宋璟無字〉條：

　　舊、新宋璟傳皆無字，而顏真卿譔神道碑，其文載顏文集第三卷，又載都

　　　　穆金薤琳瑯第十六卷，此碑今在直隸順德府沙河縣北。予藏有拓本，

　　據碑，於公諱璟下有字，字其下空二格，宋、顏相去時代不遠，且顏作碑

　　據盧僎行狀，必同時人，而竟闕然。蓋唐初人多以字行，宋則直有名無字，

　　尤異事也，里卷小夫乳臭之子，不但有字，且多別號，聞此亦足媿矣。

新、舊二書宋璟傳皆不載宋璟字，但唐人以字行，至宋時反直有名無字，是爲異事。
先生據顏真卿所譔之神道碑文看出，於公諱璟下有字，里巷小夫乳臭之子不但有字，
且多別號，何況是宋璟乎。

　　以顏公所作之〈宋璟神道碑〉、〈新宰相年表〉校正舊書與新書所記互異，則新
書務改舊以求異，爲誤。如卷八十七〈楊再思宣敕令璟出〉條：

　　　　舊傳，長安中，張昌宗私引相工李宏泰觀占吉凶，言涉不順，爲飛書

　　所告，璟廷奏請窮究其狀，則天不悅，內史楊再思恐忤旨，遽宣敕令璟出，

　　新傳於此事則傳宣令璟出者爲姚璹，非再思。攷通鑑第二百七卷長安四年

　　十二月敘此事，正與舊書同，而顏公所作神道碑於此則云，內史令出，新

　　宰相年表，長安四年七月，左肅政臺御史大夫楊再思守內史，則碑云內史，

　　正謂再思，再思黨於張易之、昌宗，媚悅取容，時號兩腳狐，姚璹未聞，

　　有此，新書務改舊以求異，不顧事實。

宣敕令璟出，舊傳作內史楊再思，新傳於此事則作傳宣令璟出者爲姚璹，非再思。
先生攷《通鑑》、〈新宰相年表〉皆同舊傳楊再思，而顏公所作之〈宋璟神道碑〉亦
云楊再思。以此碑文校新、舊傳之異同，知新傳爲誤。

　　以契苾明之墓碑拓本同新、舊二書契苾明傳參校。如：
卷八十八〈契苾明官宜從舊〉條：

　　　　舊契苾何力子明但云左鷹揚衛大將軍兼賀蘭都督，襲爵涼國公，如是

　　而已，新書添百數十字，予得明墓碑拓本，婁師德撰，殷元祚書，新書所

　　添，皆取之碑也，但既欲事增於前，而云明終於鷹揚衛大將軍，反省卻兼

　　賀蘭都督，則非，碑首標題，其結銜卻正與舊書合，宜從之。

先生得契苾明墓碑拓文，得知新書較舊書所敍契苾明爲詳，蓋新書添百數十字，乃
取之墓碑拓本。

　　以〈賈耽神道碑〉同舊書之賈耽傳互校。如：
卷八十九〈賈耽地理學〉條：

舊賈耽傳敍其地理之學，凡一千三百餘字，備載其各種著述大略及進書表二篇，大約係全文，耽書已亡，而讀此可見梗概，殊爲可喜，新傳於此事刪削只存著二百餘字，誠簡淨，然無以攄懷舊之蓄念，發思古之幽情矣。陸宣公集第八卷賈耽東都留守制有云，賈耽豁達貞方，識通大體，明九域山川之要，究五方風俗之宜，即一命官制詞亦必及之，可知耽地學爲當時所重，而鄭餘慶所譔耽神道碑，述之亦詳，約不下三百字，見文苑英華第八百八十七卷。

陸宣公集第八卷敍賈耽，知其地學爲當時所重，鄭餘慶所譔〈賈耽神道碑〉，述之亦詳，可與賈耽傳同看。

以《集古錄》、《金石錄》、《輿地碑目》考證〈韋皋紀功碑〉有前、後碑之分。如卷九十〈韋皋紀功碑〉條：

新韋皋傳，皋爲劍南西川節度使，歷敍皋戰功進檢校司徒兼中書令南康郡王帝製紀功碑褒賜之，順宗立，又檢校太尉，舊書不載賜碑事，歐陽氏集古錄予未見全目，但有跋尾，不載此碑，趙氏金石錄有之，云，德宗撰，皇太子誦正書，立於貞元二十年十二月，而王象之作輿地碑目，於成都府列唐韋南康碑二，注云，並在大慈寺殿中，今紀功碑尚存，成都家觀察搨以寄予，剝落殊甚，殆不可讀。首行標題可辨者，有川節度大使檢校中書令上柱國南康郡王韋皋紀碑銘二十二字，末行可辨者，有和三年四月廿五日勒九字，則立碑之年月也，據史，碑文乃德宗御製紀功以褒賜之，若然，則川上闕者劍南西三字，紀下闕者功字，而檢校下闕者當爲司徒兼三字，然則立碑當在貞元時，今和字極明，其上一字雖漫漶，卻的係元字，乃其前檢校下一字雖亦漫漶，而的係司字，非太守，皋死於永貞元年，則位終檢校司徒，未嘗加太尉，史言順宗進太尉爲非，抑德宗製文以賜者，決無不即勒石，直遲至元和三年之理，今趙錄固明言貞元二十年十二月立矣，王象之既言韋有兩碑，則予所得，乃後碑，而趙所錄乃前碑，恐已亡矣，前碑當貞元，後碑則當元和，而亦出憲宗御製，故標題直書名不稱韋公，其題首當更有御製二字。

〈韋皋紀功碑〉據王象之作《輿地碑目》所云有二，一爲貞元前碑，一爲元和後碑，先生所得爲前碑，以此碑文，對韋皋傳有互見之益。

以〈牛僧孺神道碑〉，墓志銘同新、舊二書牛僧孺傳互校。如：卷九十一〈牛僧孺新舊互異〉條：

舊牛僧孺傳，父幼簡，文苑英華第八百八十八卷李翺譔僧孺神道碑，

杜牧樊川集第七卷僧孺墓志銘，皆作幼聞，長慶三年三月，以戶部侍郎同平章事，敬宗即位，加中書侍郎銀青光祿大夫，封奇章子，邑五百戶，十二月，加金紫階進封郡公集賢殿大學士監修國史，新書則惟郡公爲敬宗封，而中書侍郎仍穆宗遷也，其餘皆略去不書，神道碑一概略去，墓志則與新書合，而銀青集賢監修亦皆在穆宗時，當以新書及墓志爲是。

牛僧孺傳新、舊互有異處，牛僧孺父幼簡，李　所譔之〈僧孺神道碑〉及杜牧所譔〈僧孺墓志銘〉，皆作幼聞。於其僧孺傳內容，新、舊二書所敘與神道碑及墓志銘，亦有異同。

　　以〈王縱追述碑〉及〈王重盈河中生祠碑〉參校新、舊二書之王重榮傳。如：
卷九十一〈王重榮父縱兄重盈〉條：

　　　　舊王重榮傳但云，父縱，鹽州刺史，咸通中，有邊功，新傳則云，父縱，太和末，爲河中騎將，從石雄破回鶻，終鹽州刺史，司空圖一鳴集第六卷王縱追述碑云，欲紹家聲，遂參戎右，會昌二年，回紇扇酷，蒲帥石公雄總戎出塞，公爲都知兵馬使，出從閒道，已繼捷書云云，與新書合，碑末言公有五子，長重章，次重簡，次重盈，次重榮，次重益，亦與新、舊傳合，重榮爲河中節度使，死後重盈繼之，重盈前已歷汾州刺史陝虢觀察使，遷檢校尚書右僕射，拜節度使同中書門下平章事，進太傅兼中書令，封琅邪郡王，此新書所載，一鳴集第五卷又有重盈河中生祠碑，載重盈官位，與新書亦同，但據碑，重盈又加太尉，而史無之，又碑言重盈以大順二年爲河中節度，而新書則以爲在僖宗時，此大不合，碑立於景福元年，當以碑爲正。

新、舊二書有王重榮傳，司空圖《一鳴集》第六卷有重榮父〈王縱追述碑〉。碑文所述王縱事蹟與新、舊王重榮傳合。《一鳴集》第五卷亦有重榮兄〈重盈河中生祠碑〉載重盈官位與新書同，但據碑文，重盈又加太尉，而史書無，又碑言重盈以大順二年爲河中節度，而新書則以爲在僖宗時，此二者說法不同，先生以碑立於景福元年，當以碑爲正。

　　以〈匡翰神道碑〉拓本、《五代會要》參校歐史、薛史之匡翰傳。如：
卷九十五〈史匡翰尚高祖女〉條：

　　　　歐史史匡翰傳，尚晉高祖女，是爲魯國長公主，薛史則云，長公主、高祖之妹，予得匡翰神道碑拓本，朝議郎尚書吏部員外郎知制誥陶穀譔，待詔朝散大夫太府卿賜紫金魚袋閻光遠書，碑云，尚魯國大長公主，二史皆省大字，然據碑，則惟其爲帝之妹，故加大字以別之，若帝女則但稱長

公主矣，五代會要第二卷載諸帝女，晉高祖長女降楊承祚，非匡翰，封秦
國公主，又封梁國長公主，非魯國，故知薛史是也。歐史書其官略，薛史
則詳，終於檢校司徒義成軍節度滑濮等州觀察處置管內河隄等使，丁母
憂，起復本鎮，卒，皆與碑合，惟碑有起復冠軍大將軍右金吾衛大將軍員
外置同正員，并兼御史大夫駙馬都尉，及贈太保，則薛史亦省。

歐史史匡翰傳，與薛史所述同神道碑拓本有異，二史皆無文字，然其碑文其爲弟之
妹，故加大字以別之，若帝女則但稱長公主。再以《五代會要》考辨之，晉高祖長
女爲楊承祚，非匡翰，故知薛史是也。

　　以李存進墓碑搨本、《通鑑》互校歐史、薛史李存進傳之異同。如：
卷九十五〈李存進互異〉條：

　　　　歐史李存進傳與薛史尤多異，予得存進墓碑搨本，立於同光二年，判
官呂夢奇撰，參軍梁邕書并篆額，顧寧人云，今在太原縣，錢辨歐史，存
進本姓孫，名重進，當太祖攻破朔州，得之即賜姓名，養爲子，碑則存進
從克用破黃巢，直至景福二年始賜姓名，補右廂義兒第一院軍使，上距破
朔州甚遠，歐史存進歷慈、沁二州刺史，碑則太祖時權知汾、石二州，莊
宗時眞授石州刺史，再知汾州，又授慈州刺史，又權知沁州，實未眞授沁
州刺史，通鑑載存進爲天雄都巡案使，碑則爲天雄軍都部署巡檢使，又碑
言存進字光嗣，年六十八，歐史失之。予攷薛史載賜姓名之年，正與碑合，
與通鑑不同者，薛誤亦與通鑑同，字光嗣，薛史亦漏，年六十八，薛史作
六十六，要之薛史敘事詳明，大略則與碑同。

歐史載李存進傳與薛史多異，先生以墓碑搨本考校歐、薛二史之異同，碑記存進從
克用破黃巢，直至景福二年始賜姓名，薛史載賜姓名之年與碑同，又碑言存進年六
十八，薛史作六十六。歐史記存進歷慈、沁二州刺史，碑則太祖時權知汾、石二州，
莊宗時眞授石州刺史，再知汾州，又授慈州刺史，又權知沁州，實未眞授沁州刺史，
歐史所記與碑異。故先生言薛史敘事詳明，大致與碑同。

　　以蘇州虎邱人石畔之大佛頂陀羅尼石幢銘文，以見歐史所云爲是。如：
卷九十七〈吳越改元〉條：

　　　　歐史十國世家年譜敘首云，聞故老謂吳越亦嘗稱帝改元，而求其事迹
不可得，獨得其封落星石爲寶石山制書，稱寶正六年辛卯，則知其嘗改元
矣。范坰等備史固無年號，而明錢肅潤刻備史跋其後，即力辨歐史之非，
薛史亦云，鏐命所居曰宮殿，府署曰朝廷，其參佐稱臣，但不改年號而已。

薛居正《舊五代史》以吳越一直用唐年號，未嘗改元。歐陽修之《新五代史》則以

吳越改元，歷歷可攷。先生援引洪邁《容齋四筆》援之順伯所收碑所云，證明歐史所言吳越嘗改元極是。又「順伯謂溫纂後，鏐猶用天祐誤也，而其餘考據則博，而且精，秀水鍾淵映，又搜得舊武原志，載土中所得府君葛志題云，寶大元年，歲次甲申，此順伯所未見者，要之天寶改於戊辰深開平二年，寶大改於甲申唐同光二年，寶正改於丙戌唐天成元年，歷歷可考，歐公說極確。」先生依據蘇州虎邱千人石畔之大佛頂陀羅尼石幢之銘文，糾正了薛史所謂吳越未嘗改元之誤。

　　以金石刻辭校訂古書訛誤，據張舜徽所言，遠在南北朝時，顏之推便根據長安出土的秦時鐵稱權，訂正《史記‧秦始皇本紀》中「丞相隗林」當爲「隗狀」之誤〔註31〕，即如趙明誠《金石錄序》亦言及以詩書所載，出於後人手難免有失誤，而刻辭乃當時所立，可信度較高〔註32〕：

　　　　詩書以後，君臣行事之迹，悉載於史。……若夫歲月、地理、官爵、

　　世次，以金石刻考之，其牴牾十常三四。蓋史牒出於後人之手，不能無失；

　　而刻詞當時所立，可信不疑。……

　　　　先生以金石刻辭作爲校勘史料之輔助，正是強調金石刻辭的作用，並

　　進而肯定金石刻辭是校勘家最好的依據〔註33〕。

　　先生所採用金石碑文資料參校史籍大致如下：

涇明董漢策刻二五帖	吳玉搢山夫金石存著錄	黃叔璥玉圃輯中州金石考
趙明誠金石錄	歐陽修集古錄	李程碑集古錄
都穆金薤琳琅	楊珣墓碑塌本	褚亮墓碑
李存進墓碑榻本	比干墓碑文榻本	李靖墓碑拓本
大唐秦王重修法門寺塔廟記榻本	李光進、光顏、良臣三碑拓本	重修牆陛神廟兼奏進封崇福侯碑榻本
王象之輿地碑目	龍泉禪院記拓本	匡翰神道碑拓本
天龍寺千佛樓碑拓本	廣州光孝寺二鐵塔題記拓本	趙　石墨鐫華
山西千砯碑拓本	韋皋紀功碑拓本	李寶臣紀功載政頌碑拓本
宋璟神道碑拓本	斐光庭神道碑拓本	

〔註31〕同註2，張舜徽《中國古代史籍校讀法》（台北：里仁書局，1988年），頁102，引《顏氏家訓‧書證》。

〔註32〕趙明誠《金石錄序》《四庫全書‧史部‧目錄類》（臺灣商務印書館，1983年）。

〔註33〕同註2，張舜徽言「宋清兩代學者，在這方面取得的成績，各有專著，足供稽覽。」頁103。

先生《商榷‧序》言及採譜牒簿錄、釋志異教類典籍，作爲參引校正史文，但此類典籍於《商榷》書中引用較前諸項爲少。如譜牒簿錄類，見《商榷》文中

卷八十一〈登第未即釋褐〉條注中，有云：「以上參取東雅堂徐氏刻韓文注，顧氏嗣立年譜，方氏世舉編年諸注。」、「參馮先生浩年譜」。

卷五十〈王謝世家〉條：「此皆按籍而疏，原非確見即爲譜系，祇取便觀，要以本，本水源自有二姓之世譜在耳。」

卷五十一〈李廣曾祖仲翔〉條：「且譜牒之學，本多附會其詳，具唐書宗室世系表中。」

卷九十七〈吳越改元〉條：「歐史十國世家年譜」、「考異則歷引閩自若唐末汎聞錄、紀年通譜」

卷九十七〈劉氏建號〉條：「乾祐十年爲天會元年，年譜終於天會三年，是年歲次已未……繼元立不改元，仍稱乾祐天會，但渾而言之，達心則其言略，而年譜固無誤也。」

卷六十七〈官氏志〉條：「初刻中有代北姓譜於考索最有益，久而佚去，附識待訪。」

卷六十九〈宋歐修書不同時〉條：「修書凡歷六七年之功，書成上距祁稿成約又二十餘年矣，要證之以歐陽公年譜，（注云：文集分為十編者附有此譜，雖不見撰人姓名，要為可信。）」

陶宏景《眞誥》道教類書如卷六十四〈金陵華陽之天〉條，引梁陶宏景《眞誥》參校《梁書》金陵作金壇爲是。卷四十〈凌雲盤〉條，論釋古今談金石文字者，未論金狄胸前有銘文，唯見陶景宏《眞誥》第十七卷。至於佛教書目直引旁徵者，並不具存，或與先生認爲非中土本有信仰有關，只有在論《南史》卷中，稍有論及。如：
卷六十四〈外國傳敘佛教〉條：

> 晉始以建康爲揚都，已見前第五十一卷，宋書第九十七卷，訶羅陁國王、呵羅單國王奉表於宋，皆稱大宋揚都，則揚都之名著矣。更有闍婆婆達國王、天竺迦毗黎國王所奉之表。案其文義，皆仿佛書，故沈約於篇末總結之云，凡此諸國，皆事佛道，因遂歷敘佛教始末蓋在異域自當奉異教，約之敘述佛教於外國傳中，亦差可。若魏收作釋老志，則可笑，南史以僧寶誌入隱逸，舊唐書以一行入藝術，則尤欠妥，此輩紀表志傳中實無可位置。

先生於佛教，有所批評，論沈約於《宋書》第九十七卷篇末總結云云，亦差可，但對於魏收《魏書》作釋老志，則可笑。論《南史》以僧寶誌入隱逸，《舊唐書》入藝

術，皆是欠妥，固論此釋老於紀表志傳中，皆無位置。先生去佛論同韓、李之論，如同〈韓文公神道碑〉云：「四年十二月丙子，薨靖安里第，遺命喪葬，無不如禮，俗習異教，畫寫浮圖，日以七數之，及拘陰陽所謂吉凶，一無污我。」李翱《習之文集》第四卷〈去佛齋論〉自序云：「故溫縣令楊垂譔集喪儀，其一篇云，七七齋，以其目送卒者衣服於佛寺，以申追福，翱以楊氏喪儀多可行者，獨此一事傷禮，故論而去之。」（卷八十七〈初七至終七設七僧齋〉條）

基本上先生是以儒家自許的，故以儒教凌駕於釋老之上，又以老子尊於佛教，如卷六十四〈顧歡論道佛二家〉條，先生以為顧歡所引《道德經》頗確，然不知儒教之美。

愚謂歡所引道經頗確，老子即佛，本是一人，故無二法，如人鼻雖分二孔，所吐納者原只一氣，有何差別，惟與吾儒則如柄鑿冰炭之不相合耳，歡知老、佛是一，卻不知儒教之美，而子顯所論，尤覺虛浮夸誕，亦適成其為子顯之所見而已矣。

西莊先生以儒家觀點出發來批評儒道，因此對於「辨機惡僧，豈能著書」（卷九十二〈西域記〉條），論慧琳「此僧名為僧，而恒噉魚肉，絕不守佛門戒律」（卷六十四〈外國傳敘佛教〉條）論《魏書》、《南史》、《舊唐書》諸史，入外傳僧侶於紀表志傳中之不當處。

他校法之運用，先生除了引用以上諸類典籍，作為參稽互證，亦引用經學類：尚書、詩經、左傳、周禮、儀禮、禮記、大戴禮記、尚書古文疏證、洪範正論、尚書後案、周禮軍賦考、東萊博議、十三經注疏本、論語集解，小學類：說文解字、說文新附、玉編、廣雅、爾雅、釋名、廣韻、切韻、董衝釋音、經典釋文等，作為參校十七史商榷之依據。

五、理校法

理校法是通過推理判斷的形式，借以辨誤正訛的方法，如陳垣先生所言：「所謂理校法也，遇無古本可據，或數本互異，而無所適從之時，則須用此法。此法須通識為之，否則鹵莽滅裂，以不誤為誤，而糾紛愈甚矣。故最高妙者亦此法。……今《廿二史考異》中所謂某當作某者，後得古本證之，往往良是，始服先生之精思為不可及〔註34〕。」

理校法是多種校書法中，最難把握的，不單憑具體之文字資料，而是靠校書者的理性思維，憑藉淵博的學識及敏銳的分析判斷能力，故理校法是運用分析、綜合

〔註34〕同註8。

等手段，據理推正古書文字訛誤的一種校勘方法，其功用可論證本校、對校、他校所校出異文之正誤長短，推理現成異文之是非曲直，在無資料可供校勘情況下，推正古書中文字之訛誤〔註35〕。先生大膽運用此法，正是淵博學識的展現及敏銳分析力、判斷力之具體呈現。

在《商榷》一書中，先生常以「以意改」、「以意添」、「以意增」等字眼出現，或是「當作」、「宜作」、「宜改」、「當增」、「當補」等文字在論述中，皆是理校法所運用。如：

卷十〈百官公卿闕文脫誤〉條：

> 百官公卿表，班氏本多疏略，如表中所列，本從高帝元年起，而列將軍一項，直至文帝元年方見，高帝、惠帝高后三朝不見一人，明係漏去，其傳寫脫誤者，如高后四年，平陽侯曹窋爲御史大夫，誤高一格，八年，淮南丞相張蒼爲御史大夫，誤低一格，景帝三年第五格云，故吳相爰盎爲奉常殷，綴一殷字，殊不可解，殷字之上當別有奉常二字，而另起爲一條，今脫去，故不可讀，又如武帝元狩三年三月壬辰，廷尉張湯爲御史大夫，六年，有罪自殺，此謂湯爲御史大夫六年而有罪自殺也，六年者，合初任職及自殺之年計之也，他皆倣此，然則景後三年柏至侯許昌爲太常，二年遷。案，昌至武建元二年遷爲丞相，當云三年，不當云二年，建元元年郎中令王臧，一年。有罪自殺，案，臧至明年建元二年自殺，當云二年，不當云一年，天漢元年，濟南太守琅琊王卿爲御史大夫，二年，有罪自殺，案，帝紀，卿以三年二月有罪自殺，當云三年，不當云二年，此類不可枚舉，（以上自曹窋以下凡六條，予旣以意改校，以南監前五條彼皆不誤，惟毛版誤，王卿監、毛並誤）文帝後元年第九格，有廷尉信。案，景帝紀，元年，詔吏受所監臨財物論輕，廷尉信與丞相議云云，師古無注，然其爲即文後元年之廷尉信甚明，乃其後武帝征和二年又見廷尉信，距文後元年已七十三年，斷無此事，疑必有誤（南監誤同）。

先生認爲吳相爰盎爲奉常殷，綴一殷字，殊不可解，殷字之上當別有奉常二字。又許昌遷爲丞相，當云三年，不當云二年。又王臧自殺當云二年，不當云一年。又琅琊王卿有罪自殺當云三年，不當云二年。

又卷三十一〈質帝紀宜補一條〉

> 沖帝永嘉元年春正月戊戌，帝崩，清河王蒜徵至京師，其下敍質帝封

爲建平侯，即皇帝位之下，當補一條云，清河王蒜罷歸國，則上文蒜徵至
京師之句方有下落。

先生以補上「清河王蒜罷歸國」，則能使上文「蒜徵至京師」句，句意更能明悉，因
其罷歸國，遂至京師，方有所由。

又卷三十三〈郡國雜辨證〉

廣陽郡，注，高帝置爲燕國，昭帝更名，爲郡，世祖省并上谷，永平
八年復，案，據前志，昭帝更名當句絕，爲郡當句絕，此下當增一句云，
宣帝更爲國，然後接世祖云云，復字下當增爲郡二字。

《後漢書・郡國志》廣陽郡注文「昭帝更名爲郡」，下當增一句「宣帝更爲國」，而
後「世祖并上谷，永平八年復」下，當增「爲郡」二字，依先生意，則注文全句當
是：「高帝置爲燕國，昭帝更名爲郡，宣帝更爲國，世祖省并上谷，永平八年復爲郡」，
即是先生注重地理變遷沿革，多增之字，欲益使事況脈絡條理耳。

又卷三十六〈袁宏論佛法〉條：

楚王英傳敘英奉浮屠事，李賢注引袁宏後漢紀云，浮屠者佛也，西
域天竺有佛道焉，佛者漢言覺也，將以覺悟群生也，其教以修善慈心爲
主，不殺生，專務清淨，其精者號爲沙門，沙門者漢言息心，蓋息意去
欲而歸於無爲也，又以爲人死精神不滅，隨復受形，生時所行善惡，皆
有報應，故所貴行善修道，以鍊精神而不已，以至無生而得爲佛也，佛
身長一丈六尺，黃金色，項中佩日月光，變化無方，無所不入，故能化
通萬物，而大濟群生，初帝夢見金人長大，項有日月光，以問群臣，或
曰，西方有神，其名曰佛，其形長大，陛下所夢，得無是乎。於是遣使
天竺而問其道術，遂於中國而圖其形象焉，有經數千萬言，以虛無爲宗，
苞羅精粗，無所不統，善爲宏闊勝大之言，所求在一體之內，而所明在
視聽之外，世俗之人，以爲虛誕，然歸於玄微深遠，難得而測，故王公
大人觀生死報應之際，莫不矍然自失，此段內有脫落處，既據袁本書以
補之矣，而有經以下，則李賢所未及引，千萬言，言字，予以意增也，
試詳味之，乃知佛法大意已盡於此。

《後漢書》李賢注，其論楚王英奉浮屠事，李賢引袁宏《後漢紀》，然內有脫落處，
先生認爲當據袁宏《後漢紀》補之。且李賢所未及引，千萬言，言字，先生以己意
增，故欲知佛法大意，已盡於此。

又卷三十〈范滂傳宜補一句〉條：

范滂傳敘至滂就逮辭母母訓滂之下，宜補一句云，滂竟被害，然後繼

以行路聞之莫不流涕云云，滂母以其子與李、杜同禍爲宰，皇甫規以不得
與黨錮爲恥，光武、明、章尊儒勸學，其效乃爾，得蔚宗論贊以悲涼激壯
之筆出之，足以廉頑立懦。

先生論《後漢書》范滂傳，得蔚宗論贊，以悲涼激壯之筆出之，足以廉頑立懦。其
傳敘至滂就逮辭母，母訓滂之言，先生以爲此句下宜補一句：「滂既竟被害，然後繼
以行路聞之莫不流涕」云云，令人讀來，更見光武明章儒勸學之氣節。

又卷三十八〈鮑宣妻傳宜增一句〉條：

　　鮑宣妻入列女傳，傳末云，宣、哀帝時官至司隸校尉，此下宜增一句
云，以不附王莽見殺。

《後漢書・列女傳》敘鮑宣妻事云云，先生認爲鮑宣之妻入列女傳，其傳末云「宣、
哀帝時官至司隸校尉」下文宜增「以不附王莽見殺」，益使事情原委明悉，及鮑宣見
殺之由。

又卷四十八〈齊獻王攸傳闕誤〉條：

　　文六王齊獻王攸傳，於配饗太廟下，宜添一句曰，諡曰獻，其下云，
子同立別有傳，此六字宜刪，傳末云，三子蕤、贊、實，此宜改云，四子
蕤、冏、贊、實，同嗣立，別有傳。

《晉書》文六王齊獻王攸傳，於配饗太廟下，先生以爲宜添一句曰：「諡曰獻」三字，
則可使文句更加明悉。傳末有三子蕤、贊、實等字，先生則以此宜改爲「四子蕤、
冏、贊、實」，則是添冏一字。

又卷四十八〈安平獻王孚傳有闕〉條：

　　安平獻王孚傳，於配饗太廟之下，宜添一句曰，諡曰獻，晉書如此甚
多，今不能悉出。

諡曰某某，《晉書》多闕如，故先生言，如此甚多，不能一一悉出，如此條，先生云
安平獻王孚傳，配饗太廟之下，宜添一句曰「諡曰獻」三字。又同卷〈齊獻王攸傳闕
誤〉條，「文六王齊獻王攸傳，於配饗太廟下，宜添一句曰，諡曰獻。」宜添一句曰
「諡曰獻」，所添之句，益使史書條例明悉耳。卷四十九〈亮諡文成〉「追復亮爵至廟
設軒懸之樂下，宜添一句云，追諡文成。」又同卷〈瑋諡隱〉「永寧元年，追贈瑋爲
驃騎將軍下應添一句云，追諡曰隱。」所添之句，其目的皆在於使句子文義明白。

又卷五十四〈闕句〉條：

　　南史，盧循寇南康、廬陵、豫章諸郡，郡守皆奔走，時帝將鎮下邳，
進兵河洛，及徵使至，即日班師，奔走下闕一句，當補云，即馳使徵帝，
又帝命眾軍齊力擊之，賊大敗，循單舸走，眾皆降，單舸走下闕一句，當

補云，遣劉藩、孟懷玉追之。

《南史》盧循寇南康、盧陵、豫章諸郡事，先生以此段敘事當補二處，一爲「郡守皆奔走」下當補「即馳使徵帝」。又帝命眾軍齊力擊之，賊大敗，循單舸走，下當補云「遣劉藩、孟懷玉追之」。

又卷五十四〈零陵王殂〉條：

> 南紀永初二年九月己丑，零陵王殂，宋志也，愚謂前代禪位之君，無遇弒者，劉裕首行大逆，既弒安帝，又立恭帝以應讖，而於禪後又弒之，其惡大矣，作史者似宜直書，以正其惡，但假使當日竟書九月己丑弒零陵王，而其下文卻接云，車駕率百僚臨於朝堂三日，如魏明帝服山陽公故事，使兼太尉持節護喪事，葬以晉禮，又其下書十一月辛亥葬晉恭皇帝於沖平陵，車駕率百官瞻送，如此則上下語氣不倫不類，太覺可笑，今云，宋志也，只避去一個弒字，而其爲弒固已顯然，望文可知，此則本紀之體，惟是葬以晉禮之上，當補一句云，謚曰恭皇帝，今無此句，下文恭皇帝三字突如其來，毫無根蒂，欠妥。

「十一月辛亥葬晉恭皇帝於沖平陵，車駕率百官瞻送」句，有謚曰恭皇帝句，但紀「葬以晉禮」之上卻無謚曰恭皇帝句，而下文突如其來有恭皇帝三字，先生論「毫無根蒂，欠妥」故補之。

又卷五十五〈及至乃是帝〉條：

> 齊高帝紀，桂陽王休範反，帝出頓新亭，以當其鋒，築新亭壘，未畢，賊已至，帝使高道慶等與賊水戰，破之，斬休範，臺軍及賊眾俱不知，宮內傳新亭亦陷，典籤許公與詐稱休範在新亭，士庶惶惑詣壘，期赴休範投名者千數，及至，乃是帝，隨得輒燒之，及至乃是帝五字甚妙，得此覺情事如繪矣，此蕭子顯齊書所無，而李延壽添入者，知延壽有可取處，但五字下宜重一帝字，則更分明。

「及至乃是帝」五字，《齊書》無，李延壽添入，先生覺此五字甚妙，亦覺情事如繪，但五字下，先生認爲宜重一帝字，即是「及至，乃是帝，帝隨得輒燒之」則更分明。

又卷七十一〈景雲元年〉條：

> 新書睿宗紀首，於敘完玄宗平韋氏之難，相王即皇帝位以下，至七月己巳，但書大赦改元，不言改元景雲者，以前文敘韋氏之亂，即書景雲元年故也，新書之例，凡年號皆以後改爲正，如是年之大亂，一年中三帝一太后稱制，凡三年號，正月至五月，仍景龍四年，六月，韋氏弒中宗，立少帝重茂，已則稱制改唐隆元年，七月，少帝廢，睿宗立，又改景雲元年，

若於六月事據實唐隆不可也，固不如徑書景雲，以歸畫一，新書此例甚當，
但恐觀者眩目，宜於己巳大赦改元下，添爲景雲元年五字，稍變通其文法
以便閱，又景雲元年不提行，亦非。

先生論新書之例凡年號皆以後改爲正，故不書改元景雲而直書景雲，以歸畫一，此
例甚當，但恐觀者眩目，宜於己巳大赦改元下，添爲景雲元年五字，稍變通其文法
以便閱。

又卷八十〈新舊地理雜校誤〉條：

嬀州之下既說領縣一矣，其所屬懷戎縣，既敍畢沿革，乃復空一格書
嬀州二字，下又空一格，乃云，天寶後，析懷戎縣置今所，殊不可解，此
必有誤，或當去上嬀州二字，而云天寶後析懷戎縣置，今嬀州理所，慎州
逢龍，契丹陷營州後南遷，寄治良鄉縣之故都鄉城爲逢龍縣，州所也，所
下脫理字，以意增。

先生認爲嬀州之下既敍畢沿革，乃復空一格書嬀州二字，下又空一格乃云天寶後析
懷戎縣置今所，此必有誤，或當去上嬀州二字，此爲以意改。又下文城爲逢龍縣，
州所也，先生以所下脫理字，當以意增。又：

齊州歷城、漢縣，屬齊南郡，齊南當作濟南，又亭山、隋縣，元和十
五年併入章邱，此亭山上下皆當連書，近本誤各空一格，原本誤同，今以
意改，又舊志有豐齊縣，古山茌邑，校本改爲山茌，考說文艸部，茌，艸
貌濟北有茌平縣，近本校本皆誤。

齊南當作濟南，先生以近本、原本二者「元和十五年併入章邱，此亭山上下皆當書」
皆誤空一格，故以意改。

又卷八十二〈兵志校誤〉條：

每歲季冬折衝都尉率五校兵馬之在府者云云一段，說農隙閱武之法，
內二人校之人合謀而進云云，上人字衍，又左右擊鉦少卻云云，右當作校，
二字文獻通考誤與汲古閣新兵志同，以意改。

先生引《文獻通考》對校汲古閣新兵志，其「左右擊鉦少卻」之右字，當作校，先
生以意改。

又卷八十九〈盧邁賈耽皆陸贄所薦〉條：

舊盧邁傳云，九年，以本官同中書門下平章事，九年者，貞元九年也，
而其上文不言貞元，此駁文，又賈耽傳亦書貞元九年徵爲右僕射同中書門
下平章事，攷新書宰相年表，二人同時入相，舊兩傳皆與年表合，李觀元
賓文集第四卷有上陸相公書，陸贄也，中有云，相國立身已來，不二十年，

　　興乎諸生，踐乎三公，昨者盧、賈二公，同升台鼎，天下謂賢相公薦賢，
　　莫不欣欣云云，據此則盧、賈皆贄所薦，而舊傳皆不言，新於二人傳亦無
　　此語，二人相業雖不甚著，然皆清正，以贄之賢，所薦自必端人，新、舊
　　書於二人傳苦事蹟寥寥，宜各添陸贄薦之一句。

盧邁、賈耽二人同時入相，皆為陸贄所薦，而舊傳、新書皆無此語，故先生認為新、
舊書於二人傳宜各添陸贄薦之一句。

又卷九十〈王武俊傳脫誤〉條：

　　　　舊王武俊傳，趙州刺史康日知遣人謂武俊曰，惟岳屠微而無謀，何足
　　同反，我城堅眾一，未可以歲月下且惟岳恃田悅為援，前歲悅之丁勇甲卒，
　　塗地于邢州城下，猶不能陷，況此城乎，復給偽手詔招武俊，信之遂倒兵
　　入恆州，率數百騎入衙門，使謂惟岳曰，大夫舉兵與魏、齊同惡，今田尚
　　書已喪敗，李尚書為趙州所閒，軍士自束鹿之役，傷痛軫心，朱僕射強兵
　　宿境內，張尚書已授定州，三軍俱懼殞首喪家，聞有詔徵大夫，宜亟赴命。
　　案，勇，原本作男，是招武俊之下宜重武俊二字，原本、近本皆脫，今以
　　意添。魏齊原本作魏帥，魏帥即田承嗣也，但上文並稱承嗣與李正己，下
　　文亦並舉田尚書、李尚書，此處不應專言魏帥，齊即正己也，當從近本所
　　改，朱僕射、滔也，張尚書、孝忠也，授、原本作援，是。

先生以原本、近本參校新、舊唐書，舊書於王武俊傳趙州刺史康日知遣人謂武俊此
段中有脫文，先生以為「復給偽手詔招武俊」，是招武俊之下宜重武俊二字，則文為
「復給偽手詔招武俊，武俊信之，遂倒兵入恆州……」。

又卷九十八〈王鎔傳未了〉條：

　　　　新藩鎮鎮冀王鎔傳，末敘鎔事未了，闃然便止，古來紀述家無此體裁，
　　當贄一句云，後事入梁，在五代史。

「以意添」、「以意增」皆是先生為使敘事完整、句意明悉所用之法，若語意不清，
則當補、當添，新藩鎮王鎔傳末敘鎔事未了，故先生以此闃然便止，恐有交待不清，
敘事不整，古來紀述家無此體裁，則當贄一句云：「後事入梁，在五代史」，即能完
全交待。

又卷九十五〈守魏固楊劉自鄆襲汴〉條：

　　　　崇韜曰，願陛下分兵守魏固楊劉，而自鄆長驅搗其巢穴，不出半月，
　　天下定矣，莊宗即日下令軍中，歸其家屬於魏，夜渡楊劉，從鄆州入襲汴
　　州，八日而滅梁。案，汴州之州，南雍本作用，用字佳，歐史此段乃梁、
　　晉興亡大關目，所敘亦差簡明，但薛史載崇韜說莊宗之言，則云，開汴人

決河自滑至鄆，非舟不能濟，又聞精兵盡在段凝麾下，王彥章日寇鄆境，
彼既以大軍臨我南鄙，又憑恃決河，謂我不能南渡，志在收復汶陽，此汴
人之謀也。臣謂段凝保據河壖，苟欲持我，臣但請留兵守鄆，保固楊劉，
陛下親御大軍，倍道直指大梁云云，此段於情事尤詳析，若歐史則未免刪
改太多。

薛史載崇韜說莊宗之言，則云，聞汴人決河自滑，至鄆，非舟不能濟，又聞精兵盡
在段凝麾下，王彥章日寇鄆境，彼既以大軍臨我南鄙，又憑恃決河，謂我不能南渡，
志在收復汶陽。「收復汶陽」，先生自注云：「本作汝陽，以意改」，即是先生以此句
當作汶陽為是，汝陽為非。

又卷十一〈志次當改〉條：

志之次，一律厤，二禮樂，三刑法，四食貨，五郊祀，六天文，七五
行，八地理，九溝洫，十藝文，竊謂先後顛倒，敘次錯雜，殊屬無理，愚
見當改為一天文，二五行，三律厤，四地理，五溝洫，六食貨，七禮樂，
八郊祀，九刑法，十藝文，如此方順，改河渠為溝洫，名實不相應，亦非，
故後世無從者。

先生以漢志次序錯雜，先後顛倒，故依己見當改敘次，如此方順，亦評改河渠為溝
洫，恐名實不相應。

《漢志》：一律厤，二禮樂，三刑法，四食貨，五郊祀，六天文，七五行，八地
理，九溝洫，十藝文

西莊改：一天文，二五行，三律厤，四地理，五溝洫，六食貨，七禮樂，八郊
祀，九刑法，十藝文，

又卷十一〈刑法志三非〉條：

刑法志，大刑用甲兵，其次用斧鉞云云，語出魯語，班氏據此，故以
戰守之兵，與墨劓等刑，合為一志，畢竟刑平時所用，兵征討所用，二者
不可合，班氏雖有此作後世諸史無從之者，一非也，於次直先刑後兵，今
先兵後刑，二非也漢家雖不制禮，而未嘗無兵法，一代之制，豈無足述，
今先之以考古，繼之以議論，其下但云，高祖定天下，蹉秦而置材官於郡
國，京師有南北軍之屯，至武帝平百粵，內增七校，外有樓船皆歲時講肄，
述漢事只此數語，毋乃太簡，三非也，惟其撮舉周禮井田軍賦大略，最為
簡明，說周禮者罕能及。

先生論班固〈刑法志〉三失，一者論兵、刑合為一志，一非也。先兵後刑為非，
依先生意當先刑後兵，二非也，三者論一代之兵制只此數語，毋乃太簡，三非也。

　　先生以某字當爲某字，其例甚多，且在輿地方面的考察，爲《商榷》書中極力校勘之部分，對於各史地志收所校例不下百條，因文繁茲不例舉。

　　先生重視目錄學的功用，爲讀書之要領及入門途徑，亦重視文字校勘的工作，成爲治史的基本方法。南皮張之洞言：「讀書不知要領，勞而無功，知某書宜讀，而不得精校精注本，事倍而功半〔註36〕。」先生重視目錄、版本、校勘做爲考證十七史的方法，必然得要領，可得一良好成績。考證史料是史學的方法手段，而考證史料須充分用目錄學方面的認知與書目，如《漢書·藝文志》，各正史的《藝文志》、《經籍志》，及《崇文總目》、《四庫全書總目提要》，或私人所撰述的《直齋書錄解題》、《書目答問》等目錄書籍，皆值得後學者研習、採用。先生明確指出目錄學爲治學門徑，讀書嚮導，亦把目錄學視爲一學問來探討，故在《商榷》、《蛾術編》二書中，發表不少獨到之精論。至於先生未能眞正成爲一位目錄學家，蓋與當時乾嘉歷史考據學背景有關。先生以研經治史爲終生職志，欲比美明朝王世貞有四部著作，故而一生精力，畢竭於此，未有餘力從事目錄學方面的專著所致。

　　通過校勘能正文字、刪衍文、補脫文、正誤簡及疏通文義，恢復古籍原貌，裨益於古籍的研究。而校書的先決問題，便在於多儲副本，搜求較好的本子，因此，先生搜集各種版本及相關資料，以資比對校勘，尋出其異同，並加以審校舛訛，定其是非。所以先生的校勘方法，除根據善本，好的本子，亦加以評判、鑑別優劣。先生校勘十七史是隨讀隨校，即是重點校。而在使用的校勘方法中，又包含了二大項，以外證校勘書籍，求證於本書以外的，直接或間接加以訂正本書之謬誤，補綴本書遺佚的材料，即是先生所用的對校法、他校法、諸史參校。至於無他書可資佐證，而求證於本書的文字、訓詁、語法及前後文氣、全書義例者，稱爲「內證」，先生的理校法、本史互校即是此法的運用。而理校法更是透過讀書時細心地體會，抽絲剝繭的考察，需要博學深思又有高度識斷的人，如此方法，是根據融會貫通的工夫，綜合比較得出的結論，是一種活的校書法〔註37〕，故依據本書內在的聯系，發現問題，考察分析，訂正訛誤，較之於取外證以校本書那種死板工作，必然取得很大的成績。

〔註36〕張之洞《書目答問略例》（台北：新興書局，1963年），頁3。

〔註37〕張舜徽《中國古代史籍校讀法》（台北：里仁書局，1988年），頁122，第二章，論校書的依據可分爲外證及內證，而清代學者中，如王念孫的校勘群經諸子，錢大昕的校勘諸史，其成就之大就在於運用外證法，比較純熟，得出不少精確緒論，另一方面，就是運用內證法而取得很大的成就。